U0047705

3 歷史任意門

老師來不及教的101個元朝趣史

李飛躍等◎著

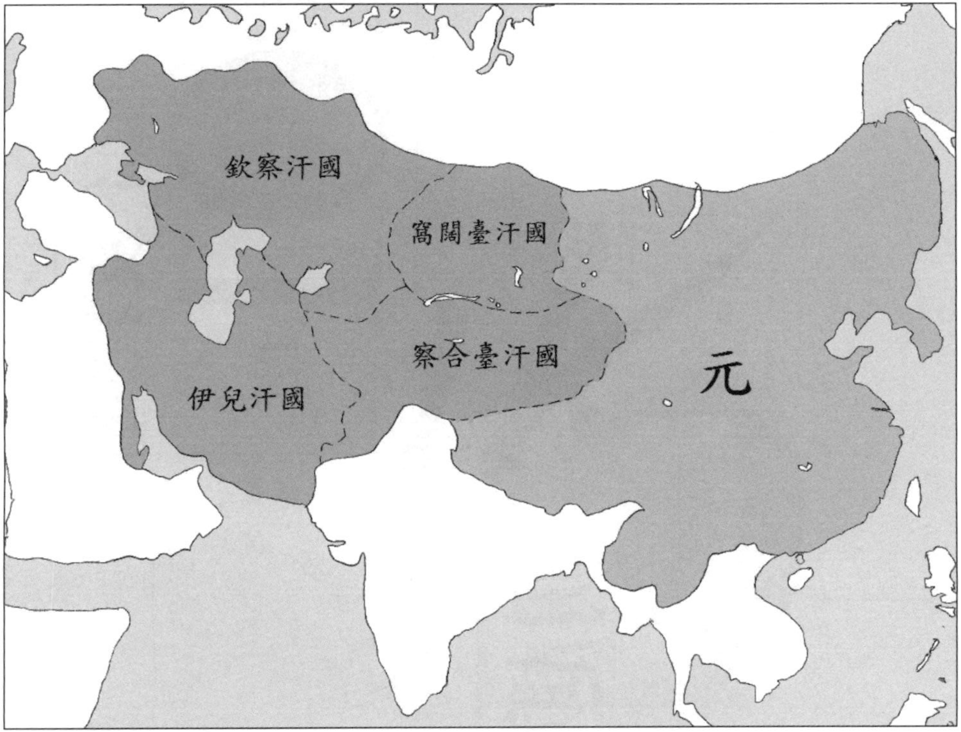

元代疆域圖〔1280年〕

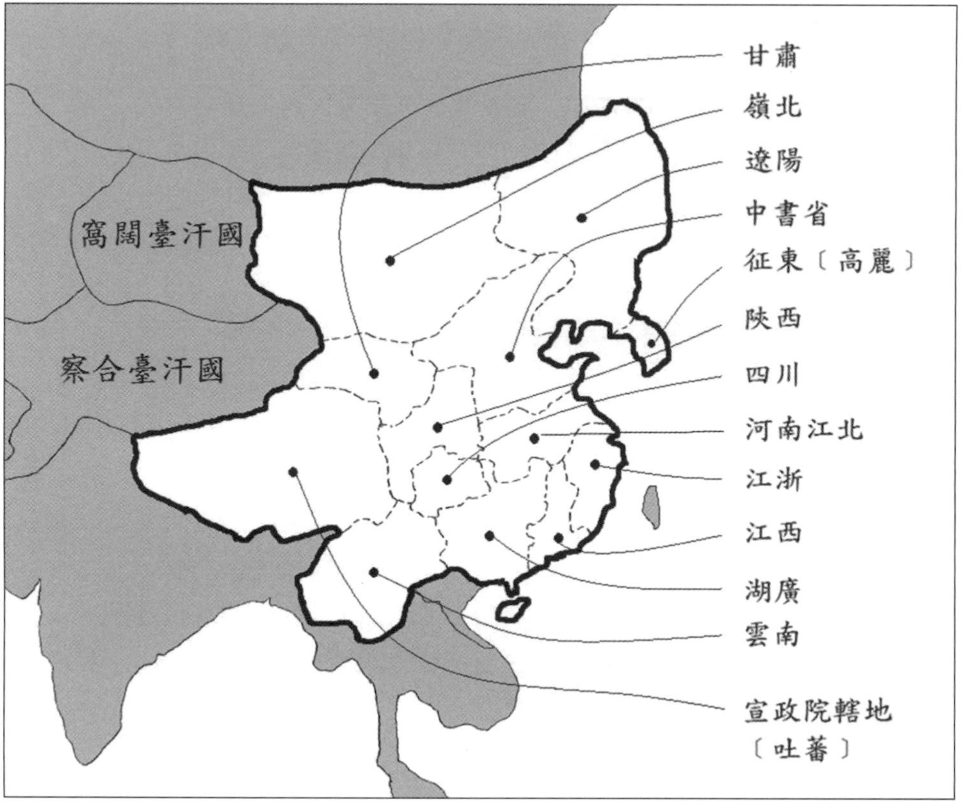

元朝行政區劃〔1294年〕

元朝大事記

一二〇六年　「大蒙古國」建國於漠北，鐵木真獲得尊號「成吉思汗」。
一二一四年　南宋與蒙古協議聯手擊退金軍，而南宋可獲河南作為回報。
一二一八—一二二七年　蒙古滅西遼、花剌子模、西夏。
一二一九—一二二五年　成吉思汗第一次西征。
一二三四年　蒙古與宋聯軍攻陷蔡州，金亡。
一二三五年　蒙古建都和林（今烏蘭巴托西南）。
一二三五—一二四二年　窩闊臺汗第二次西征。
一二四〇—一二四一年　蒙古征服俄羅斯、烏克蘭、白俄羅斯、波蘭王國、匈牙利王國等地。
一二四五年　蒙古軍越過淮河以南入侵宋。
一二四七年　涼州會盟，吐蕃歸附蒙古。
一二五二—一二六〇年　蒙哥汗第三次西征。
一二五三—一二六〇年　蒙古滅大理國、木剌夷國、阿拔斯王朝。擊潰阿尤布王朝、征服敘利亞全境。

一二六〇年　忽必烈即帝位，並發行紙幣「中統寶鈔」。

一二六七年　蒙古遷都中都（今北京），修建皇城和宮城。

一二七一年　蒙古改國號為「大元」，蒙古文稱為「大元大蒙古國」，史稱「元朝」。

一二七二年　元中都改名為大都，並將上都（開平）作為陪都。

一二七五年　馬可波羅到達中國。

一二七六年　元軍入臨安，俘五歲宋帝恭宗。

一二七九年　元軍大敗宋軍於崖山海域，丞相陸秀夫負幼主趙昺跳海殉國，宋流亡政府亡。

一二八七年　元世祖忽必烈發行紙幣「至元寶鈔」。

一二九二年　馬可波羅離開中國。

一三〇四年　四大汗國彼此之間約和，蒙古帝國內戰徹底結束。

一三一三年　元仁宗下詔恢復科舉。

一三二二年　《大元聖政國朝典章》（《元典章》）修成。

一三五一年　白蓮教韓山童、劉福通發動紅巾之亂。

一三五九年　紅巾軍攻陷上都，焚毀宮殿後離去。

一三六八年　朱元璋稱帝於南京，國號「大明」，並攻陷大都。元惠宗率宗室、臣僚逃回蒙古草原，國號仍為「大元」，遷都上都，不再統治中原，史稱「北元」。

老師來不及教的101個元朝趣史

【一】大都面面觀

【二】朝廷軼聞

【三】建制五花八門

【八】生活大小事

【九】飲食保健大揭密

【十】書畫樣樣通

【一】大都面面觀

1 大都是元朝最大的城市嗎？

城市的大小，一般是按照城市市區的占地面積來計算的。當時元朝的城市可以分成大、中、小三類。大城市是指市區在方圓五十里以上的城市。方圓十里以上，五十里以內的城市是中等城市，方圓十里以下的，則是小城市。和我們今天的情況十分相似，行省機構的所在地一般是大城市，至少是中等城市；次一等的行政機構的所在地，則多是在中等城市；州、縣的官衙，多數在小城鎮，而有少數在中等城市。

根據元史及《馬可波羅遊記》的記載，作為元朝首善之區的大都方圓六十里，蘇州和成都方圓三十二里，而杭州則方圓一百六十里，這四個是元朝的四大城市。另外，揚州、建康（今南京）、汴梁（今開封）和西安等，在當時也是大城市。

杭州公園內馬可波羅像

大都是政治、文化中心，也是商業中心。據文獻計載，大都的周長約有二萬八千六百公尺，坐北朝南，呈一個方整的矩形。城中商業繁盛。各地的富商大賈，都會聚到這裡貨販。據說「萬方之珍怪異寶，璆琳、琅玕、珊瑚、珠璣、翡翠、玳瑁、象犀之品，江南吳越之髹漆刻鏤，荊楚之金錫，齊魯之柔纊纖縞，崑崙波斯之童奴，冀之名馬」（《馬石田先生文集》卷八）等等，舉凡「天生地產，鬼寶神愛，人造物化，山奇海怪，不求而自至，不集而自萃」（《宛署雜記‧民風》）。他說：汗八里城（元大都）像是商民的一個大商場。世界上再沒有城市能運進這些少見的寶貨。每天運進的絲就有千車。汗八里周圍各城市的商民都要到這裡來買賣貨物。馬可波羅讚歎說：汗八里城內的珍貴貨物，比世界上任何一個城市都多。

自從唐宋以後，中國經濟重心南移，江浙地區日見繁榮。杭州是江浙行省的省會，原是南宋的首都，又是商業的中心。南宋時期城中商業貿易，曾呈現出前所未有的繁華。南宋末年，外患頻頻，經濟凋弊，杭州城也漸漸蕭條。元軍滅宋，杭州城免遭破壞，城中的商業，在南北統一、運河開通的有利環境下，迅速得以恢復。杭州經濟在南宋基礎上繼續有所發展，呈現出繁榮昌盛的氣勢。

馬可波羅對杭州市場的活躍有詳細的記載，他提到的大型的市場有十處，市場「周圍建有高屋，屋之下層則為商店，售賣種種貨物，其中亦有香料、首飾、珠寶」，在賣酒的店鋪裡，能不斷釀造的米酒，更是物美價廉。沿街的小市場則更多。每星期有三日為集市，約有四、五萬人來做買賣。杭州城內的行業有自己的行會組織。「此城有十二種職業，各有一萬二千戶，每戶至少有十人，中有數戶多至二十人、四十人不等」。作為人口逾百萬的大都市杭州是重要的消費市場和商品生產基地。同時，杭州還是出口商品的吸納地和錢塘江流域進出口商品的集散地。由於有著便捷的交通，杭州可以通過船舶把集中於此的進出口商品，由錢塘江通過澉浦港，最後入海。澉浦距離杭州二十五哩，是杭州灣的對外貿易港。

杭州商業的繁榮遠非新建的大都可比。著名的戲劇家關漢卿，在元朝滅宋後不久，自大都來到杭州。杭州城市的繁華和山水的秀麗，使他大為震驚。他作曲稱頌說：「這答兒忒富貴，滿城中繡幕風簾，一哄地人煙湊集」、「百十里街衢整齊，萬餘樓閣參差，並無半答兒閒田地」、「看了這壁，覷了那壁，縱有丹青下不得筆」。馬可波羅從大都來遊杭州，驚歎杭州是世界上最繁華最富有的城市。說這裡的繁華，難以描述，如果不是親眼所見，真令人難以置信。馬可波羅記述杭州城裡人口極多，但街道寬廣，路面都用磚石鋪砌，下有陰溝排水。城裡有十個大方衢，這十個四通八達的大路口分別形成市場。街上有高樓環繞，下層是店鋪。每週有三次集市，每次總有四、五千人。方衢附近設有邸店，供外地商人存放貨物。馬可波羅還說到元朝皇帝在杭州徵收巨額的鹽稅和糖、香料、米、酒、絲等商稅。杭州的商家有十二個行，官府經由行會抽取商稅。馬可波羅還記載說，杭州城裡有駐軍三萬人，以鎮壓人民的動亂。元英宗時，來中國的義大利人鄂多立克也到過杭州，他說這是世界上規模最大之城。元末造訪杭州的非洲旅行家伊本·巴圖塔，也記錄杭州是他從沒有見過的大城市。

杭州在對外交通上，通過相互連接的水陸海要道，可與亞洲各地、歐洲大陸和非洲東北部相通。在人口的民族成分上，不僅有元朝本土的蒙、漢等族人，而且還有許多外來移民。不僅漢文化與西北邊疆各民族文化相交融，而且漢文化與伊斯蘭文化、歐洲基督教文化也在這裡相會。這在元以前的中國城市發展歷史中，是極為罕見的。無論是從人口規模還是占地規模上來看，杭州都是元朝的第一大城市。杭州商業經濟的繁榮使它不僅成為元朝東南大都會，而且是當時世界經濟最發達的城市之一。

【豆知識】

中國的六大古都有哪些？

中國的六大古都是指西安、洛陽、開封、杭州、南京、北京等六座城市。

西安是中國六大古都之首。西元二〇二年，劉邦建立西漢，定都於此，命名為長安。之後的魏晉南北朝的前趙、前秦、後秦、西魏、北周以及隋唐都定都於此。西安不但是中國的六朝古都，也是與雅典、羅馬、開羅齊名的世界四大文明古都。

洛陽最早作為首都是在西周，當時是西周的東都，又稱為洛邑。後來周平王東遷，正式成為東周的都城。戰國時期改名為洛陽。東漢、曹魏、西晉、北魏、隋、武則天的周朝以及後唐等先後建都於此，號稱「九朝古都」。

開封地處中原地區，建城較早，至少有兩千七百多年的歷史。春秋時期，鄭莊公在開封南朱仙鎮附近建城，名為啓封。戰國時期為魏國的都城，改名大梁。唐朝改稱汴州。五代時期的朱溫建立後梁，定都於此。後晉、後漢、後周和北宋都先後定都於此。開封也有一度名為「東京」或者「開封府」。

杭州在秦代屬於錢塘縣，隋為杭州治，五代十國時期為吳越國都西府。宋高宗定都杭州，稱為臨安。元代改為杭州路，到了明代，則改稱杭州府。

南京在春秋戰國時期先後屬於吳越楚等國，其中楚國在此築金陵邑，又秦始皇時改稱秣陵。三國時期的孫吳建都於此，稱為建業。司馬睿建立東晉，定都建康。之後的宋、齊、梁、陳等相繼在此建都，史稱南朝。五代十國時期的南唐建都於此，稱為金陵。北宋時期稱江寧府，南宋改稱建康府。朱元璋建明，定都於此，改名應天。太平軍攻占南京，定都於此，改稱天京。孫中山就任中華民國臨時大總統，定都南京。

北京，戰國時期為燕國都城，稱為薊。西漢末年王莽在北京地區建立了大燕國。唐代安祿山叛唐稱帝，國號大燕，以范陽為大都。史思明稱帝後，改稱燕京。安史之亂平定後，改稱幽州。五代時期，為契丹的陪都，稱為南京、燕京。金遷都於此，稱為聖都，又改稱中都。元、明、清三朝都曾定都於此。中華民國的北洋政權時期，北京為首都。

2　今天北京城的布局最早是誰規畫設計出來的？

至元三年（一二六六），劉秉忠受忽必烈之命，在原燕京城東北設計建造一座新的都城，命名為大都，郭守敬負責都城水利和建築材料的運輸問題，這就是明清兩朝的皇城，也是今日的北京。

劉秉忠在設計新都城時，繼承了中國古代都城建設的傳統，即「前朝後市，左祖右社」的規畫方案，並把這一方案付諸實施。新建的大都城，位於舊金中都的東北，宮城是以金代行宮大寧宮為基礎而修建的。在宮城北面，又設立了一個中心臺，作為測定全城方位的基準點，並以這一點為中心，向南正對宮城中心線，也是整個城市的中心線；向東直通城東中門崇仁門，向西隔積水潭遙對城西中門和義門，四面城牆到中心臺的距離，都大致是相等的。中心臺的如此設置，表明劉秉忠對大都城的設計和建造，都是經過周密思慮和規畫的。

劉秉忠設計的大都城，表現了氣勢宏大、整齊劃一的特點。城市中的街道，筆直寬闊，主幹道寬約二十五公尺，就是一般的胡同，也寬達六、七公尺，車馬人行均十分方便。歷代相沿，一直到今天都很少變動。此外，大都城中的坊市制度，也打破了漢、唐以來的封閉的建築形式，除去了坊與坊之間的高牆，使整個城市顯得更加開闊而富有生氣。新都城中的宮殿設計及建造，其規模也遠遠超過了以往的遼金舊制。整個宮殿群環繞著太液池，構成了一個整體。在太液池的東岸，是以大明殿為主體的宮城，周長近三千五百公尺，宮殿林立，金碧輝煌，是元朝帝王生活和處理政務的場所。太液池的西岸，原建有皇太子的東宮，後來改建為皇太后及皇后、妃子居住的隆福宮、興聖宮等建築。劉秉忠在設計大都城時，還把主要政府機構的位置加以安排。作為處理政務的中書省，就被安置在鐘鼓樓西北的鳳池坊中。而至於樞密院，由於必須隨時處理軍機大事，所以被安置在緊靠宮城東面的東華門外。御史臺則設在皇城南面的澄清坊中。作為祭祀元朝祖先的太廟，這同樣也是根據「左祖右社」的原則，建在城東南門齊化門內路北邊。劉秉忠甚至親自制定神主的樣式，供祭祀之用。社稷壇的位置和太廟東西對稱，位於西城南門（平則門）內道北邊。

從劉秉忠對大都城市、街道、坊制、宮殿、壇廟、衙署等建築的設計看來，他花費了極大心血，並表現出了極高的智慧和才幹。因此，在大都城的興建過程中，劉秉忠有著舉足輕重的地位與作用，不愧為大都設計者的稱號。

元大都城的平面設計，皆以漢統治者建都思想為主導，即前朝、後市、左祖、右社之制。新建之城街巷規畫都極有規律，除了大小街之外，還有三百八十四條火巷、二十九條弄通，頗為壯觀。元大都奠立了近代北京城的雛形，是當時世界最大的都市之一。元大都從一二六七年開始修建，直到一二八五年才終告完工，歷時十八年之久。元大都城牆周長逾二十八公里，宮殿巍峨，寺廟雄偉，園圃美麗，街道寬敞，規模宏大，規畫整齊。在南宋最終覆滅之後，元帝國的疆界從東亞、東北亞直抵東歐這片廣袤的土地上，已經沒有任何一個城市能與元大都相媲美。歐洲人馬可波羅在他的《馬可波羅遊記》中對元大都的詳細描述，引起西方人對東方帝國的無限嚮往。

【豆知識】

劉秉忠是怎樣的傳奇人物？

劉秉忠（一二一六—一二七四），祖籍遼國瑞州，今綏中縣前衛鎮。元朝初年人，原名

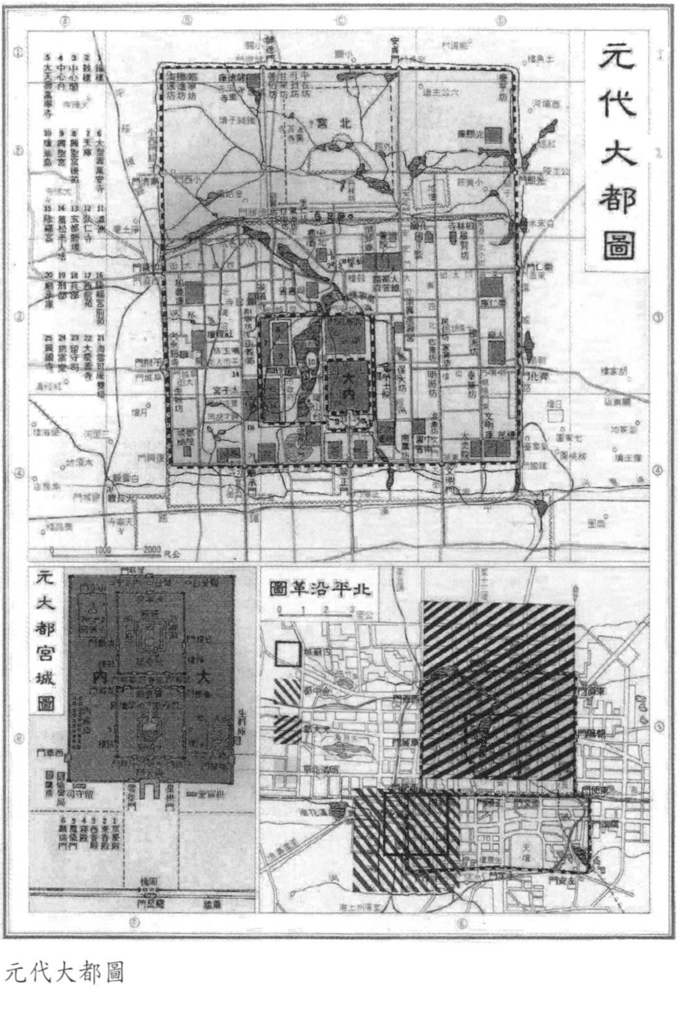

元代大都圖

侃，字仲晦。他八歲入學，日誦數百言。十三歲時，為質子於帥府。十七歲時，為邢臺節度使府令史，以養其親。一二三八年，辭去吏職，先入全真道教，後在天寧寺（今邢臺西大寺）出家為僧，拜虛照禪師為師，法名子聰，號藏春散人，後出外雲遊遇海雲禪師，海雲禪師以其「博學多才藝」，推薦給元世祖忽必烈，秉忠兼通儒官道釋四門，於書無所不讀，尤精於《易經》及邵氏《經世書》，至於天文、地理、律曆、卜筮、三式六壬遁甲等各門學問，無不精通，論天下事在股掌之間。元世祖忽必烈對他言無不聽，曾經位至三公，官居太保。

劉秉忠向忽必烈宣導創建大元國號和皇帝年號，營建元大都（北京城的前身）作為國都，創建元朝的官制，制定朝廷禮儀、章服和俸祿制度，參與選拔官吏和推薦人才，使得不少漢族知識分子參加，並進入到元朝政權機構之中——對元朝政體的設計作出碩大貢獻，也對元朝政權的建設和鞏固發揮了重要作用。在元朝一代，漢人位封三公之人，僅有劉秉忠而已。他不僅是元朝初年的大政治家，而且學問功底十分深厚，也是一個非常著名的學者、詩人和散曲家，自號藏春散人，每以吟詠自適。一生在天文、卜筮、算術、文學上著述成果甚豐，計有《藏春集》六卷、《藏春詞》一卷、《詩集》二十二卷、《文集》十卷、《平沙玉尺》四卷、《玉尺新鏡》二卷等等。

3 元代時，為何大多數城市一度有門無牆？

城牆和城門是城市的標誌，城牆則限制著城區的大小和形狀。蒙古建國初年，對許多城市肆無忌憚地破壞、劫掠及焚燒。元世祖忽必烈在統一全國之後，曾下令「隳天下城郭」、「元混一海宇，凡諸郡之有城郭，皆撤而去之，以示天下為公之義。」因此，除了都城之外，其他城市的城牆大多都被拆毀了，有的只留下了城門。

從元世祖的詔書中我們可以看出，名義上是說現在全國統一，都是一家人，不需要城牆的保護和分割。但事實上，是為了便於加强統治。元代拆毀城牆的法令針對南方新政府的地區，如江淮、江南、華南等地區。元朝的都城大都和上都，不但沒有拆除城牆，還一再修復。華北和西北地方也保留了城牆，並不斷地重修。我們知道，蒙古能夠完成統一，幾乎横掃歐亞大陸，就是憑藉蒙古鐵騎。但是全國大量城池的存在，不利於蒙古人加强統治和騎兵作戰，嚴重影響了蒙古對全國的及時有效統治。毀掉城牆之後，自然就是一個不設防的城市，而無法阻擋蒙古軍隊。對此，馬可波羅在他著名的《馬可波羅遊記》中曾有記載：「在所有契丹省、蠻子省和其他所有大汗領地內，有很多不可信賴、不忠實的人，逮到機會他們就會犯上作亂。因此，很有必要在城多民衆的各省駐紮軍隊。戍兵屯駐在距城四、五哩的地方。這些城市不許建置城門和城牆，這樣軍隊就可以不受阻擋、隨意地進入城市。」沒有城牆的城市，其實就不足以稱之為城市，而是一個大的村落。這勢必也會對手工業、商業的發展造成不利影響，轉移人們從事農牧業。這也正是草原上來的蒙古人所希望。城牆和城門是城市的標誌，但是城門還被保留，其實是為城市保留了一個象徵，為官員保留了門面，也是管理、識別的方便。

隨著時間的推移，蒙古統治者愈來愈認識到了城市的重要性，不但保留了大多數城市，還新建和改建了一批城市，尤其是在他們原來的草原遊牧地區也修建了幾座重要的城市。到了元朝末年，農民紛紛起義，社會動盪不安，各地的官員和士紳們為了自保，便紛紛籌款築城。尤其江南更是掀起了修築城池的高潮。

【豆知識】

元代有多少個城市？

元承金制，在擁有一定規模的行省和路府治所建置了專門的城市行政管理機構。除大都、上都等警巡院建制城市外，還有諸府錄事司建制城市，共同形成了完善的城市建制體系。

蒙古國時期因戰亂戶口萎縮，地方城市行政建制出現了變遷，「若城市民少，則不置司，歸之依郭縣。」根據《元史》記載，元朝集中或分散地省併了部分府州城市錄事司，還更加、甚至完全省併了州治城市司候司。

儘管如此，在元朝的廣大版圖上，先後在一百二十七個路、府、州治所城市建置了管理民事、治安的專門行政機構錄事司，即出現了百餘個錄事司建制城市。一百二十七個錄事司城市和兩都警巡院城市一起形成了以大都為首位城市，上都及杭州等為次首位城市的全國性完善的城市建制體系。同時，在各省區，各路、府形成了區域性城市體系。

4 元代北京城的城市供水水道是誰設計的？

今天很多人在談起北京城的格局時，都會說到從頤和園昆明湖向下延伸，經過紫竹院，白石橋一直延伸到積水潭、北海公園乃至中海南海的那條隱隱約約的古水道痕跡，認為正是這條水道增加了北京城的靈氣。本來金代中都城的供水是靠蓮花池的，到了元代城市規模擴大，需要更大水量的水源供應地，元朝君臣經過多次討論，最後採納了著名科學家郭守敬的建議。

當初劉秉忠在設計規畫大都城的城市建設時，曾對供水問題有過設想，而這個設想的最終實現，依靠的卻是郭守敬的大膽設計和實地考察後提出的方案：經過大都北方的神山（今昌平白浮泉）繞到西北方向的甕山（今頤和園昆明湖附近），最後再經過人工河道連通積水潭與通惠河北段相接。

從神山到大都城的直線距離是三十多公里。白浮泉發源地的海拔約六十公尺，高出大都城西北角一帶最高處約十公尺。看起來，似乎完全可以沿著這條最短的直線路徑把水引來。但實際上這條直線所經地區的地形並不是逐漸下降的。由沙河和清河造成的河谷地帶，海拔都在五十公尺以下，甚至不到四十五公尺，比大都城西北地帶的地勢都低。如果引水線路取直線南下，泉水勢必都將順著河谷地帶一瀉東流，而無法歸入運河。郭守敬看到這一點，所以他所選定的線路就不是直通京都的。他先把白浮泉水背離著東南的大都引向西去，直通西山山麓，然後順著平行山麓的路線，一路引往南來。如此一來，不但保持了河道坡度逐漸下降的趨勢，也而且可以順利地截攔、匯合從西山東流的衆多泉水。從後來通航的事實證明，捨棄那條直線，採取這條迂迴西山下的線路，的確是十分合理的。這是由於，在三十多公里長的路程上，僅僅幾公尺的高低起伏實在是非常的微小，並非人眼所能直接看出的。由此也可以看出，郭守敬淵博的科學知識、超人般的工程設計能力。

郭守敬的其他科學成績也已經為世人所熟知，比如最為出名的授時曆，測出的回歸年長度與今天的差距在幾十秒之間，其先進性得到國際天文學界的公認。郭守敬設計了大量的天文觀測儀器，如簡儀，候極儀、渾天象、立運儀、景符等等，郭守敬編撰的天文曆法著作有《推步》、《立成》、《曆議擬稿》、《儀象法式》、《上中下三曆注式》和《修曆源流》等十四種，共一百零五卷。

為紀念郭守敬的功績，中國科學家將月球背面的一環形山脈命名為「郭守敬環形山」，將小行星二〇一二命名為「郭守敬小行星」。

【豆知識】

中國古代有官方天文觀測機構嗎？

中國古人有觀測天文現象的悠久傳統，歷代官方天文觀測機構都受到重視。其中「司天監」是最為人們熟知的名稱，元明二朝代都使用這一名稱。中國歷代多設置司天監，但名稱不同。周朝有太史，秦漢以後有太史令。司馬遷的父親司馬談就曾擔任太史令，司馬遷自己也曾擔任這一官職，並自稱為「太史公」。

隋代設太史監，唐代設太史局，後又改司天臺，隸屬祕書省。唐代著名的司天臺官員李淳風和袁天罡，都給後世留下了很多神奇故事。

宋、元兩朝有司天監，元代又設太史院，下設三個局：推算局、測驗局、漏刻局。元代至元十七年（一二八〇年）又設有回回司天監，任務就是「觀象衍曆」。

明初有司天監和回回司天監，有天文、漏刻、大統曆、回回曆四科；洪武三年（一三七〇年）改稱欽天監，清代循稱欽天監，並設監正、監副等官。明朝以後即有歐洲傳教士加入，洪武二年（一三六九年）阿拉伯魯密國的黑的兒、馬德魯丁、馬哈麻父子先後出任監正。待清初湯若望訂正「時憲曆」時，已經應用了大量與歐洲同步的觀測儀器。

5 北京的特色「胡同」，也是在元朝形成的嗎？

「胡同」一詞，最早見於元雜曲。關漢卿的《單刀會》中，有「殺出一條血胡同來」之語。元雜劇《沙門島張生煮海》中，張羽問梅香：「你家住哪裡？」梅香說：「我家住磚塔兒胡同。」磚塔胡同在西四南大街，地名至今未有變動。胡同，是元朝的產物。蒙古人把元大都的街巷叫做胡同，據說「胡同」在蒙古語裡的意思是指「水井」。蒙古族是來自沙漠與草原的遊牧民族，由於氣候及地理環境的影響，因此很重視水源。在當年，「水井」是深宅大院的居民們摩肩擦踵的社交場所，在井邊與左鄰右舍談天說地、噓寒問暖，恰恰可以彌補四合院的封閉所帶來的不足——不但保護了每個家庭的隱祕空間，又為鄰里之間提供了許多交流的機會。

胡同與四合院的完美組合，在在體現出元朝統治者在城市建設、與管理方面的聰明之處。胡同橫平豎直，四合院則錯落有致，讓人怎麼看都像是軍事化管理的結果。有了胡同的分割與疏通，北京城便成了一座由遊牧民族安營紮寨的大軍營。難怪著名作家汪曾祺在散文《胡同文化》中讚歎道：「北京城像一塊大豆腐，四方四正。城裡有大街，有胡同。大街、胡同都有是正南正北，正東正西。北京人的方位意識極强。」方向感過人，恐怕也是蒙古民族的遺傳，他們在一望無際的大草原上遊牧時，一般都要根據日出、日落來辨認方向，才不至於迷路。

在元代，北京的胡同間隔較寬，元大都基本上都是三進大四合院的距離。因此後代在中間空地建院，必須仰賴小胡同為出入通道，如此一來，許多有名的大胡同中就產生了大量無名的小胡同，於是俗語有云：「著名的胡同三千六，沒名的胡同賽牛毛。」

【豆知識】

中國歷史上有過哪些類似「胡同」的建築模式？

「胡同」作為都市的肌理，廣義而言，即是包含街巷在內的道路，它既是城市的脈絡、交通的樞紐，又是居民世代賴以生息之所。從先秦以來，中國古代城市的基本結構，採取的是一種嚴密封閉的街區模式。居民區（坊），與商業區（市）被嚴格地分開，並用圍牆各自封閉起來。商業區（市）於白天開放，並於黃昏關閉，形成中國城市傳統的市坊制度。對市、坊實行嚴格分開的制度，有兩個主要因素：第一，是出於防禦的目的。作為居民區的坊，又作防。漢代許慎《說文解字》中提到「防，或從土。」，清段玉裁注：「防之俗作坊。」由此可見，將居民區用圍牆圈起來，本身是出於防禦目的。另外從實行的坊里鄰保制、按時啓閉坊門制、宵禁制等，也明顯流露防禦性質。第二，是市場管理的需要，而且正是由於店鋪的集中，才產生了最初的「行」。

「坊」是隨著城市的繁榮而興起的，哪裡有城市，哪裡便有居民區的存在。因為城市的基本特徵，即是永久性的人類聚居區，而「市」也是伴隨著人類對商品的經濟需求才產生。但是，隨著人口的增加和商品交換需求逐漸擴大，限時交易的封閉型市坊制度已不能適應城市的發展。從唐中期開始，市坊制度已發生鬆弛、衰變。當時，商業不再限制在專門的商業區，許多坊中出現了市場、店鋪、作坊。如長安城，出現了「晝夜喧呼，燈火不絕」的「要鬧坊曲」，對宵禁、坊牆發起挑戰。尤其值得注意的是，「行」這種以行頭為首的行業組織，也逐步打破了「市區」的限制，發生了各種橫向的經濟聯繫。行會的產生，是當時社會分工和商品經濟發展的正向結果，但對嚴密封閉的市坊制度是一次大的衝擊。

儘管唐王朝一再命令「勒坊內開門，向街門戶，悉令閉塞」，但中唐以後私自拆毀坊牆、臨街開門的現象時有所聞。諸如此類的情況不斷發生，都預示著市坊制度崩潰的時代即將到來。到了宋代，封閉性的市坊制度正式宣告崩潰。北宋時，都城汴京（今開封）的商業區「市」與居民區「坊」已經沒有嚴明界限。到了北宋中期，開封城的街路變遷，已完成了從坊內店肆、臨街店肆、侵街店肆、夾街店肆，一系列的演進過程。到了南宋，臨安（今杭州）城的東、西、北三處，各數十里，「人煙生聚，市井坊陌，數百經行不盡」，是居民區和商業區錯綜交雜的地方。與此同時，夜禁也被完全取消，宵禁的古老傳統於是走入歷史。

6 北京的通惠河在元代是條排水通道嗎？

在元朝，北京城的水運交通非常發達，通惠河即是當時大都城一條重要的運河。它全長八十二公里，連通元朝首都大都與通州，於一二九三年建成。由於元大都和江南地區距離相當遠，而元朝的經濟重心、和重要產糧區都是在江南地區。所以開通江南直達大都的大運河，也保障了首都的物質供應，具有十分重要的意義。為了修鑿直達大都的運河，元代在隋唐運河舊道的基礎上開鑿了許多新的重要運河，通惠河便是其中之一。

通惠河的建造者是當時著名的科學家郭守敬。郭守敬精通天文學和水利學。在天文學上，他重視測量儀器的精確度，先後製造了簡儀、高表等近二十件天文儀器，領導了全國範圍的天文測量，製成中國古代第一部精良的曆法《授時曆》。在水利方面，郭守敬最大的成就是通惠河的開鬮。

在一二六一年，郭守敬上書忽必烈，提出一系列水利建議，其中之一是主張疏通金代中都東到通州的舊漕河，南邊通向開河。但是，通州到大都之間，水源缺乏，仍然需要借助陸路運輸，十分不便。於是，一二九一年郭守敬又提出疏導昌平縣白浮村神山泉，經過雙塔、榆河，連接一畝、玉泉等處的水源到元大都城的西門，水流在今天北京市積水潭地區匯集，最後水流向東南出文明門（今崇文門）到達通州高麗莊進入白河。除此之外，郭守敬還在通惠河中置壩閘二十一座，通過壩閘、斗門調節穩定河水的水量和水位。這樣，江南駛來的漕運船就可以一直開進大都城中，保證了元大都的物質供應，也促進了元大都的商業繁華。

【豆知識】

現代的京杭大運河是元代修建的嗎？

在中國古代，由於陸路運輸只能依靠畜力和人力，內河運輸便一直是非常重要的貨物運輸方式。運河的開鑿也一直是歷朝歷代對國家統一、經濟交流有重要意義的大工程。其中有條起止點分別大致為今天的北京與杭州，貫通南北的大運河，在隋唐及元朝都有所修建，唯其路線有些微差異。現代大運河一般所指即是元代大運河的路線。

隋代時，開始修鑿北通涿郡（今北京）南達餘杭的大運河。隋代大運河貫通南北，在隋唐時期對於糧食的漕運發揮了重要作用。隋代開鑿的大運河，是以洛陽為中心，重要區域在於中原地區。

元代定都大都（今北京）。由於隋唐舊河道歷經變遷，航運不暢，為了保證大都的糧食等物質供應，元代在隋唐運河的基礎上修鑿了新的、並貫通南北的京杭大運河，將漕運中心由中原地區向東部偏移。元代大運河北起於大都，南到達杭州，聯繫海河、黃河、淮河、長江和錢塘江五大流域。元代大運河的溝通，促進了南北經濟文化的交流、和對外貿易的發展，為明清運河的暢通和現代大運河奠定了穩定的基礎。

【二】朝廷軼聞

7 被毛澤東稱為「一代天驕」的成吉思汗到底有什麼豐功偉業呢？

成吉思汗，原名鐵木真，是蒙古族傑出的政治家、軍事家，於死後追尊為元太祖，在蒙古歷史乃至中國歷史上功不可沒。十二世紀的蒙古草原上，分布著眾多的部落，有蒙古諸部、塔塔兒部、克烈部、蔑兒乞部、乃蠻部、汪古部等，這些部落互相廝殺，讓整個蒙古草原籠罩在一陣狼煙之中。成吉思汗削平群雄，先後擊敗王罕、扎木合、太陽汗等部落，成了蒙古草原上的霸主，把原來分散的各部落統一在一起，結束了蒙古草原長期四分五裂的局面，為蒙古草原的復興、繁榮提供了秩序和安寧。

一二六一年，鐵木真加尊號成吉思汗，建立大蒙古國。成吉思汗以蒙古部落名為國號，建立「大蒙古國」，並根據國家政權的需要，設立了一系列的統治制度：第一，他創立千戶制度，將全國百姓按十進位分組，分為千戶、百戶、十戶三級，共劃分為九十五個千戶，並規定了各千戶的地域範圍，分別授予開國功臣和貴族們世襲管理。所有千戶又都隸屬於左右翼兩個萬戶，千戶體制具有軍事單位和地方行政單位的雙重性質，大汗有權對千戶長官舉立與廢除，通過千戶授封制度，成吉思汗有效地把蒙古草原置於統治之下；第二，發展了怯薛護衛制度，怯薛護衛制度在整個元朝一直沿用，影響深遠，怯薛不僅是大汗親衛軍，還有管理政府事務的職能；第三，制定蒙古法律，頒布《大紮撒》，其實，所謂的法律，也就是成吉思汗的命令和訓言；分封子弟，建立大蒙古國的「宗藩之國」；第四，創制了畏兀兒蒙古文。

建國後，成吉思汗又先後進行了一系列的軍事活動，征西夏、伐金、滅西遼、率軍西征、命木華黎經略北部中國、滅西夏攻金，等等，促進了元版圖擴大和國家的鞏固，為元朝的建立奠定了基礎。

【豆知識】

成吉思汗的陵墓究竟在什麼地方？

一代天驕的成吉思汗令後人崇敬，想一去成吉思汗陵墓拜祭的人們，想必也不在少數。

但是，成吉思汗死後究竟埋骨何處，卻一直是個千古之謎。今天內蒙古鄂爾多斯市的成吉思汗陵，是紀念他的「衣冠塚」。這座陵墓位於伊金霍洛旗阿騰席連鎮東南三十里的甘德爾敖包。陵園四周有紅牆高高的圍起，三座蒙古包式金頂穹廬連為一體。中間穹廬裡有高大的白玉石雕成的成吉思汗坐像，東邊的穹廬是成吉思汗的兒子與夫人的靈柩，西邊的穹廬供奉著象徵成吉思汗武功征伐的長矛、刀劍與馬鞍。

長久以來，在鄂爾多斯蒙古族人民心中，伊金霍洛的成吉思汗陵就是真正的成吉思汗陵，每年都會舉行隆重的祭祀活動。成吉思汗的陵墓在鄂爾多斯市源於這麼一個傳說：相傳，成吉思汗率軍西征西夏的時候，路過鄂爾多斯草原，被那裡的景色迷戀，並對左右侍從說死後可葬此地。成吉思汗死後，靈車在回漠北時，途經鄂爾多斯大草原，突然車輪深陷不動，任憑馬拉人趕也不動。他的屬下想起了成吉思汗生前交代的話，就將成吉思汗安葬在鄂爾多斯草原。根據史書上的記載，成吉思汗葬於鄂嫩河下游的不爾罕合勒敦山的起輦谷，在今烏蘭巴托附近。而最近的考古發現，蒙古首都烏蘭巴托東北三百二十二公里的地方發現一個古墓，考古學家推測裡面可能葬有成吉思汗的遺骨。

8 成吉思汗到底是怎麼死的？

歷史上流傳著種種猜測。有人說是被雷電擊死的，不過這種說法是歐洲的誤傳。還有人猜測他是落馬死的，長春真人丘處機就記載說成吉思汗在死前幾年從馬上掉下來受了傷，留下了後遺症，拖了幾年後病死了。還有種更為離奇的猜測，說他是因為俘虜並强占了西夏的王后，被這個王后設計給害死在了床上。這個說法被記載在十七世紀的一部蒙古史書裡面，依據的是流傳在西夏當地的一種傳說。這種說法很可能是受到了西夏人亡國心理的影響，帶有仇恨蒙古人的情緒在裡面。那部書甚至把黃河叫做哈敦河，就是王后河，因為據說王妃在害死了成吉思汗以後就奔出了帳篷，自盡在黃河裡。

自古來，成吉思汗死因眾說紛紜。但可以肯定的是，他死在出征西夏的前線。因此，染上瘟疫、瘧疾或是落馬後病死這類說法，這似乎更合邏輯一些。西元一二二七年八月廿五日，成吉思汗逝世，終年六十六歲。傳說成吉思汗死前，立窩闊臺繼承大汗位的文書，處理完了汗位繼承問題後，成吉思汗又思慮如何治理國家的事，因為最大的敵人金朝還沒有滅亡。他對兒子們和大將們說：「金朝的精兵都在潼關，潼關地勢險要。易守難攻，你們不要從這個地方去進攻。宋朝和金世世代代的仇人，你們要聯合宋朝，借道從宋朝出發，直搗開封，那樣一定能取得勝利。」後來，窩闊臺按照這個方略，終於在西元一二三四年消滅金國。

成吉思汗的墓地究竟在哪兒？千百年來，人們一直都在找尋。前幾年蒙古國和日本的聯合考古隊還在探查成吉思汗的墓地，發現大致的地理位置是可以確定的，據《蒙古祕史》記載，是在一個叫「古兒勒古」的地方。這是桑古河旁邊的一條小河，在今天的蒙古國的肯特省。雖然知道大致的地理位置，但墳墓卻總也找不到，這是由於成吉思汗按照蒙古人的習俗進行「密葬」，並且下葬後，就讓很多馬在地上來回奔，使得鬆動的土地被踩緊。這再過兩三年，就完全看不出墳墓在哪裡了。據說當時為了記認，就在成吉思汗陵周圍三十里地都插了木頭樁子，還把此地劃為禁區，專門派人管理。隨著時間的流逝，木頭樁子沒有了，他的墓地也和草原融為了一體，就成為了千古之謎。

【豆知識】

「成吉思」一詞有什麼含義？

「成吉思」是「大海」的意思，頌揚他和海洋一樣偉大。汗是皇帝的意思。成吉思汗，蒙古開國君主，著名軍事統帥。名鐵木真，姓孛兒只斤，乞顏氏，蒙古人。元代追上廟號太祖。成吉思汗生於蒙古貴族世家。約在一一七〇年，其父也速該被塔塔兒人毒死，也速該的

成吉思汗像

遺孀月倫領著鐵木真和他的幾個弟弟度過數年艱難生活。少年時期的艱險經歷，培養了鐵木真堅毅勇敢的素質。蒙古部主忽都剌汗死後，蒙古部衆大都在札木合控制之下，鐵木真於是投靠札木合，隨他遊牧。鐵木真攏絡人心，招攬人馬，最後脫離札木合，建立自己的斡魯朵（就是大汗居住的地方）。約在十二世紀八〇年代，鐵木真稱汗。札木合率領札答蘭、泰赤烏等十三部來攻，鐵木真兵分十三翼迎戰，因實力不敵而敗退，史稱十三翼之戰。一一九六年，鐵木真和克烈部脫里汗出兵助金，於斡里札河（今蒙古東方省烏勒吉河）打敗塔塔兒人。金授鐵木真以察兀忽魯（部長）官職，封脫里汗為王（脫里從此稱王汗，語訛為汪罕）。鐵木真與王汗聯兵攻打古出古・乃蠻部，回師途中又與乃蠻本部相遇。王汗見敵勢盛，不告而退，把鐵木真留在乃蠻兵鋒之下。鐵木真發覺後，迅速撤兵，回到自己牧地撒里川（在今蒙古克魯倫河上游之西），反而把王汗暴露在敵前。王汗大敗。因為有許多蒙古部衆在王汗處，鐵木真怕他們被乃蠻吞併，對自己不利，便派稱為四傑的博爾術、木華黎、博爾忽、赤老温領兵援救王汗，擊退乃蠻。鐵木真在部落爭戰中善於利用矛盾，逐漸擺脫了對王汗的臣屬地位。　一二〇一至一二〇二年，鐵木真和王汗聯兵，與札木合聯盟（塔塔兒、乃蠻等部落聯盟）大戰獲勝，札木合投降王汗。一二〇二年，鐵木真消滅了四部塔塔兒，占領了呼倫貝爾高原，實力猛增。一二〇三年王汗對鐵木真發起突然襲擊，鐵木真敗退到哈勒哈河以北。不久，鐵木真乘王汗不備，奇襲王汗牙帳，克烈部亡。同年，汪古部也歸附鐵木真。一二〇四年，鐵木真消滅了乃蠻太陽汗的斡魯朵，成為蒙古高原最大的統治者。

成吉思汗統一蒙古各部，在歷史上起了進步作用。攻金滅夏，為元朝的建立奠定了基礎。他軍事才能卓越，戰略上重視聯遠攻近，力避樹敵過多。用兵注重詳探敵情、分割包圍、遠程奇襲、佯退誘敵、運動中殲敵等戰法，史稱「深沉有大略，用兵如神」。另一方面，他的作戰具有野蠻殘酷的特點，如大規模屠殺居民、毀滅城鎮田舍等，破壞性很大。

9 元代有沒有像漢唐帝王陵一般高大的帝陵？

秦始皇陵兵馬俑的出土，號稱「世界第八大奇蹟」；位於北京西北郊的明十三陵群山環抱、氣勢磅礴，諸如此類的陵墓建築，彰顯了帝王作為天之驕子的凜然不可侵犯的威嚴。我們經常看到其他各朝帝陵的發掘文物，卻鮮少聽聞有關於元代帝墓發掘的資訊，這是為什麼呢？事實上，元代帝王葬俗與前後代帝王葬習不一樣，它在中國帝王喪葬習俗史上獨具特色。

據《元史》記載，蒙古皇帝喜歡住氈帳，即使是移居內地後，仍保持著原來的居住習慣。皇后死後會殯殮在氈帳中，以示不忘祖先。帝王喪葬都入棺槨，但又不同於漢民族的做法，而是僅僅為了容身罷了。殮用貂皮襖、皮帽，靴襪、繫腰等用白粉皮製成，並放置盞、碗、匙各一個、金壺瓶兩個。之後用黃金做成的四條金屬箍來圍束住。棺槨用車載運，一路上由一蒙古巫婆騎馬引領，這匹馬又叫做金靈馬。每天三次用羊祭奠，到了陵地，等埋入棺槨後，再用建築陵墓時所採挖的土塊依次覆蓋，並驅萬匹馬踏平，上面鋪草，不再修建墓塚了。入土為安後，三名送葬官員每天要在離葬地五里之外的地方燒飯祭拜，三年後才能返回。

為了避免挖掘曝露的禍患，元代皇帝的喪葬過程都是在絕密情況下進行，用護送皇帝靈柩途中遇到的人作為殉葬者。成吉思汗臨終前曾囑咐不要發喪舉哀，使敵人不知道他是否存活。因此，等到雜草叢生時，元代帝陵逐漸淡出了人們的記憶，成為一個謎了。據稱，當年開墓穴埋葬時，當場要祭殺一隻駱駝。以後祭祀時，將被殺駱駝之母牽來作為嚮導，母駱駝停頓悲鳴的地方，即是帝陵所在之處。

按照蒙古習俗，皇帝死後，都要運往漠北安葬，從成吉思汗到末代皇帝都是如此。各家對安葬地點的說法不一，《元史》稱葬地在「起輦谷」，馬可波羅說葬於「阿勒泰」，拉施都丁《史集》說葬在「不兒罕合勒敦山」，蒙古語原意為「禁地」。而依據現在的說法，一是在克魯倫河畔，一是在肯特山。究竟元代帝王陵墓葬在何地，仍有待進一步研究和考察。

【豆知識】

中國歷代的帝王陵都是什麼形式？

關於歷代陵墓，新石器時代墓葬多為長方形或方形豎穴式土坑墓，地面無標誌。在河南安陽殷墟遺址中曾發現不少巨大的墓穴，有的距地表深達十多公尺，並有大量奴隸殉葬和車、馬等隨葬。周代陵墓集中在陝西省西安和河南省洛陽附近，尚未發現確切地點，陵制不詳。戰國時期陵墓開始形成巨大墳丘，設有固定陵區。秦始皇陵在陝西臨潼縣，規模巨大，封土很高，設內外二城及享殿、石刻、陪葬墓等圍繞陵丘。據記載，地下寢宮裝飾華麗，隨葬各種奇珍異寶，其建築規模對後世陵墓影響很大。漢代帝王陵墓多於陵側建城邑，稱為陵邑。唐代是中國陵墓建築史上一個高潮，有的陵墓因山而築，氣勢雄偉。由於帝王謁陵的需要，在陵園內設立了祭享殿堂，稱為上宮；同時陵外設置齋戒、駐足用的下宮。陵區內置陪葬墓，安葬諸王、公主、嬪妃，乃至宰相、功臣、大將、命官。陵山前排列石人、石獸、闕樓等。北宋除了徽、欽二帝被金所虜，因死漠北外，七代帝陵都集中在河南省鞏義市，規模小於唐陵。南宋建都臨安，但仍擬還都於汴梁，故帝王靈柩暫置於紹興，稱攢宮。元代帝王死後，葬於漠北起輦谷，按蒙古族習俗，平地埋葬，不設陵丘及地面建築，因此至今陵址難尋。明代是中國陵墓建築史上另一高潮。明代太祖孝陵（見明孝陵）在江蘇省南京，其餘的明代帝陵在北京昌平縣天壽山，總稱明十三陵。各陵都是背山而建，在地面按軸線布置寶頂、方城、明樓、石五供、櫺星門、祾恩殿、祾恩門等一組建築，在整個陵區前，設置有總神道，建石象生、碑亭、大紅門、石牌坊等，氣氛十分肅穆莊嚴。清代陵墓，前期的永陵在遼寧新賓，福陵、昭陵在瀋陽，其餘陵墓建於河北遵化和易縣，分別稱為清東陵和清西陵。建築布局和形制承襲自明陵，而建築的雕飾風格則更為華麗。

10 元代兄終弟及的是哪兩個皇帝？

在中國古代，除了「父死子繼」這種皇位繼承的主要模式之外，還有一種皇位傳續的次序也偶有出現，那就是「兄終弟及」。也就是說，弟弟能夠繼承哥哥的皇位。在上古的商代，兄終弟及是很常見的王位繼承順序，在後世也不乏其例，最著名的大概要屬宋太宗繼承他哥哥宋太祖皇位的「斧聲燭影之謎」。

在元代，皇室裡的兄弟關係似乎一直都不好。元世祖忽必烈與他的弟弟為了汗位大開殺戒，失敗一方的名字從此被寫作「阿里不哥」，「不哥」兩個字就是漢語裡面「不悌」的另一種表達。不過，元朝也出現過兩位兄終弟及的皇帝，他們是元武宗海山與元仁宗愛育黎拔力八達。

元成宗晚年病患纏綿，皇后卜魯罕秉政。大德九年（一三〇五年）六月，立皇子德壽為太子。十月，成宗病體日漸沉重，皇后令成宗的侄子愛育黎拔力八達及其母出居懷州。十二月，太子德壽病死，次年正月，成宗亦病死，皇位一時空缺。按照順序，當由成宗的侄子、愛育黎拔力八達的長兄懷甯王海山繼承皇位，但是皇后因為逐出愛育黎拔力八達在先，恐怕海山即位以後對己不利。因此，與左丞相阿忽臺等人密謀迎立鎮守河西的安西王阿難答。愛育黎拔力八達得訊以後，馳入大都，與右丞相哈剌哈孫等人合謀除掉了政敵，隨即擁立海山為帝，是為元武宗。

武宗感念愛育黎拔力八達的功績，即位以後立其為皇太子，相約兄終弟及。有一個宦官叫做李邦寧的，對武宗進言道：「陛下富於春秋，皇子漸長。父作子述，古之道也，未聞有子而立弟者。」武宗聽了很不高興，說：「朕志已定，汝自往東宮言之！」武宗在位四年，去世以後，果然由皇太子愛育黎拔力八達即位，是為仁宗。

不過，仁宗就沒有他的哥哥那麼守信用。本來，武宗與他相約兄終弟及，叔侄相授，也就是說，仁宗死後應當傳位給武宗的兒子，可是仁宗後來卻將武宗的兒子徙居雲南，立自己的兒子碩德八剌為皇太子——這一點倒是與宋太宗趙匡義逼死太祖之子趙德昭如出一轍。

【豆知識】

收繼婚就是「兒子可以娶母親為妻」嗎？

在古代中國，尤其是在少數民族地區，廣泛存在「收繼婚」的習俗，比如說，哥哥死了，兄弟可以（有時候是必須）娶寡嫂為妻。但是若說父親死了，兒子可以娶母親為妻就不完全正確了。

《史記．匈奴列傳》這樣記載匈奴的收繼婚：「父死，妻其後母；兄弟死，皆取其妻妻之」，原來，兒子能娶的，是亡父的後妻或者妾，並不是自己的親生母親。而且有資格娶父妾的，也不是所有的兒子，只能是擁有繼承權的嫡子。比如西漢的王昭君，因為和親被嫁給匈奴單于呼韓邪，在呼韓邪死後按例應當嫁給他的長子。昭君於是上書成帝，要求回國，成帝卻令其遵從匈奴的風俗，昭君最後只好下嫁。這就是一個典型的收繼婚的例子。

收繼婚也是蒙古的婚姻制度。隨著蒙古入主中原，收繼婚在漢族地區（主要是北方）也屢見不鮮，但是同時也有蒙古族的女性受漢文化的浸染而拒絕這一風俗，體現出文化交流和融合的複雜面貌。

11 元代皇帝聖旨中，為什麼會有很多白話和粗話？

一般而言，聖旨是皇帝為了向臣民傳達旨意而擬定的書面文告，因此充滿了官腔氣息。

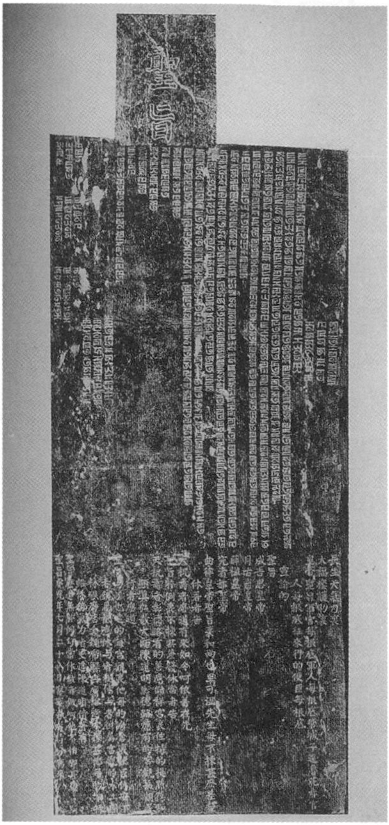

元代聖旨碑拓片

開頭都存在各種富麗堂皇的詞藻、和長篇累牘的渲染，最後才簡單說一下具體事情本身。中國漢族王朝的聖旨，也確實多數具有這種文辭富麗的特徵，然而元代的聖旨卻不是這樣，裡面有許多白話甚至是粗話，比如常見的「准奏」叫「那般者」，「欽此」被說成「聖旨俺的」，這是為什麼呢？

原來元代的詔令敕書文告系統中，詔書和聖旨有著不同的內涵，這也是由當時複雜的政治文化體制決定的。

元朝詔書的行用範圍基本上都屬於重大事件，需要布告全國，「咸使聞知」者。也可以說，詔書是元朝詔敕類文書中最為重要的一種。在文體方面，使用典雅的漢文文言，以駢體文為主，偶有用散文者。辭藻華麗，多用典故，以顯示王朝的「文治」形象。在這些方面，基本繼續了前代「王言」的傳統。

不過，元朝聖旨的概念，較之詔書相對複雜一些，有廣義、狹義之分。廣義上說，以皇帝名義下達的命令，包括上文討論的詔書和下文將要提到的宣命在內，皆可稱為聖旨。狹義的聖旨是以蒙古語宣諭，表示用蒙古文記錄、頒發的皇帝命令。《元典章》、《通制條格》等元朝政書收錄了許多這類文件的漢譯文。其中，大部分是按照蒙古語的句法、詞法機械地套譯為漢文，無法用漢語常規讀通，形成所謂的「蒙文直譯體」聖旨。而恰恰是這類聖旨裡面，出現了很多在漢族文人、學士看來可笑的白話俚語，本來不登大雅之堂的詞語往往堂皇地用在聖旨裡面。

比如至大四年中書省奏報「真定路官員侵占稅課銀兩」一事，聖旨裡就有「課程也不能盡實到官，做賊說謊的多了去也」這樣類似小說家的話，常見的還有「更聖旨可憐見呵，怎生？」乃至「怕甚麼」、「吃棒子」這樣的語句，竟與《水滸傳》裡梁山好漢們說的話，有幾分神似了。這也是蒙古舊時統治習俗與中原文化雙向互動過程中，出現的一種很有意思的現象。

當然也並不是元朝皇帝所有的聖旨都是這樣，如果朝廷已經確知聖旨宣諭對象是文化層次較高的南方文化人或者官員將領，聖旨也會經過修飾去掉那些不合適的詞語，表達一種文縐縐的文治氣象。

現在元代的這種白話聖旨碑還廣泛保存在很多省份的寺廟道觀裡，多數都是當時皇帝頒布有關「保護寺廟道觀財產不得侵奪」的聖旨命令，也已經成為研究元代語言和社會文化生活等方面的重要資料。

【豆知識】

元皇帝即位詔書居然也需要「美化」？

如上文所述，元代皇帝遇到像先皇去世、新皇登基這樣的重大事件，一般是要用文言美化修飾過的詔書頒布命令的，但有時也有例外。例如元泰定帝登基時，就是在漠北突然得知自己獲得了當皇帝的資格，一時身邊沒有漢人文臣，只好用了類似聖旨的蒙古文直譯詔書布告天下，這則看起來很樸實直白「詔書」也就被保存在了《元史》之中了，相信讀者也大致能看得懂：

「薛禪皇帝可憐見嫡孫、裕宗皇帝長子、我仁慈甘麻剌爺爺根底，封授晉王，統領成吉思皇帝四個大斡耳朵，及軍馬、達達國土都付來。依著薛禪皇帝聖旨，小心謹慎，但凡軍馬人民的不揀甚麼勾當里，遵守正道行來的上頭，數年之間，百姓得安業。在後，完澤篤皇帝教我繼承位次，大斡耳朵里委付了來。已委付了的大營盤看守著，扶立了兩個哥哥曲律皇帝、普顏篤皇帝，侄碩德八剌皇帝。我累朝皇帝根底，不謀異心，不圖位次，依本分與國家出氣力行來；諸王哥哥兄弟每，衆百姓每，也都理會的也者。今我的侄皇帝生天了也麼道，迤南諸王大臣、軍士的諸王駙馬臣僚、達達百姓每，衆人商量著：大位次不宜久虛，唯我是薛禪皇帝嫡派，裕宗皇帝長孫，大位次里合坐地的體例有，其餘爭立的哥哥兄弟也無有；這般晏駕其間，比及整治以來，人心難測，宜安撫百姓，使天下人心得寧，早就這裡即位提説上頭，從著衆人的心，九月初四日，於成吉思皇帝的大斡耳朵里，大位次里坐了也。交衆百姓每心安的上頭，赦書行有。」

這份詔書在明朝初年匆匆修成的《元史》裡沒來得及修改，到了清朝乾隆年間，乾隆皇帝卻覺得這種詔書列入正史「有辱斯文」，於是下令重新改譯為以下的文言「美化體」，與前面的質樸的詔書對照閱讀，相信可以感受到漢語修辭的藝術性。

「朕考晉獻武王，薛禪皇帝之嫡孫、裕宗皇帝之長子也。聖慈眷愛，封授晉王，統領成吉思皇帝四大斡耳朵，及軍馬、達達國土。就國以後，恪遵薛禪皇帝聖旨，小心謹慎，凡軍馬人民一切事宜，咸由正道而行，故數年之間，群臣各敬其事，百姓得安其業。嗣後完澤篤皇帝命朕繼承藩服，仍統領四大斡耳朵及北邊軍馬，翼戴朕兄曲律皇帝、普顏篤皇帝，朕侄碩德八剌皇帝。曆事累朝，無貳爾心，以繼朕皇考固讓之志。恪恭厥職，屏衛王家，朕之行事，諸王宗室臣民皆所素知。今大行皇帝上賓，迤南諸王大臣軍士及諸王駙馬臣僚、達達百姓等，咸謂天位不宜久虛，乾綱固有專主。近屬之中，惟朕為薛禪皇帝嫡曾孫、裕宗皇帝嫡冢孫，以長以親，於義皆無可讓。況大行晏駕，事變非常，及今加意撫綏，猶恐皇皇未定。宜早正宸極，鎮安百姓，使天下人心得寧。朕以臣民勸戴之故，俯順輿情，九月初四日，即位於成吉思皇帝之大斡耳朵。布告中外，咸與維新，可大赦天下！」

12 元朝皇帝的繼位採嫡長子繼承制嗎？

在中國的封建社會，皇位的繼承是歷代王朝最重要也是最頭疼的問題之一。而為了維持皇族內部的團結，嫡長子繼承制作為皇位繼承的基本形式被封建王朝所採用。但在某個王朝的社會動盪時期，或者是少數民族入主中原所建立的王朝中，可以看到皇位繼承的一些其他形式，比如兄終弟及制、篡位、推選制，等等。

元朝是北方蒙古遊牧民族建立的王朝，它的皇位繼承制度具有本民族的一些特點，有點類似於傳說中的上古堯、舜、禹時期的「禪讓制」，繼承人經推選大會由各氏族首領、諸位王族共同舉薦產生，這種「推選大會」在元代被稱為「忽里臺」，候選人必須經忽里臺大會推選確認，才能成為合法的皇帝。成吉思汗就是通過忽里臺的推選當成蒙古國的大汗的，蒙古國建立後，大汗皇位只規定在成吉思汗的子孫中產生，但仍然要召開忽里臺會議，忽里臺會議上，蒙古貴族王侯就繼承人達成一致意見，繼承人必須禮儀性地辭讓，最後才登上皇位。

大汗繼位時，也要舉行蒙古族的宗教儀式，要經過君臣盟誓、賞賜群臣、舉行宴飲等一系列的活動。元代歷代皇帝的繼承基本上都是按照以上的程式進行的。有時候，忽里臺會議因為各種原因不能按時召開，這種情況便會導致皇位虛空。像成吉思汗將窩闊臺立為自己的繼承人，但因忽里臺會議沒有舉行，窩闊臺便無法登上皇位，而是由四子托雷監國兩年，於一二二九年召開忽里臺大會才擁戴窩闊臺為君；一二四八年，托雷的兒子蒙哥繼承皇位的時候，因為當時窩闊臺、察合臺兩派的王公貴族拒絕參加忽里臺會議，因此蒙哥的汗位不具有合法性，直到一二五一年，才正式即位。

忽必烈推行「漢法」，力圖採用中原王朝的嫡長子繼承制，但同時仍然不敢否定忽里臺舊制。一二九三年，他將「皇太子寶」授予他的孫子鐵穆耳，但並沒有採取措施來鞏固鐵穆耳的皇儲地位。因此，鐵穆耳的最終即位也是經過了忽里臺的激烈爭議而終告確立。不可否認，忽里臺會議的皇位推選制度，在一定程度上起到了聚合蒙古各部落為一共同體的作用，但同時，它也有很深的弊端，例如即使是大汗生前所擬定的繼承人，也不一定能登上皇位，而必須經過忽里臺的最終審定。這種公選制度為政治投機者提供了機會，激化了蒙古貴族內部的矛盾，增加了蒙古汗位繼承的不穩定性。

【豆知識】

中國古代的皇位繼承制度是什麼？

傳說在上古的堯、舜、禹時代，王位的繼承採取的是禪讓制。當時在中原地區活躍著許多氏族部落，這些部落之間形成了部落聯盟，聯盟的首領是由聯盟議事會中受眾人推舉而產生。

從夏禹將王位傳給自己的兒子啓開始，父死子繼的王位繼承方式開始確立。西周時期，國家統一，宗法加強，在皇位繼承上採取嫡長子繼承制。所謂「嫡長子」，就是正妻所生的最年長的兒子。嫡長子繼承制的確立，使皇位繼承有了相對固定的接班人，一定程度上減緩了諸皇子之間激烈的皇位爭奪，對周王朝的穩定有很大的促進作用。周以後的王朝，大多沿用這種嫡長子繼承制，老皇帝在位時預先將嫡長子確立為太子，並舉行典禮昭告天下。但是，到了清朝，康熙皇帝採取祕密立儲制，將寫有皇位人選的詔書藏於故宮太和殿正大光明匾額之後，等到老皇帝駕崩後才公布。清代的皇位繼承基本上是沿用這種方式。

不過在許多朝代，也存在著一些其他的方式。宋朝的開國皇帝趙匡胤就將皇位傳給了自己的弟弟趙匡義，這種方式是「兄終弟及」制度，這種情況的出現是因為太子過於年幼，或皇帝的兄弟逼宮奪權。

至於權臣篡權的皇位繼承，如西漢時期的王莽、北周的楊堅等。這種方式一般都表現在改朝換代時，為爭奪皇位，甚至是兄弟之間的相互殘殺，例如唐代「玄武門之變」。

13 南宋投降元朝的小皇帝後來怎麼了？

宋恭帝名叫趙顯，是宋度宗之次子，為全皇后所生，生於一二七一年，正處於南宋風雨飄搖之際。在當時，蒙古元朝的強大軍事壓力無時無刻不在威脅南宋的社稷存亡。而朝廷裡，卻是一個昏庸的宰相當道，他就是皇帝國舅爺賈似道。他為了自己的烏紗帽，祕密封鎖元軍的進攻消息，以至於襄陽城被圍困六年，朝廷卻一點兒都不知曉。直到一二七三年襄陽城破，南宋已經門戶大開，一二七四年二十萬元軍長驅直入，橫掃江南。而此時宋度宗去世，四歲的趙顯即位。他就是恭帝，因為年紀太小，所以由謝太皇太后臨朝聽政。此時，賈似道已經無法遮掩祕密了，被迫引兵十三萬應戰元軍，結果一敗塗地，後來在被貶的途中被殺。

南宋經過這次戰役，實際上正規軍已經沒有部隊可以應戰了。朝廷只好向各地頒發「哀痛詔」，號召天下四方迅速舉兵「勤王」。當時正擔任贛州知府的文天祥「捧詔涕泣」，組織了一萬人左右的軍隊和張世傑一同進駐臨安。但畢竟實力相差懸殊，加上當時大批的大臣、官員都投降元軍，元軍於是很快就殺到了臨安城下。作為政治恐嚇，元軍在常州實行了大屠殺，全城只剩七個人倖免。一二七六年，謝太皇太后派文天祥到元軍大營談判議和，談判破裂後，眼見臨安實在守不住，只好向元軍獻城投降。而此時的趙顯還不滿六歲，就莫名其妙的隨著母親、祖母及其他朝官、宮廷人員一同送到了北京。至此，南宋朝廷正式滅亡。

宋恭帝被俘以後，被元朝封為瀛國公。到了元世祖忽必烈至元二十六年（一二八九年），元世祖忽必烈突然賞給十九歲的趙顯許多錢財，叫他去西藏當僧人，於是當年的小皇帝宋恭帝成了高僧。其後漢文史籍再也沒有了記錄，但在藏文材料中偶有蹤跡。趙顯十九歲到西藏喇嘛廟裡出家，得法號「合尊」。此後為了忘卻昨日傷心事，潛心學習藏文，果然皇天不負有心人，更何況趙家的人就是帶著這種遺傳的文化素養。不過幾年間，趙顯已經在藏佛界嶄露頭角，成為把漢文佛典譯成藏文的翻譯家，並且還擔任過薩迦大寺的總持，成為當時西藏的佛學大師，四處講經、潛心研究佛學，一生便是如此。後來翻譯了《百法明門論》，還有深奧的《因明入正理論》，在扉頁留下了題字，自稱「大漢王出家僧人合尊法寶」，被藏族史學家列入翻譯大師的名單，成為一段歷史奇事。

後來，也就是元英宗至治三年（一三二三年），趙顯知曉自己從前身分，便寫道：「寄語林和靖，梅花幾度開？黃金臺下客，應是不歸來。」這首詩充分表現了他對南宋王朝的思念之情，也委婉地表達了對當年元朝政府無理進攻南宋的譴責，因而觸犯了文字獄。元朝皇帝發現後，大怒，遂下令賜死，趙顯死時五十三歲。

【豆知識】

傳說瀛國公趙顯居然是元順帝的父親？

元順帝一三三三年繼位，一三六八年八月，明朝軍隊逼近北京，他棄城北逃，一三七〇年四月病死於應昌府（今內蒙古克什克騰旗西達來諾爾附近），時年五十一歲，在位三十六年，是元朝在位最長的皇帝。元人諡號「惠宗」。明太祖念他能順應天命，不拚死固守城池，於是封諡號「順帝」。

關於元順帝家世，有如此一說：傳說元順帝實際上是元明宗落魄時，在西藏薩迦大寺收養的孩子，明宗因覺得此幼子「王氣初降」，便帶回封地收養。元明宗死後，他一直被流放廣西，直到他七歲的弟弟，當了兩個月皇帝的元寧宗死了，他才糊裡糊塗被太后召回大都（北京）。元順帝生於延佑七年（一三二〇），出生不久即被收養。更離奇的是，元明宗及其府上人當時得知此子的親生父親，竟是曾在該寺出家的合尊法師，而其母親是元趙王送去的一名回族女子。這位合尊法師，俗家姓趙名顯，不是別人，就是一二七六年被謝太皇太后抱出臨安城投降的南宋末代皇帝宋恭宗。

14 脱脱是誰？他為什麼要大義滅親？

脱脱（西元一三一四—一三五六年，蒙古語，清代以後改譯托克托或托托帖木兒），蒙古人，出生於貴族家庭，年少時聰明過人，喜愛儒家文化，十五歲的時候被舉薦為怯薛官，逐漸受到重用。他的一生擔任過元朝政府的很多高位顯職，致力於鞏固元朝的政權，先是除掉專權跋扈的伯顏，之後進行了更化新政、主持遼、金、元三史的修撰、開河變鈔、鎮壓紅巾軍起義等一系列的政治、軍事活動。

他是元朝後期蒙古統治集團中有能力的治國能臣，《元史》本傳對其予以讚譽：「功施社稷而不伐，位極人臣而不驕，輕貨財，遠聲色，好賢禮士，皆出於天性。至於事君之際，始終不失臣節，雖古之有道之臣，何以過之。」以上所提及脫脫一系列的活動當中，除掉專權跋扈的伯顏，講的就是脫脫大義滅親的故事。伯顏是支持燕鐵木兒發動政變奪取帝位的功臣，燕鐵木兒死後，元順帝繼承皇位，伯顏於是獨攬大權，《元史》本傳說他「變亂祖宗成憲，虐害天下，漸有奸謀。」脫脫是伯顏的親侄子，自幼在伯顏家長大，他看到伯顏的醜惡行徑，勢必會招來殺身之禍，並且尤其是與伯顏有親戚關係，這樣的話自己一定會被牽連進去。脫脫便和生父馬札兒臺商議，問計於吳直方，討得的「大義滅親」之計。

西元一三三九年，伯顏認為漢人不可擔任廉訪使一職，脫脫向順帝奏請，主張遵循祖宗成法，不要排斥漢人。伯顏知道脫脫袒護漢人之後，非常生氣，對順帝說：「脫脫雖然是我的養子，但是他替漢人說話，應該加以懲罰。」順帝也看不慣伯顏的專權，說用漢人是自己的意思。順帝和脫脫談及伯顏跋扈之事，君臣相泣，決心除掉伯顏。一三四〇年，脫脫趁伯顏出城打獵之際，封鎖了京城，並奉順帝詔書，一一列舉伯顏的罪過，貶其為河南行省左丞相，隨後順帝又下旨將其貶到嶺南，最後伯顏病死在江西。

【豆知識】

「脱脱更化」反映了怎樣的歷史背景？

伯顏被逐殺之後，脱脱出任中書右丞相，隨即推行了一系列的新政，歷史上稱為「脱脱更化」。其內容主要包括以下幾個方面：重開科舉，攏絡漢族讀書人，增進民族團結；設置宣文閣，加强宮廷教育，編撰史書，翻譯古籍，遴選儒臣並對皇帝進行傳統的儒家教育；恢復一年四季的祭奠活動；調整統治集團內部的矛盾關係；實施惠民政策，減輕對人民的剝削和壓榨，允許百姓養馬、降低鹽賦等賦稅；整頓貪官污吏，淨化官場風氣。

「脱脱更化」的背後有一系列的社會原因和文化因素。元朝建立後，在蒙古貴族的內部一直存在著推行「漢法」還是抵制「漢法」的矛盾，伯顏專權，實行非常嚴酷的民族壓迫政策，「脱脱更化」是一場擁護「漢法」的運動，意在矯正伯顏的民族政策所帶來的民族矛盾。從傳統儒家文化而言，脱脱及其當時的元朝統治者，對漢法所持的態度即是提倡「儒術治天下」，因此「脱脱更化」也帶有很强的儒學色彩。

15 耶律楚材是誰？有哪些主要貢獻？

耶律楚材（一一九〇—一二四四），蒙古汗國大臣。字晉卿，號玉泉，法號湛然居士。出身於契丹貴族家庭，生長於燕京（今北京），是遼太祖耶律阿保機的九世孫。

耶律楚材秉承家族傳統，自幼學習漢籍，精通漢文，年紀輕輕就已「博及群書，旁通天文、地理、律曆、術數及釋老醫卜之説，下筆為文，若宿構著」了。耶律楚材初仕於金，為開州同知、左右司員外郎。成吉思汗十年（一二一五），蒙古軍攻占燕京，成吉思汗得知他才華橫溢、滿腹經綸，於是派人向他詢問治國大計。這時，他早已對腐朽的金王朝失去信心。面對干戈四起、生靈塗炭的神州大地，他決定以自己的才華輔助成吉思汗，拯救水深火熱中的人民。十四年，隨著成吉思汗西征，常曉以征伐、治國、安民之道，屢立奇功，備受器重。二十一年，又隨成吉思汗征西夏，並諫言禁止州郡官吏擅自徵發殺戮，使貪暴之風稍斂。

窩闊臺汗即位後，耶律楚材倡立朝儀，勸親王察合臺（太宗兄）等人行君臣禮，以尊汗權。從此更日益受到重用，被譽為「社稷之臣」。初執掌中原地區賦税事宜，建議頒行《便宜一十八事》，設立州郡長官，使軍民分治；制定初步法令，反對改漢地為牧場；建立賦税

耶律楚材像

制度，設置燕京等處十路徵收課稅所。窩闊臺汗三年（一二三一），任中書令（即宰相）。此後，他積極恢復文治，逐步實施「以儒治國」的方案和「定制度、議禮樂、立宗廟、建宮室、創學校、設科舉、拔隱逸、訪遺老、舉賢良、求方正、勸農桑、抑遊惰、省刑罰、薄賦斂、尚名節、斥縱橫、去冗員、黜酷吏、崇孝悌、賑困窮」的政治主張。在政治、經濟、文化各方面殫精竭慮，創舉頗多。使新興的蒙古貴族們順應國勢，漸漸放棄了落後的遊牧生活方式，採用漢族以儒教為中心的傳統思想和制度來治理中原。使戰爭不斷的亂世轉為和平的盛世，使先進的中原封建農業文明得以保存和繼續發展，也為後來忽必烈建立元朝奠定了基礎。

耶律楚材不僅是一位傑出的政治家，而且多才多藝，是一個在文化藝術方面有卓越修養和多種貢獻的人。他是中國提出經度概念的第一人，編有《西征庚午元曆》，還主持修訂了《大明曆》。他酷愛詩歌，也寫過不少詩作，現存於世的有《湛然居士文集》共十四卷。

耶律楚材在成吉思汗、窩闊臺汗兩朝任事近三十年，多有襄助之功。之後脫列哥那（昭慈皇后）稱制時，因屢屢彈劾皇后寵信之奧都剌合蠻，漸被排擠。西元一二四四年五月十四日，耶律楚材悲憤而死。「砥柱中流斷，藏舟半夜移」，消息傳出，傾國悲哀，許多蒙古人都哭了，如同喪失了自己的親人。漢族士大夫更是流著眼淚憑弔這位功勳卓著的契丹政治家，他們的良師益友。蒙古國數日內不聞樂聲。正如暮之謙在《中書耶律公挽詞》中所言：「忽報臺星折，仍結薤露新，斯民感天極，灑淚叫蒼旻。」

元世祖中統二年（一二六一），忽必烈遵耶律楚材的遺願，將他的遺骸移葬於故鄉玉泉以東的甕山，即今北京頤和園的萬壽山。卒後追封廣寧王，諡號文正。

【豆知識】

推動蒙古接受中原文化的著名人物有誰？

除了耶律楚材之外，北方和南方也有很多推動蒙古接受中原文化的著名人物，列舉幾位如下：

姚樞（一二〇一—一二七八）元初政治家、理學家。字公茂，號雪齋、敬齋。先祖自營州柳城（今遼寧朝陽）而入居內地，少時學習勤奮。金朝末年，父姚淵任許州（今河南許昌）錄事判官，徙家於許。一二三二年，蒙古軍攻破許州城，姚樞到燕京（今北京）投靠楊惟中，被引薦窩闊臺汗。一二三五年，皇子闊出率兵攻南宋，詔姚樞從楊惟中隨軍訪求儒、道、釋、醫、卜等類人才。蒙古軍陷德安（今湖北安陸），姚樞從俘虜之中訪得名儒趙復，力勸其北上講學授徒，此後理學在北方傳布漸廣。姚樞從趙復住處，得到程朱傳注等書，並開始研讀理學。一二四一年，出任燕京行臺郎中。後來，因為與主管官員意見不合，所以棄官，隱居於輝州蘇門（在今河南輝縣北）。一二五〇年，忽必烈召姚樞至漠北訪問、治道，姚樞上書陳述儒家傳統的帝王之學、和治國之道，深受忽必烈器重。

趙復（生卒年不詳），字仁甫，學者稱江漢先生。元德安（今湖北安陸）人。元師伐宋，屠德安。當姚樞在軍前，奉詔到軍中尋找儒、道、釋、醫、卜筮能者，並凡只占其中一藝者，得活之以歸。當時，趙復在俘中，被姚樞發現並與之對話，對於趙復的才能嘖嘖稱奇。但趙復不欲苟活，在夜裡投水自盡。然而，卻被姚樞發覺制止，偕同至燕京（今北京市）。趙復以所學教授學子，跟隨的逾百人。當時南北不通，程、朱之書也不見於北方。姚樞與楊惟中建太極書院，立周子祠，選取二程、朱嘉遺書八千餘卷，便請趙復講授。由此之後，程、朱之學在北方才廣為傳播。

許衡（一二〇九—一二八一年）字仲平，號魯齋，祖籍為懷州河內（今沁陽）人。宋元之際學者，也是著名的理學家、政治家和傑出的教育家，世稱「魯齋先生」。蒙古憲宗四年（一二五四年），忽必烈出王秦中，任命許衡為京兆（今西安市）提學，許衡讓各郡縣創辦學堂，民生八歲，上至王公，下至庶民子弟，皆令入小學，而十五歲俊秀者入大學。在教學之中，他提倡啓發式引導學生勤思考、多鑽研，並特別強調對學生進行道德教育，教育學生通曉禮義，懂得榮恥。

至元二年（一二六五年），許衡受命議事中書省，任職期間「不為利回」、「不為權屈」，有元代「魏徵」之稱。他通過對歷代和當代社會的狀況分析，先後給忽必烈上疏五道奏章，稱為《時務五事》。主張實行漢法，對維護其統治，有十足的鞏固作用。

竇默（一一九六－一二八〇），廣平肥鄉（今河北省肥鄉縣，位邯鄲市東）人。初名傑，字子聲，又字漢卿。元初名醫、名臣、名儒，著名理學家、教育家。金末時，他為了避亂到河南，與名醫李浩學習銅人針法；之後又南下德安（今湖北省安陸縣，位隨州市東南），習讀宋人理學著作。元兵陷德安時，楊惟忠招集儒釋道之義。竇默應召北歸至大名（今河北省大名縣，位廣平縣東南），與姚樞、許衡等講求理學。之後又返回肥鄉，以經術之學教授弟子。元世祖忽必烈為藩王時，曾召見他詢問治國之道，並使皇子皆從竇默之學。即位後，被元世祖任命為翰林侍講學士。晚年又加至昭文館大學士。卒後封魏國公，謚文正。

16 大蒙古國時期，驍勇善戰的「四傑」是哪四個人？

成吉思汗於一二〇六年建蒙古國稱大汗後，率領部下東西萬里征戰，戰功赫赫，除了他本人傑出的軍事組織能力，與指揮才能外，還有一批有勇有謀、勇猛善戰的蒙古將領也是戰爭勝利的必要條件。以下簡單介紹諸將中戰功最多的「四傑」：木華黎、赤老温、博爾忽、博爾術。

木華黎（一一七〇—一二二三）蒙古軍攻金統帥。札剌亦兒部人。早年輔佐成吉思汗統一蒙古諸部。譽稱「四傑」之一，被命為左手萬戶長。蒙金戰爭初期，在野狐嶺（今河北萬全西北）、會河堡（今萬全西南）大戰中，率敢死士衝鋒陷陣，以寡敵衆，配合主力殲滅金軍精鋭。之後，率軍攻取北京（今內蒙古寧城西）、錦州（今屬遼寧）、興中府（今遼寧朝陽）諸城，控制遼東、遼西地區。一二一七年（金興定元年）八月，被成吉思汗封為太師、國王，全權指揮攻金。他利用矛盾之計，收降大批漢族地主武裝為其效力；接受部將史天倪等的建議，禁擄掠、不殺降；並發揮蒙古軍善於突襲、野戰之特長，迅速攻取今河北、山西、山東等省大部要城。一二二〇年，在黃陵岡（今河南蘭考東）激戰中，他靈活用兵，下馬督戰，令將士引弓齊發，打敗號稱二十萬的金軍。一二二一年，自山西北部揮軍渡黃河進入今陝西，先後攻克綏德、鄜州（今富縣）、蒲城等地。一二二三年（元光二年）三月，卒於今山西聞喜。

赤老温，又稱齊拉袞。蒙古國大將。遜都思氏。鎖兒罕失刺之子。以雄勇善戰著稱。原附屬於泰赤烏部。鐵木真（成吉思汗）早年遭泰赤烏部塔兒忽臺執禁，得其營救倖免於難。後歸附鐵木真，隨從參加統一蒙古各部的戰爭。曾與博爾術等一起，配合克烈部，擊敗乃蠻部曲薛吾軍。以作戰勇敢，鐵木真賜號「把阿禿兒」（勇士）。宋開禧二年（一二〇六）蒙古國建立時，與父同掌一千戶，代父領軍，統領薛涼格河（色楞格河）地區。與博爾術、木華黎、博爾忽並稱「掇裡班・曲律」（蒙古語，意為四傑），世任「怯薛」（護衛軍）之長，為十大功臣之一。並世襲「答刺罕」之號，享有九次犯罪不罰的特權。

博爾忽（生年不詳—一二一七），又作孛羅忽勒、博羅渾等。蒙古國大將。許兀慎氏。成吉思汗母月倫養子以智勇著稱。原附屬主兒乞部，南宋慶元三年（一一九七）主兒乞敗亡後，被月倫收作養子，充當「那可兒」（伴當），隨從鐵木真（成吉思汗）統一蒙古各部，並與汪古兒等同典御膳，五年（一一九九），受命與博爾術等援救克烈部王罕，戰敗乃蠻部曲薛吾軍。嘉泰三年（一二〇三），在合蘭真沙陀中，與克烈部對壘，隻身營救汗子窩闊臺（太宗）於危難中。四年，以蔑兒乞首領帶兒兀孫降後復叛。與沈白領右翼軍追至薛涼格河，討平叛軍。開禧二年（一二〇六）蒙古國建立時，因功封千戶長，並配合博爾術同掌右翼軍隊。成吉思汗十二年（一二一七），征討禿馬惕部時，中伏兵死於軍中。及禿馬惕部平，以該部民百戶賜其妻，以示撫恤。後追封淇陽王。

博爾術，生卒年不詳。成吉思汗麾下四傑之一。蒙古阿兒剌氏。參加統一蒙古諸部戰爭，志意沉雄，善戰知兵，多立戰功。一二〇六年，成吉思汗建國，任命他為千戶長、右翼萬戶長，並對博爾術、木華黎說：國內平定，汝等之力居多，我之與汝猶車之有轅，身之有臂，二人位在諸將之上。

除了以上這四位早期功臣外，成吉思汗帳下還有著名的「四狗」即四先鋒，他們是忽必來、哲別、折里買、速不臺。其中的哲別，別稱為神射手，因為他曾在金庸武俠小說《射鵰英雄傳》中出現，而為廣大讀者所知。

【豆知識】

蒙古族人都怎麼取名字？

蒙古族人的姓名中，名是相對穩定的，姓的來源則顯得複雜許多，而且經過了一些變化。一般而言，蒙古族人只有「族姓」，沒有嚴格意義上的「家姓」，只有部落、氏族的「族姓」。很少有蒙古人把多音節的「族姓」放在名字前面，漸漸地就有不少蒙古族人遺忘了自己的「族姓」。蒙古史學家認為，自成吉思汗時代，特別是從元代建立以後，蒙古人以部落名作為姓氏的作法就普遍流行起來。而現代蒙古人的名字，最大特點是不帶名字前綴，因而它只是名字，而不應被理解成姓名。也有例外的情況，有少數個別帶姓氏前綴的，但那只是個別現象。

從現在蒙古族史學，及有關姓氏研究的結論上來看，蒙古族的姓氏主要有以下五種：一是部落的名稱為姓，如烏姓、奇姓（據說來源是成吉思汗的「奇握溫氏」，是乞彥部族姓）、雲姓等等。二是以本氏族的名稱為姓，如包姓（來源於「孛兒只斤」）。三是以歷史上，某種特殊的稱呼為姓，例如，古代蒙古人出征時，留在後方的家屬稱為「奧魯」，於是這些家屬便取姓為「奧魯」。後代改姓為「奧」。四是以祖先的名字為姓，如元代丞相脫脫的後裔以其名「脫脫」為姓。又如蒙古族的莫姓，也來源於人名，後來諧音記作「孟」。五是直接取漢姓，如姓李、姓白等。這些在鄰近漢族居住區的部落區域比較常見。

蒙古族男子取名的特點有：一、按照民族心理習慣取含有某種稱號意味的名字，如鐵木兒（鐵）、巴特爾（英雄）等；二、按照長輩的期望取名如：吉雅賽音（好運）、巴雅爾（喜悅）、白音（富足）、吉日格勒（幸福）等；三、按嬰兒出生時，長輩的年齡取名，如：賓塔（五十）、吉仁泰（六十）、達楞（七十）等；四、以勇猛的飛禽走獸取名如：少布（猛禽）、巴拉（虎）、赤那（狼）、阿不爾斯郎（獅子）、部日固德（鷹）等等；五、按照自然萬物的名稱取名字，如：朝魯（石頭）、阿古拉（山）、牧仁（河）等。

而蒙古族女子取名字的原則，多是以自然現象與植物來命名：一、以明亮的星辰為名，如：娜仁（太陽）、薩仁（月亮）、敖敦（星辰）、娜仁高娃（太陽般美麗）、薩仁高娃（月亮般美麗）等；二、以美麗的花草樹木為名，如：薩日朗花（山丹花）、其其格（花兒）、娜布其（葉子）、海棠等；三、以珠寶、玉器為名，如：哈斯（玉石）、塔娜（珍珠）、阿拉坦高娃（金子般美麗）等；四、以理想為名，如：斯琴（聰穎）、烏云（智慧）、高娃（美麗）、斯琴高娃（美麗聰穎）等。按這種方式細分，蒙古族女子的名字還可以分出很多種命名規則。

17 世侯是個什麼爵位？元初曾聲勢浩大的「世侯」們後來結局如何？

「世侯」是金元之際北方的一種特殊社會階層。蒙古人在攻滅金國的初年，為了減少抵抗勢力，曾經對於在金蒙戰爭中趁機擁兵自保的的漢人地方軍閥政權給予承認。而這些地方軍閥為了鞏固自身勢力，也願意與新興的蒙古政權合作。

在金元之際，北方豪傑紛起，多如牛毛。經過相互吞併，逐漸形成了若干割據一方的武裝集團，有的歸附蒙古，有的則為蒙古所滅。習慣上人們稱漢地歸降蒙古的漢軍將領為漢人世侯，漢人世侯們擁有自己的領地，在領地內享有生殺予奪之權，可以自置僚屬，還可以世代相襲，如同古代諸侯，故後世之人以世侯冠之。

當時北方的世侯主要集中在河北和山東境內。河北比較著名的世侯有三家，即真定史氏、順天張氏、槁城董氏，其中真定史天澤和順天張柔都是很早就歸附了蒙古，董氏家族的發跡則比較晚。

在山東有一家大世侯就是東平嚴實。嚴實家族控制東平近半個世紀，其興學養士之風影響深遠，對亡金禮樂的保存及境內文物古跡的修復亦功不可沒。嚴實家族也為當時久經戰亂之苦的百姓，提供了一個相對安定的社會環境，成為被一方百姓所擁戴的世侯。後來，伴隨著蒙古統一中國步伐的進行，漢人世侯的存在無疑妨礙了中央主權的完整性，這時大汗們又著手削弱世侯的特權。

其實除了這些持續興旺的世侯之外，山東益都地區還存在過一個相當有實力的世侯李全，後來其子李璮發動反對忽必烈的戰爭，被忽必烈派兵剿滅，左丞王文統受牽連被殺，由此忽必烈也對漢人世侯手中握有的強大兵力不放心起來，逐漸把各項政治經濟軍事權力收歸中央，在漢人儒臣的支持下，世侯的權力逐步被削減弱化，一些原本具有很大權勢的世侯家族也見機行事，紛紛主動要求放棄軍事財政權力。比如真定史氏，就是史天澤帶動他們家族的高級將官「一日內求解甲者數十人」，史氏這樣順應政策自然獲得了忽必烈的好感——在元朝統治很長時間內，史氏家族都保持著顯赫的政治地位。其他幾家世侯中，槁城董氏發跡較晚，但憑著董文忠、董文用等人對忽必烈的忠心耿耿和在平宋戰爭中的功勳，在整個元代也基本保持了其權勢，而順天張氏和東平嚴氏，則在滅宋後的政治起伏中受到幾次衝擊，就漸漸不如當初顯赫了。

【豆知識】

宋元戰爭中的北方漢人將領扮演著哪種腳色？

很多人的印象中，似乎是橫行歐亞大陸的蒙古騎兵直接南下滅亡了南宋。然而，我們仔細考察閱讀南宋與元朝最後幾年戰爭的有關資料，卻會發現事實不是這麼簡單。在平定南宋的最後進軍中，真正發揮了主力作用的不是蒙古的騎兵，而是北方各族將領率領的陸軍和水軍，其中戰功顯赫的張弘範等，更能反映這批北方將領在平宋過程中的主力作用。

當初忽必烈制定的攻擊南宋計畫是一個三路進兵的計畫，稱為「冠南宋三路進兵」，即東路由伯顏率領主力沿常州、蘇州一線直逼臨安，在南宋小朝廷投降後，這股主力一部分押解南宋君臣北上，一部主力繼續向浙江南部沿海州郡和福建前進，同時命令世侯張柔的兒子張弘範，率領水軍沿海路追擊南宋君臣的海上舟師；中路則由西夏人將領李恒率領，沿江西道南下，主要打擊南宋地方守將和文天祥等人組織的抵抗力量；西路由阿里海牙率領，從湖南岳陽出發南下，經過在長沙的野蠻屠殺後，向西南進軍到達廣西靜江府（今廣西桂林）和梧州等地。

一二七九年冬，張弘範與李恒的軍隊在廣東伶仃洋附近海面會合，包圍了南宋張世傑所率領的南宋水師數十萬人。經過幾天圍困後，南宋水師終於被擊敗，陸秀夫背負幼帝投海自盡，張世傑突圍後也遇暴風溺亡，崖山落日成了南宋王朝最後的輓歌。而完成這個過程的主力，都是善於水戰的北方漢軍，指揮者也不是蒙古將領，而是在和南宋軍隊長期作戰中積累了經驗的漢人世侯將領。就連到後來，南明王朝覆亡時，追擊南明永曆帝最賣力、最後逼死永曆帝的也不是滿清八旗騎兵，而是漢人將領吳三桂。透過上述例子，我們也許能感受到歷史改朝換代時的曲折深意。

18 元代文獻裡常見的「達魯花赤」是人名嗎？

達魯花赤，是元代一種特殊的職官稱謂，與它同源的有另一字答魯合剌禿孩，意指：「做了提調的人」，另有宣差，節使之意。達魯花赤在蒙古語中原意是「掌印者」。

一二二二年，成吉思汗開始在占領區設置達魯花赤官職，負責監治地方軍政事務。當時，蒙古軍隊征服一個地區之後，無力獨立維持在當地的統治，因此委託當地人治理，而設置達魯花赤來進行監督。達魯花赤掌握象徵決策權力的官員印璽，所以實際上是當地的最高統治者。

達魯花赤最初為成吉思汗所設，曾廣泛通行於蒙古帝國和元朝。在元朝的各級地方政府裡面，均設有達魯花赤一職，掌握地方行政和軍事實權，是地方各級的最高長官。在元朝中央政府裡面，也有某些部門設置達魯花赤官職。

達魯花赤一員，雖然官品俸祿等級與原地方長官相同，但權力在地方長官之上，因此是實際的最高長官，幾乎全是蒙古人充任，加强了其異族統治。而達魯花赤一般只能由蒙古人和色目人擔任，這種做法被認為具有强烈的民族不平等色彩。但是根據《元史》，也有漢族和其他少數民族擔任達魯花赤的記載。

這是由於，在元朝早期某些漢人、南人、契丹人和女真人在改用蒙古姓名之後，也被視為蒙古人，因此也能擔任達魯花赤。但到了元武宗至大二年（一三〇九年），這種做法被明令禁止，並規定達魯花赤必須由蒙古人擔任，如果蒙古人中無合適人選，可在色目人中選任；凡是漢人擔任達魯花赤的，被發現一律追回撤銷，而且此人將永不敘用。但是，也有由於當地條件惡劣，蒙古人不願意上任達魯花赤，而讓漢人充任的例子。明朝以後，達魯花赤官職被廢除。

【豆知識】

「札魯忽赤」又是什麼官銜？

札魯忽赤也是蒙古和元朝的官名。又作札魯火赤、札魯花赤，漢譯「斷事官」。蒙古建國之初，司法行政事務簡單，只設札魯忽赤總領其事，以分封領民和刑罰為主要職掌。它是當時國家最大的司法行政長官。隨著蒙古向外擴張，版圖擴大，因此各諸王投下都設札魯忽赤。

成吉思汗曾命失吉忽禿忽為「也可札魯忽赤」（大斷事官），主持分封千戶。窩闊臺汗時，失吉忽禿忽又到中原編籍民戶，為諸王功臣劃分封邑，漢人稱之為「丞相」。蒙哥汗時，也可札魯忽赤忙哥撒兒以酷刑審訊反蒙哥汗的窩闊臺系諸王和諸將，得寵於大汗。

入元以後，札魯忽赤從總攬各種政務的官員變為司法長官。元朝立太宗正府，以諸王主持府事，設從一品高爵位的札魯忽赤，在元成宗鐵穆耳以後，員額達四十人左右。負責審理四怯薛、諸王、駙馬投下蒙古、色目人的犯罪案件和婚姻、驅良等戶籍爭訟，也審理漢人、南人的重大刑事罪犯，按檢諸路刑獄。有時，邊遠征伐也派札魯忽赤領軍。仿照札魯忽赤制度，中書省設三品斷事官，員額由三十一人逐漸增至四十一人，從皇室、諸王駙馬投下的怯薛等官選用人員，掌刑政，並常派出，用為理算之事。樞密院也有設三品斷事官數員，分別掌管、處理軍府獄訟。宣政院、太禧宗禋院等官衙也曾置斷事官，但後來都廢止了。

19 「賈魯治河」導致了元朝的滅亡？

從元朝的建立到元朝末年，近百年期間黃河氾濫十分頻繁，潰堤達六、七十次之多，平均每一年半就潰堤一次，而決口則有二、三百處。頻繁的河患，導致莊稼淹沒，百姓淹死或者無家可歸，民不聊生。

黃河頻繁的水災對元朝的統治者震撼很大，於是決心治理黃河。元順帝至正八年任命賈魯為「行都水監使」，使其訪求治河方略。之後，在丞相脫脫的大力舉薦下，順帝任命賈魯為工部尚書、總治河防使，全力治河。經過大半年的治河，最終使黃河回到了故道，取得了成功。然而，正是這次治河，激化了河夫（協助治河的勞役）與政府之間的矛盾，給農民起義一個可乘之機。韓山童等利用開河散布輿論，他們暗中將一隻眼的石人埋在河道上，上面鐫刻著：「莫道石人一隻眼，此物一出天下反。」後來被挖出，河夫們於是驚詫萬分，從而起義反元。在這個層面上，是賈魯治河成了元末農民大起義的導火線。

元末吏治腐敗，財政惡化，加上自然災害頻繁，流民大量出現，嚴重威脅了元朝的統治。元丞相脫脫和賈魯，看到這種現狀，也想透過大規模地治理黃河，解決大量流民的生計，並消除河患，最後避免天下大亂。然而，下層的官員並沒有安撫好民眾，他們克扣錢糧，奴役河工，終於激發了衝突，激起了民變，導致了元朝的最後滅亡。

但是就賈魯治河本身而言，這是一項功在當代，利在千秋的事業。他在元末水患嚴重的情況下，實地考察研究，總結和吸收前人治河經驗，採用了科學合理的治河辦法，把河水趕回故道，保證了漕運和鹽場的安全，也確保了黃河中下游地區人民的生命財產安全。雖然賈魯治河之後，黃河仍然多次決口，這也主要是歷史和地理、人為等多種原因造成的。元朝的最終滅亡，是由其腐敗的統治導致的，與賈魯治河並沒有必然的關聯。

【豆知識】

黃河在歷史上改過幾次道？

黃河發源於青海巴顏喀拉山，六經青海、四川、甘肅、寧夏、內蒙古、陝西、山西、河南、山東等九個省區，全長五千四百六十四公里，是中國的第二大河。黃河流經了中華民族的發源地，哺育了燦爛的中華文明。然而，黃河經過西北的黃土高原，帶來了大量泥沙，極難治理。因為經常淤塞、決口和遷徙，黃河在歷史上也給人類造成了巨大災害。

在四千多年的歷史中，黃河下游潰堤氾濫共達一千五、六百次之多。河道幾經改道，北方波及天津，南方到達江蘇、安徽，縱橫二十五萬平方公里。

黃河的流向，從春秋戰國到北宋末年，主要由渤海灣入海；從金元時期到明朝的嘉靖後期，黃河下游分為數股匯入淮河，再流入大海；明嘉靖後期到清朝的咸豐年間，黃河單股匯入淮河，再流入海；清朝咸豐五年，黃河在蘭陽決口，改由監利入海，從此改變了七百多年由淮河入海的歷史。

黃河的每次改道，都給當地的人民造成了巨大災難。

20 明軍攻入北京後，元朝就真正滅亡了嗎？

元至正二十八年（西元一三六八年），朱元璋在南京稱帝，建立明朝，年號洪武。這一年的八月，明軍大將徐達攻破元朝的京城大都（今北京），結束了蒙古人在中原的統治。但是，元朝並沒有就此滅亡，而是逃亡北方，繼續占有他們的故土，史稱「北元」。蒙古人的在草原的勢力一直維持到兩百多年以後，才為滿洲人建立的後金所攻服。

明軍攻大都以後，元惠宗（諡號順帝，汗號烏哈圖）妥懽鐵木兒北逃。他先逃到位於今內蒙古自治區錫林郭勒盟正藍旗境內的上都，又逃到沙拉木倫河畔的應昌，期間多次組織反攻，但都以失敗而告終。至正三十年（明朝洪武三年，西元一三七〇年），元惠宗在應昌去世，他是元朝的最後一個皇帝，也是北元的第一個皇帝。

元惠宗死後，太子愛猷識理達臘在哈拉和林即位，是為元昭宗，汗號必理格圖，年號宣光。昭宗在位期間，明軍大舉北攻，徐達在甘肅大敗擴闊鐵木兒，李文忠也在應昌大破昭宗，俘獲皇子買的里八剌。一三七二年，明軍揮師哈拉和林，由於戰線過長無功而返，元昭宗得以延續元朝的名義。

一三七八年，元昭宗去世，其子脫古思鐵木兒繼位，是為元益宗，汗號特古斯特莫爾，年號天元。一三八七年，朱元璋命宋國公馮勝率藍玉、傅有德領兵二十萬北伐，大敗北元丞相納哈出，納哈出降明。次年，藍玉又在捕魚兒海大敗元益宗，益宗身旁只帶了幾十騎兵出逃，被其部將也速迭兒縊殺。也速迭兒是阿里不哥的後代，而阿里不哥是忽必烈的弟弟，曾與忽必烈為爭奪汗位內戰長達四年，兵敗被俘，傳說最後被忽必烈所毒殺。元益宗之死，代表著蒙古的黃金家族——忽必烈家族的衰敗，蒙古各部失去了凝聚的核心，紛紛獨立。至此，北元政權已經名存實亡了。

此後，益宗的兒子恩克（廟號恭宗，汗號卓里克圖，一三八九—一三九二年在位）和額勒伯克（廟號康宗，汗號尼古埒蘇克齊，一三九三—一三九九年在位）先後即位，紛爭不斷。一三九九年，乞兒吉斯部的首領貴力赤攻殺額勒伯克，取得了蒙古各部的霸權，北元事實上不復存在。一四〇〇年，額勒伯克的兒子坤鐵木兒即位，兩年以後，坤鐵木兒也被貴力赤所殺，元朝的國號被去除，北元正式結束。

不過，元朝的名義雖然已經消滅，但是蒙古人仍然統治著北方的廣大草原。當時最強大的部族有三個，分別是位於中部的韃靼，位於西部的瓦剌和位於東部的兀良哈。

嚴格意義上的北元從一三六八年維持到一四〇二年，持續了三十四年的時間。不過，由於韃靼是由黃金家族的後裔所統領，所以也有稱韃靼為北元的。一直到一六三五年，多爾袞逼降林丹汗以後，蒙古的汗位才正式斷絕，不久就成為了大一統的清朝帝國的一部分。

【豆知識】

古代蒙古人為什麼又被稱作「韃靼」？

「韃靼」原本指的並不是蒙古，而是中古時期中國北方的一個遊牧民族，也被稱作達怛、達靼、塔坦、達打、達達等等，這個名稱最早見於西元七三二年的突厥文《闕特勤碑》。韃靼本來是這個民族中一個部落的名稱，因為這個部落最為強大，所以就成為這一民族的統稱。隨著韃靼勢力不斷地擴張，「韃靼」逐漸變成蒙古高原諸民族的統稱。經過建立遼朝的契丹人、和建立金朝的女真人的統治之後，韃靼人也逐漸融入到成形中的蒙古部族，成為蒙古人的來源之一。也有部分韃靼人遷入今天的俄羅斯，形成現在的韃靼族，中國的塔塔爾族也是韃靼人的後裔。

北元滅亡以後，改成韃靼，是明朝時期蒙古的重要組成部分，所以在漢文文獻中「韃靼」往往成為蒙古的代稱。到了後來，韃靼甚至成為所有北方遊牧民族的泛稱，並演化出帶有貶義色彩的「韃虜」、「韃子」等稱呼。像是孫中山所提出的著名口號「驅除韃虜，恢復中華」中的「韃虜」，指的就不再是蒙古人，而是滿人。

【三】建制五花八門

21 元朝時，高利貸是合法的嗎？

高利貸的盛行，是元代社會的一個重要問題。早在建立政權之初，蒙古貴族雖然貪汙好財，但對於經營生意之道茫然無知，因此，大汗、諸王等紛紛把掠奪來的金銀和其他財務，交給回回商人經營。回商將銀子借貸於人，年息一倍，若是無力償還，次年連息再翻一倍，如此推算，一錠銀子翻番十年，就高達一千零二十四錠，這叫做斡脫錢，這些回商也被這些貴族雇主稱為斡脫。因這種計算利息的方法，「歲有倍稱之積，如羊出羔」，故又有羊羔兒息之稱。這種高利貸經常導致借貸者傾家蕩產，家破人亡。政府指定專人、設立專門機構並制定一系列條例保護斡脫的經營，致使斡脫倚仗政治特權，肆行暴虐。如扎忽真妃子派人到杭州索討斡脫錢時，對方拿不出全部借貸人的名單和數額收據，便強指三人借貸，之後這三人又控告他人，殃及池魚，使一百四十餘民戶遭致橫禍。

至元五年（一二六八年），諸位斡脫總管府設立。這是一個正式管理斡脫的機構，屬於正四品或從四品的衙門，管理高利貸的發放和徵收，出入錢鈔達數十萬錠之多。在地方上還有斡脫所。諸位斡脫總管府的斡脫屬於官府斡脫，這些斡脫從總管府取得經營的本錢，用官本牟利，接受總管府的管理，斡脫錢正式以國營的方式經營，收取利息以維持機關的行政開支。如此一來，官府斡脫的存在就限制、打擊了諸王麾下的斡脫，使一部分斡脫錢所獲利益從諸王轉流向國庫，朝廷在經濟上得益了，同時也使斡脫在元朝作為一種商業行為更加合法化，也更趨「規範化」。

貴族、官僚、寺院和民間地主，也都把放高利貸作為緊要的財政收入手段。例如大寺院往往由統治者賜予本錢，發放營利。如元仁宗曾賜大乾元寺鈔萬錠作為本錢營利，供寺院修繕之用。許多中小寺廟也是經營高利貸，收取利息，不管年歲之豐凶，依時生息。每當收取本利時，還不清債務，就會被送到官府去吊拷追徵，甚至把債務人的家屬變賣為奴隸來抵債。

【豆知識】

高利貸在中國古代很常見嗎？

古代中國社會存在著一種：透過貸放貨幣、食物以獲取高額利息的升息資本。它以政府貸放和民間經營兩種途徑存在。關於政府高利貸資本，《周禮》有由國家機關「泉府」貸放貨幣的記載。著名的官營生息資本有新莽政權的「五均奢貸」，唐王朝政權的「公廨本錢」，都主要是對城市商人和手工業者的放款。宋代的官營生息資本推及農村，王安石的「青苗法」就是與預購相結合，來向農民放款。此後，民間高利貸資本發展，官府除了保留賑貸、常平倉和社倉等非高利貸的借貸之外，以營利為目的的官府生息資本逐漸消失。

關於民間高利貸資本，早在春秋戰國時就已具相當規模。齊國有一些「稱貸之家」，如資本多的貸錢「千萬」，代粟「五千盅」，這種資本多由貴族官吏和地主商人等經營，《史記．孟嘗君列傳》記載孟嘗君貸款給薛邑農民，一次收債得息「錢十萬」。漢代將高利貸商人叫做「子錢家」，《史記．貨值列傳》記載長安子錢家無鹽氏「出捐千金貸」與出征吳楚叛亂的列侯封君，年利息十倍，因而「富埒關中」。

唐宋以後，民間手工業、小農經濟日益提升，更使得高利貸資本有機會進一步發展。

22 現在國家有社會保障制度，元代也有社會救助體系嗎？

儘管元代的徭役繁重，種族歧視也十分嚴重，但元代的社會救助體系相較過往朝代有很大的發展，形成了以災荒賑濟、減免刑罰、官方收養和法律保護為主，以優撫、減賦、醫療救助為輔的多種救助制度。從而為明清救助體系的進一步完善，奠定了堅強的基礎。

元代賑恤的方式有兩種。第一種為蠲免，表示在恩賜或受災情況下，免除一定的差稅；第二種為賑貸，即是給予米粟等物質救助。如元貞二年，政府召集各處孤老人士，發放布帛各一匹。大德三年，正逢皇帝生日的天壽節，政府給每人中統鈔兩貫，並永為定例。貧乏老弱的軍士及家庭也常得到政府以各種方式施予的撫恤，少則一年半載，多則至五、六年，如大德六年頒布的「給貧乏漢軍地，及五丁者一頃，四丁者二頃，三丁者三頃，其孤寡者存恤六年」。

政府設立有專門的收養機構——養濟院（又稱孤老院、濟衆院），對失去生存能力卻又無人收養的鰥寡、孤獨、廢疾者給予救助。具體而言，由基層官府先針對擬收養對象的基本情況判辨虛實，然後再造冊登記，和應發放的糧食、衣物等一起申報，經過上層核查確認之後，才批准對符合條件者進行收養。被收養者可以定期得到一定數量的糧食、柴薪、衣服等生活物品，享受到官方免費提供的醫療保障，死後也由官方負責安葬，皇帝還會不定期給予他們特殊的物質賞賜。

對一些弱勢群體的刑律優免制度，元代在繼承前代「三赦」之法基礎上，又有所擴展。「三赦」的對象是指年老而昏耄者、年少微弱且三疾者、癡騃而不曉者這三類人。其中老耄是指七十歲以上的老人，幼是指十五歲以下的少年兒童，「三疾」指的是殘疾、廢疾（如癡、啞、侏儒等）、篤疾（如癲狂）。元代在斷罪和量刑時，對上述老幼病殘人群都有給予不同程度的減免和優待，刑法中明確規定：「諸年老七十以上，年幼十五以下，不任杖責者，贖」，但是犯了殺人罪的老人和病患者，則不得享有刑律減免的優待。除「三赦」之法外，元代還在量刑時，對婦女給予一定的優待和減免，如私自販鹽（鹽當時為公賣）、誘賣良人等罪，在承擔一些刑罰時，可以免於流放。犯罪的孕婦則可以推遲判決，等到生育之後再作決斷。

此外，元代在一些地方設置有官方醫療機構：惠民藥局，職責是「掌收官錢，經營出息，市藥修劑，以慧貧民」，即是專門向貧民提供醫療救助。此外，元代政府也專門制定一些禁止典雇、買賣、傷害婦女兒童的法律條文，向弱勢族群提供法律保護。

【豆知識】

中國歷史上有哪些社會保障事業？

中國古代的社會保障救助，在先秦時期的《周禮》和《管子》兩部典籍中已經有集中記述。《周禮》提出實行恤貧、慈幼、寬疾、養老、振窮、安富等「保息」六政，《管子》建議興「六德」、行「九惠之教」，囊括了諸多方面的構想，在先秦諸子中最具代表性。

綜觀中國古代社會救助事業的發展，其來源主要有官方救助和社會救助兩種方式。在發生天災人禍、貧困人口突然增加的狀況下，政府大規模的救助行為，對於緩解社會貧困狀態有著決定性的作用。

在中國古代，參與貧困救助的地方菁英，主要是舉辦「社倉」和設立「粥廠」的鄉紳和大商人。在明清時期，災年由鄉紳設立粥廠救助饑民，逐漸成為一種傳統，在某種意義上甚至成為他們的義務。宗族救助形式多樣，既有無償的救濟，也有有償的資助，還有族內家庭之間、和個人之間的互助，例如以族田「義庄」、「義田」為基礎的濟貧，或組成宗族內的互助性團體如「義社」、「義會」、「長壽社」、「孝義約」等，進行約定的專項貧困救助。宗教團體的救助屬於真正意義上的救助，主要由合法僧團和祕密會社施予。

23 元代法定假日有哪些？

國家對於法定假日的政策，一直都是社會民眾所關心的議題。對於傳統節日設立了假期，如清明節、中秋節、端午節等，當然，廣大勞動人口、學生等對放假是拍手稱快的，可以藉此放鬆自己。這種情況，在元代又是怎樣的呢？

中統五年（一二六四），忽必烈頒布聖旨規定：京府州官員，若遇天壽、冬至，各給假二日；元正、寒食，各三日；七月十五、十月一日、立春、重午、立秋、重九、每旬，各給假一日。元代的法定假日名目之多，是歷代少見的。

元旦，這是漢族傳統節日。慶賀風習始於漢武帝時，而「元旦」之稱則見於南北朝。每逢元旦，皇宮舉行朝拜禮，有隆重的大象儀仗隊；普通百姓有拜年、宴飲、玩賞等習俗。在元旦早晨，元代京城官員在五更時分入朝行慶賀禮，之後就脫去公服，與人相賀並贈與手帕，並在自家備好美酒佳餚供往還迎送。元宵節，也稱「上元節」、「元夕節」。因整晚通宵張燈結綵，供人遊賞，故又叫「燈節」。忽必烈喜歡在大都宮中掛燈賞燈，賜封麗正門外一棵樹為「獨樹將軍」。此後每逢元宵，這棵樹上掛滿了各種花燈，樹旁有各種夜宵，出售棗面糕、甜品等，遊人至此流連忘返。後來又有「張燈為鼇山」的景觀，即根據海上巨龜背負神山的傳說，模仿大象的形體，把許多彩燈架起，供人觀賞。元宵節過後，正月十九日是燕九節，也叫「煙九」、「宴九」等，是紀念全真道丘處機；清明節三天，宮廷派遣大臣代為祭祀三皇等古代帝王，宮廷也會舉行系列的娛樂活動，如盪鞦韆，而漢族民間家家戶戶上墳祭祖，郊遊踏青；端午佳節，中書禮部、資政院、將正院等向皇帝進獻各種精緻寶扇等，北方地區有打球射柳活動，南方則舉行划龍船比賽；七夕節，元代有張掛鵲橋圖、擺設摩訶羅以供牛郎織女等習俗。摩訶羅，本是佛經中的神名，元代稱之為「巧神」，通常是用土、木、玉等雕塑外加衣飾的小人形。也有很多人在七夕節前，把小豆、小麥等浸在磁器裡生芽後，用紅藍彩線束縛起來在七夕當天供養牽牛星。中國現在的十一國慶日，元代叫做送寒衣節。祭祀先祖上墳，稱為掃黃葉。在皇城東華門外，設立「開垛場」，先由太子發三箭，名曰射天狼，俗稱射天狗，待太子禮成後，諸王、宰輔等接著射箭，射畢開設盛宴，這就是當時的國慶大典。

【豆知識】

「元旦」在古代稱作什麼呢？

春節俗稱「過年」，原名「元旦」，隋代杜臺卿在《五燭寶典》中寫道：「正月為端月，其一日為元日，亦云正朝，亦云元朝」，「元」的本意為頭，後引申為「開始」，因為這一天是一年之中的第一天，也是春季的第一天、正月的第一天，所以稱為「三元」。這一天，還是歲之朝、月之朝、日之朝，所以又稱「三朝」。又因為它是第一個朔日，所以又稱「元朔」。

不同朝代，春節有不同名稱。在先秦時稱作「上日」、「元日」、「改歲」、「獻歲」等；到了兩漢時期，又被稱為「三朝」、「歲旦」、「正旦」、「正日」；魏晉南北朝時期稱為「元辰」、「元日」、「元首」、「歲朝」等；到了唐宋元明，則稱為「元旦」、「歲日」、「新正」、「新元」等；而到了清代，則被稱作「元旦」、「元日」。

24

元代的官用文字是漢字嗎？

蒙古族原先是沒有文字的，後來到了成吉思汗征伐乃蠻的時候，俘獲回鶻人塔塔統阿，成吉思汗命令他用畏兀兒字教育皇族子弟書寫蒙古語，這種用畏兀兒字拼寫的蒙古語，稱

帝師八思巴像

為畏兀兒蒙古文，又名回鶻體蒙古文。這種文字創立之後，便在蒙古族得到推廣、與使用，而其他的民族則使用各自的文字。當時中國境內存在著漢文、契丹文、女真文、畏兀兒文、波斯文等各式文字。面對這種文字不一同的局面，忽必烈頗為不滿，認為「今文治浸興，而字書有闕，於一代制度，實為未備」，因此，他命令八思巴創制蒙古新字，天下同文，從而鞏固其統治。一二九六年，詔告以新字頒行天下，「自今以往，凡有璽書頒降者，並用蒙古新字。仍各以其國字副之。」意思是說，官方文書必須使用蒙古新字書寫，但可以用其他文字，比如漢字來摹寫副本。這種由八思巴所創制的蒙古新字，被成為八思巴字，這種字是一種拼音文字，由藏文字母衍化而成，由上到下、從右至左書寫，共有四十一個字母，符合蒙古語的語言特點，比原來的畏兀兒蒙古文準確，也可以用來拼寫漢文等其他語言。

為了推廣這種新字，元朝政府在地方上設立蒙古字學來教授學習，有的漢人為了做官，便進入蒙古字學學習蒙古語，甚至取蒙古名字。一二七一年，元朝政府在大都設立蒙古國子學，以用蒙古語言翻譯的《通鑒節要》作為教材，教習蒙古貴族子弟和漢人官員，並且規定中央省部的信件、扎子、奏則皆用蒙古新字書寫。在元朝一代，八思巴文一直作為官方文字在元朝統治階級中間使用。

漢語對蒙古貴族的影響非常微弱，蒙古皇帝的漢語水準都很一般，相傳忽必烈的漢語水準不錯，但仍然不能脫離翻譯。因此，元朝的儒學大臣為了給皇帝講解儒家思想，要把經書、史書及其有關的解說翻譯成蒙古文。清代的史學家趙翼指出：「不唯帝王不習漢文，即大臣中習漢文者亦少也。」但是，應該指出的是，八思巴文雖然得到統治者的提倡，但在民間卻沒有得到廣泛的推廣和使用，元朝滅亡之後，這種文字便隨著消亡了。

【豆知識】

藏人八思巴是怎樣的一個人物？

八思巴（西元一二三五—一二八〇年），本名羅古羅思堅藏，「八思巴」是尊稱。出身於吐魯番貴族家庭，一二四四年，八思巴隨從其伯父薩斯迦派首領薩班去涼州拜謁蒙古王子闊端，薩班被封闊端的供應上師，留居涼州，八思巴在涼州跟隨伯父學佛法，學習蒙古語言，穿蒙古服，並且取蒙古王公之女為妻。一二五一年，薩班去世，八思巴繼任薩斯迦派首領。一二五三年，他與忽必烈首次相遇，忽必烈接受其密續灌頂（佛教密宗的一種神祕的傳授方法），一二五四年，他與忽必烈再次相會於六盤山，忽必烈賜予一道詔書，宣布保護寺院。一二五八年，八思巴參與《老子化胡經》真偽問題的辯論，以其雄辯和智慧戰勝了道士樊志英。一二六〇年，忽必烈封八思巴為國師，並任命他為「中原法主，統天下教門」，成為當時全國的佛教首領。一二六四年，令其統領總制院，「掌浮圖氏之教，兼治吐蕃之事」。同年，八思巴離開大都奔赴吐蕃，建立了烏思藏地方行政體系，創制了蒙古文字。一二八〇年，八思巴卒，元朝政府賜予他尊號「如意大寶法王」、「西天佛子」、「大元帝師」等榮譽。

八思巴對於加强吐蕃地區與中原的聯繫，加深藏、蒙、漢等民族的瞭解、佛教的發展傳播、少數民族的文化進步等方面，都做出了自己應有的貢獻，因此歷史學家稱譽其為元代傑出的宗教活動家和社會活動家。

25 元朝國號為「元」，是有什麼意義嗎？

元世祖至元八年（一二七一）十一月，元世祖忽必烈用光祿大夫、太保、參領中書省事、同知樞密院事劉秉忠的意見，取《易經》「大哉乾元」之意，將蒙古國號更名為「大元」，這就是元王朝命名所由來。國號加「大」字，始於元朝，以前各朝的「大」字，均是臣下或屬國所加的尊稱。

將元的國號與前代國號做一對比，我們發現一個有趣的現象是，此前的很多國號如宋，唐，魏，周，齊，秦等國號在歷史上都出現過，是一個小國邑名變成了一個大國名，其他朝代如漢和隋，經過考證也可以發現他們本來是古代的地名或者國邑名，清代歷史學家趙翼總結了這類現象，並且指出這是古代朝代的一個通例。即使看起來要全部另起新灶的新莽王朝，其國號「新」，也來自於王莽曾經擔任新都侯的官職，同樣也是能追溯到地名的。

元世祖忽必烈像

唯獨元代的得名，與地名或者古國邑名沒有關係。趙翼在《廿二史札記》卷十九的「元建國號始用文義」一條下，仔細列舉分析了上述國名，並且重錄了元世祖將國號定為大元的詔書：「誕膺景命，奄四海以宅尊；必有美名，紹百王而紀統。肇從隆古，匪獨我家。且唐之為言蕩也，堯以之而著稱；虞之為言樂也，舜因之而作號。馴至禹興而湯造，互名夏大以殷中，世降以還，事殊非古。雖乘時而有國，不以利而制稱。為秦為漢者，著從初起之地名；曰隋曰唐者，因即所封之爵邑。

且皆徇百姓見聞之偶習，要一時經制之權宜，概以至公，不無少貶。……可建國號曰大元，蓋取《易經》乾元之義……」，這段文字批評了秦漢隋唐的國號，都是從建國者自身最初興起之地名、或是開始受封的爵邑名，來為新朝命名，並且指出了三代國名都是有文義而不是具體。趙翼在最後也評論說，這份詔書裡說的唐虞國號各有文義，及五帝以來本來就用文義建立國號，是有憑有據的，可以從《尚書》的傳注及唐人張守節的《史記正義》裡找到根據。從這個角度來看，劉秉忠這位元初奇人為蒙古建議的國號，還頗有幾分追尋上古聖王政治的期待與深意。

【豆知識】

「元」是何時成為了貨幣單位？

我們知道，中國古代的貨幣，很長時間內都是以鑄造該幣的金屬的重量（或者名義重量）為單位的，例如「秦半兩」的「半兩」，漢五銖錢的「五銖」都是重量單位。到了後來唐宋時期，國家統一鑄造品質固定的貨幣，雖然不再標注重量，人們卻還是知道重量的。所以那時候的人們，就單純地計算銅錢的個數，一千錢叫一「貫」，貫這個數目字也成了貨幣單位，明清時白銀大量出現流通，「兩」再度作為貨幣單位登上舞臺。但是「元」成為貨幣單位卻是相當晚且近的，其具體演變過程與「元寶」有相關。

唐高祖武德四年（六二一年）七月，唐朝政府廢五銖錢，行「開元通寶」方孔圓銅錢。（這裡要注意一個常見誤解：因為後來唐玄宗用了「開元」年號，很多人便以為「開元通寶」是唐玄宗時才開始鑄造的）民間也將這種銅錢稱為「開通元寶」錢，久而久之，「元寶」也成了一個指代錢幣的常見名詞，並且可以泛指銀錠或者特定指五十兩一個的大銀錠，「通寶」則成了銅錢的專稱。

明清時期的對外貿易，大量的西洋銀幣流入中國，這種形制與中國的銀錠完全不同的貨幣也被稱為「銀元寶」，又因其形狀大多數為圓形，銀元寶也被稱為銀圓寶或者「銀圓」，銀元也就成了貨幣的稱呼。

一九三三年，國民政府實行廢除銀兩改用銀元的新制度，銀錠退出日常流通並只在貨幣儲備中使用，銀元成為法定貨幣。一九三五年，又統一實行法幣制度，銀元也被廢止，銀子至此退出流通舞臺，而法幣的單位仍然沿用了銀元的「元」，今天臺幣和人民幣也都繼承了這個單位。這就是我們貨幣中「元」的來歷。

其他一些國家的貨幣名稱，則遵循其國習慣多數採用音譯，其實英國的「英磅」，法國的「法郎」等，去掉前面的國別名稱，本來也是一種重量單位，這也是中外文化中一種不約而同的巧合。

26 元代的中央、地方官制與今日的行政系統有何不同？

元代的中央行政機構名稱是中書省，地方行政制度的最大特點是在全國遍設行中書省，簡稱行省。行省制度最早起源於魏晉南北朝時期，一般是為臨時性的軍事需要而設。金朝時，行省設置開始增多。

元代一開始就沿襲了金朝行省制度，占領某一地區就設立一行省。由於軍事行動時間很長，被征服地區的人民反抗激烈，因而臨時性的行省設置就被長期維持下來。一直到忽必烈後期，已經基本上轉變為地方常設的最高行政機構，錢糧、兵甲、漕運、屯種等地方權力全部集中於行省，這與宋朝分割地方權力的制度明顯有異。起初，行省的廢置情況比較複雜，地方行政制度也比較混亂，後來才漸趨穩定完整，全境共分為中書省直轄地、宣政院轄地及十個行中書省，形成了「都省握天下之機，十省分天下之治」的行政區劃格局。元代末年又增設不少新的行省。中書省直轄地也稱腹里，即內地或中心地區的意思，包括京城大都及今河北、山東、山西地區；宣政院轄地包括今西藏、青海及四川、甘肅等省的一部分地區。行省的長官為丞相，行省以下是路、府、州、縣四等。「路」是在金朝總管府路的建制基礎上，逐漸細分或增設而成。路的長官設總管府，分上下兩等，管轄府州或僅領縣；府的長官是府尹、知府，分為領州縣、領縣或不領三種；州的長官為知州，一般指領縣；縣的長官為尹。

元代各級地方政府中還設有一種特殊官職：達魯花赤（蒙古語，意為「鎮守者」，漢譯「宣差」），官位與各級長官相同，但可以總攬一切，權力很大，只由蒙古人或個別出身上等的色目人充當，漢人、南人一律不得出任此職。此外，元代在各地也有特殊的「土司」和「道」。土司設於邊遠少數民族地區，種類繁多，由當地少數民族首領充任，可以世襲。道則分為兩種，宣慰司道置於中書省和行省之下、路府州縣之上，是行政上的承轉機構。只在地域較大、州縣較多且距離省會較遠的地方設立；肅政廉訪司道則遍設於全國，多達二十二個，是中央派出的吏治監察機構，分屬於中央御史臺、江南行御史臺和陝西行御史臺統轄，中央正是通過監察等各種制度槓杆，來對行省進行遙控。歷史證明，元代行省極少扮演體現地方獨立性、代表地方利益的角色。相反地，元代行省最主要的功能，是代表中央控制地方局勢、並搜刮財富，與今日行政系統大有不同。

【豆知識】

中國歷史上的行政區劃是如何演變？

中國歷史上的行政區制度，可分為四個時期：第一時期是秦漢的郡（國）縣制時期。郡縣制，是由諸侯割據狀態逐漸走向統一的過程中，一種地方行政制度，並早在春秋時期就有了郡縣制的萌芽，但郡縣之制的全面實行，是從秦國開始的。當時實行的是設郡以統縣的地方兩級行政機構。第二時期是魏晉南北朝的州郡縣三級制時期。州原本是監察區，東漢靈帝時，為了鎮壓農民起義，加大了州牧的權利，成為郡太守之上的政區長官，州變成了行政區，郡則下降為二級行政區。

第三時期是唐宋的道路時期。唐高祖時，改郡為州，恢復了州縣二級制，州設刺史，縣設縣令。貞觀元年依山川形勢劃分自然地理區，分天下為關內、河南、河北、江南、隴右等十道，到玄宗時又細分為十五道，設立官職，逐漸演變為行政區了。相當於州級行政區的還有府，如東都洛陽為河南府、并州為太原府，凡京都和皇帝到過的地方都升府，到唐末發展成為十府。兩宋在路之下又分為府、州、軍、監。第四時期是元明清至今的行省時期。明清時期，省是最高行政區劃。明洪武年間，廢除行省而設置職權相當於省的三司，全國除南京直轄區和一些區域屬於都司統轄外，有浙江、江西等十三布政司。加上南直隸（即南京所轄地區）和直隸（京都轄區），明代又有十五省之稱。清代基本承襲明制，只是省的數目有所變化。

27 元代的「諸色課程」教的是什麼?

「諸色課程」並不是一種學科課程。在元代,諸色課程指的是鹽課、茶課、酒醋課、商稅、市舶稅等數十種課稅。隨著元代的逐步統一,諸色課程不斷加重,政府以課額的增虧作為辦課官吏高升或降級的標準,這麼一來,更加重了課程的橫徵暴斂,廣大百姓叫苦連天。

鹽課是諸色課程中最重要,因為這是當時國有資產來源最豐厚的一項。政府對鹽的生產採取壟斷政策,在各地設鹽運司或提舉司專門管理,生產過程受到嚴格的監督,產品必須如數上繳給國家。對鹽的銷售,採取商人購買以及官府自己操辦兩種模式。鹽商販賣,必須先向政府納錢,換取鹽票,憑鹽票在指定的鹽場支取再販運銷售,這叫做「行鹽法」。而官運官銷的「食鹽法」,指政府按人口強權攤派,收取鹽價,每戶月配三斤,而且還不斷增加配額，導致很多人傾家蕩產。

元代茶課，大致上都承襲唐宋舊有的制度，設立榷茶（即專賣）都轉運使司，管理徵收茶課的具體事宜。不同於鹽課，元代茶葉買賣，除了貢茶由官府經營之外，主要由民間經營。酒醋課的徵取，通常會要求繳納現鈔，偶爾也徵收糧食，酒醋課是元朝政府的重要財源之一，平常一年酒課收入為鈔四十六萬九千餘錠，貝幣二十萬一千餘索。醋課則收入稍低，但仍有鈔兩萬二千五百餘錠。

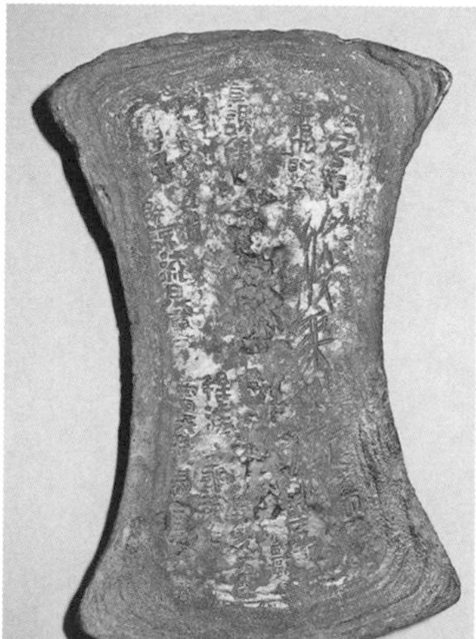

元代平陽路課稅所銀錠

元代商稅的來由，起初是為了加强對地方商人的控制，進而增强政府財力而設置的。北方早在窩闊臺時期就在耶律楚材的建議下，設立了十路課稅使，實際上也從當時各地的世侯手中奪取了徵稅權。商稅在窩闊臺時初定為三十取一，到世祖至元七年（一二七〇），仍然維持了三十取一的比率。商稅是按月繳納的許可證制度，只有繳稅後才可憑證進入市場交易，否則會被視為逃稅受到追究。後來為了推動上都的商業活動，讓皇帝每年駕幸上都時，都能有充足的物資流通，上都的商稅於是改定為六十稅一，以鼓勵商人前往。總而言之，和重視農業的中原大王朝如漢唐等朝代相比，元代的商稅算是比較低的，而且存在回回商人這樣不需納稅的特權商人。然而，政府為了增加收入，以課稅數是否增加作為考核依據，課稅機構官吏的俸祿也由課稅定額之外的剩餘來支付，於是稅吏就更樂意增加稅額，最後加重了普通商戶和勞動民眾的負擔。

【豆知識】

元代的「諸色戶計」是什麼制度？

諸色戶計是元代進行戶口登記的一項制度。按照職業劃分，常見的戶有十種左右，如民、軍、匠、鹽、儒、僧、道等。其中軍、站、鹽、匠等戶是元政府強制簽充的，儒、僧、道等戶是政府通過考試或其他方式認可的。此外，並非各種戶的劃分都是一成不變的，主要是取決於國家的需要，如軍戶、站戶等若是貧困破產，則可以放還重新成為民戶（主體是農民）。而有些戶（軍、站、鹽等），由於承擔義務的繁重，官員的剝削和壓迫以及本身丁口、資產的變化等原因，最後出現不斷減少的現象。

歷代王朝在管理戶籍時，常將普通民眾按資產、家族人丁的不同情況，劃分為數個等級，作為徵發賦役的依據，唐代有九等戶，宋代有五等戶、十等戶。元朝沿用前朝的制度，也實行戶等制，來作為徵發賦役的依據。無論是科差（包銀、絲料、俸錢）、稅糧的徵收，還是雜泛差役，都會與戶等有所關聯。除了民戶，其餘的各戶種都有自己獨特的義務，所以在賦役方面能夠有某些優惠。而民戶，則沒有獨特的義務，必須承擔全額的賦役。他們是從事農耕活動的主要勞動力，也是諸色戶計中負擔最為沉重的。

從戶等制推行的過程看來，上下勾結，或是假造戶等的不實，都會導致賦役徵收、攤派的混亂。並且，民戶遭受剝削的程度將隨混亂持續加深，也加劇著當時社會的矛盾。

28 以職業提供不同待遇的戶口管理，是什麼時候開始的？

在戶口管理方面，元代既有戶等的劃分，又有戶計的區別，實行分類管理的方法。元代戶等制正式推行，元世祖至元元年（一二六四），開始正式推行戶等制，劃分百姓為「三等九甲」，即將居民按財產、丁力分成上、中、下三等，每一等又再分為上、中、下三級。

「諸色戶計」的劃分是元代戶籍制度上的一個顯著特色。蒙元政府將從事不同職業的人戶在戶籍上區別開來，固定他們所承擔的封建義務以滿足統治者的不同需要，統稱「諸色戶計」。色，意為種類；計，意為統計。元太祖時，民戶、匠戶、站戶以及僧、道戶等戶計的區別已經出現。到了元太宗時，就正式劃分了諸色戶計。此後，諸色戶計的劃分日趨細密，有民、軍、站、匠、屯田、打捕、淘金、灶、礦、爐冶、運糧船、儒、醫、僧、道、陰陽人、禮樂等二、三十種。

人數最多的幾種是：一、承擔國家普通賦役的民戶。這是元代最基本的一種戶計，占全部戶口的大多數。二、承擔兵役的軍戶，至元八年（一二七一）軍戶總數為七十二萬戶，如果加上此後新的漢軍戶和平宋後籍定南方的新附軍戶，元代軍戶總數當不下於百萬戶。三、承擔驛站徭役的站戶，總數在三十萬戶以上。四、從事官府手工業造作的匠戶，總數不少於五、六十萬戶。五、從事官府鹽業生產的灶戶，總數為五萬二千餘戶。六、以讀書為業的儒戶，總數約十一萬餘戶。七、為統治者「告天祝壽」的僧、道戶。元代的所謂僧、道戶，大約是一處為一戶，如昌國州（今浙江定海）寺觀四十三處，而至元二十七年籍為四十三戶。每個寺觀所有的人口多寡不等。至元二十八年（一二九一），天下僧尼二十一萬三千餘人。此後，元代僧尼數不斷增加，到元代後期至少增加了一倍。

【豆知識】

元朝的「戶」都有哪些類別？

民戶以外的諸色戶計，大致可分為兩大類，一類是承擔國家特定徭役的戶計，多由國家强制簽充，如軍、站、匠等戶；一類是在精神方面為統治者服務的戶計，往往通過考試予以認定或依據職業予以籍定，如儒、僧、道等戶。這些戶計由於都承擔特殊的封建義務，故都能得到或多或少的賦役減免。不同的戶計隸屬於不同的管理系統。人戶一經籍定為某種戶計後，便世代相承，不得擅自改籍，不得逃亡、遷徙。例如兄弟分家、驅奴為良，也要依從原籍。不過，由元政府決定或經過元政府允許的戶計變更則時常發生。簽發民戶為其他戶計自然可想而知，但讓其他戶計轉為民戶、以及民戶以外其他戶計之間的變更，都很常見。

元代的戶類是因北方徵發賦役的需要而劃分的，只存在於北方地區。元世祖中統元年（一二六〇），定戶籍科差條例，按當時的戶籍情況將民戶劃分為元管戶、交參戶、協濟戶、漏籍戶四類。元管戶，是指過去分戶時已經登記入籍而後來又沒有變動的人戶。交參戶，是指過去曾經登記入籍後遷徙他鄉在當地重新著籍的人戶。協濟戶，是指沒有成年丁口只能協助主要稅戶承擔賦役的人戶。漏籍戶，是指過去從未登記入籍的人戶。這四類人戶，在賦稅的交納上各有不同的定額，在徭役的負擔上當也有所不同。另外，上述各類戶中，即使是同一類人戶的賦稅負擔也有所差別，因而又有絲銀全科戶、減半科戶、止納絲戶、止納鈔戶等等名目。

29 元代的奴隸為何又被稱為驅口、闌遺或孛蘭奚？

驅口即「被俘獲驅使之人」，原意指戰爭中的俘虜，後來成為奴隸的通稱。對於「闌遺」，元人徐元瑞在《習吏幼學指南》中做了解釋，「闌，遮也。路有造物，官遮止之，伺主至而給與，否則舉投於官。」孛蘭奚是蒙古語音譯，與闌遺的含義相同。元代驅口的來源主要有三個方面：一是戰爭中的俘虜，包括攻伐南宋及其後鎮壓人民反抗鬥爭時的俘虜。蒙古諸王、貴族、軍將在戰爭中大肆俘掠人口，構成他們私有財產的一部分；二是農民和其他勞動者因生活貧困，走投無路被迫出賣子女或自己賣身為奴；三是權豪地主利用發放高利貸，迫使無力償還的債務人委身為奴。

元代驅口數量相當多，一個中等官員往往就有數十甚至上百人。皇室、貴族、寺院擁有的驅口，數量更為驚人，如忽必烈的寵臣阿合馬即擁有七千驅口。當時的法律規定他們等同於錢物，毫無人格尊嚴可言。主家（驅口的老闆）對他們擁有完全的人身占有權，在市場上可以公開投契買賣。在戶籍上隸屬主家，故有口而無籍，屬於「黑戶」流動人口，被廣泛地使用於家內侍御、農作、手工業、商販等各個領域。

驅口不僅自己終身為奴，而且後代子孫均擺脫不了這種命運，他們所生的子女稱為「家生奴」、「家生孩兒」，蒙古語音譯稱「怯憐口」，政府設立了怯憐口諸色人匠都總管府等機構對他們進行管理，從事侍御、打捕、匠作等工作。只有藉由贖身，交付巨額的相當於驅口終身勞動所得的錢鈔或實物，由主人出具從良證書，當地長官署名後才能轉為「良民」。即便如此，驅口脫離奴籍後，仍還要與原來的主人保持一定的關係，如代為服軍役等。在婚姻方面，驅口男女可互相婚嫁，但要由主人許配，且禁止聘娶良家，違者坐罪。良人娶驅，判徒刑兩年；良婦嫁驅，則也同淪為驅口。有的驅口成家立業後有了一點薄產，但常被主人看中後，以各種緣由席捲而去，這叫做「抄估」。怯憐口是不直接受國家控制的私數人戶，孛蘭奚專指官府收留的流散人口和牲畜。其中驅口則屬賤民之列。

【豆知識】

中國奴隸制度是怎麼演變的？

奴隸制，簡而言之，就是奴隸主擁有奴隸的制度。勞力活動以奴隸為主，無報酬和人身自由。古代最典型的奴隸制是羅馬帝國，此外，古希臘、古埃及、古巴比倫、戰國以前的中國、南北戰爭以前的美國南方，以及英國、法國、俄國的一些殖民地都普遍存在奴隸制度。

中國的奴隸制以宏觀的角度而言，奴隸或者主僕的人身依附關係是一直被削弱的。夏、商、周、秦時代，奴隸多產於戰爭，從敵方俘虜的平民成為奴隸，也有因為犯罪被貶為奴隸的，有官奴和私屬之分。漢朝，奴隸的產生主要來源是土地兼併而形成的私屬。當時的法律有明確的良賤之分，如部曲（奴隸的一種）毆傷良民要處死，而良民打死自己的部曲，若部曲有罪則不論，部曲無罪也只需判徒刑且可以用錢贖免。宋朝開始，因雇傭關係形成的主僕關係不再視同於良賤關係，但實際上，私屬奴隸的現象仍大量存在，不過在法律上禁絕了私屬奴隸，也不允許將良民賣為奴隸。元代，由於蒙古人本身施行奴隸制度，所以官奴盛行。清初也對漢人實行奴隸制，康熙皇帝施行低稅負，賣身為奴者實際上已大幅減少，到了雍正年間廢除了奴隸制。值得注意的是，中國古代的賤民制度不同於奴隸制，樂戶、匠戶、牙人、娼妓，甚至是宋代的軍人在法律上都是賤民，但他們並不是奴隸。

30 元朝的「十惡」指的是哪些罪行？

我們在戲曲或者小說中，常常可以看到「十惡不赦」這樣的詞語，用來指罪大惡極的過錯，更由於罪刑重大，是不會被寬恕或者赦免的。出身草原遊牧民族的蒙古統治者受漢族道德觀念的影響，將謀反、謀大逆、謀叛、惡逆、不道、大不敬、不孝、不睦、不義和內亂定為「十惡」，對於觸犯這些罪過的人，一定是要嚴懲不貸。

為了維護自己的統治，元朝的統治者和前朝一樣，首先將可能危害自身利益的行為定為大罪。其中謀反、謀大逆、謀叛、大不敬等罪名，就指危害王朝的安全統治以及對皇帝的不敬等行為。妖言惑衆、聚衆起事、反抗朝廷等行為，都是要判處死刑的。此外，像收藏禁書、指點皇帝的座駕、對皇帝無人臣之禮等，在今天看來雖是小事一樁，在當時卻是屬於殺頭之罪。

元朝繼承了前朝儒學治國之道，嚴格維護傳統的道德觀念。不孝、不睦、不義和內亂等，都訂入了十惡之條。如果有詛咒或者罵祖父母、父母；祖父母、父母在世，供養有缺；守父母喪期間，自行嫁娶的；居喪不舉哀、不守喪丁憂、詐稱祖父母、父母死，服喪期間宿娼等，都是不孝，敗壞風化，要受到嚴懲。如果親戚之間因為家產等事情而鬥毆、謀殺等，則是不睦。婦女如果在丈夫死後不守喪，圖謀改嫁、虐待前妻兒女或者丈夫虐待妻父母等，都是不義之舉。內亂，就是各種亂倫行為。這些都是大傷風化，要從嚴治罪。

侵犯名分或者做出了各種殘忍行為，例如，如果奴僕殺了主人、下級謀殺上級、謀殺祖父母、父母以及毆殺親戚、肢解人體等，是為惡逆、不道，也在嚴懲範圍之內。

元朝政府將這些行為列為嚴禁和從嚴懲處之條，目的是為了維護統治根本。雖然有些條目過分束縛了人們的行為，但總體上而言確保國家的安全和社會的安定。

【豆知識】

「十惡不赦」的說法是怎麼來的？

十惡不赦是指犯下的罪大惡極、不可饒恕的罪過。「十惡」，最早是來自於佛教中的用語，指的是十種當招致地獄、餓鬼和畜生等「三惡道」苦報的惡業。《佛說未曾有經》云：「起罪之由，為身、口、意。身業不善：殺、盜、邪淫；口業不善：妄言、兩舌、惡口、綺語；意業不善：嫉妒、嗔恚、憍慢邪見。是為十惡，受惡罪報。今當一心懺悔。」凡是犯了十惡行為的，都是要受到報應。南朝梁武帝在《斷酒肉文》中也寫到：「行十惡者，受於惡報；行十善者，受於善報。」

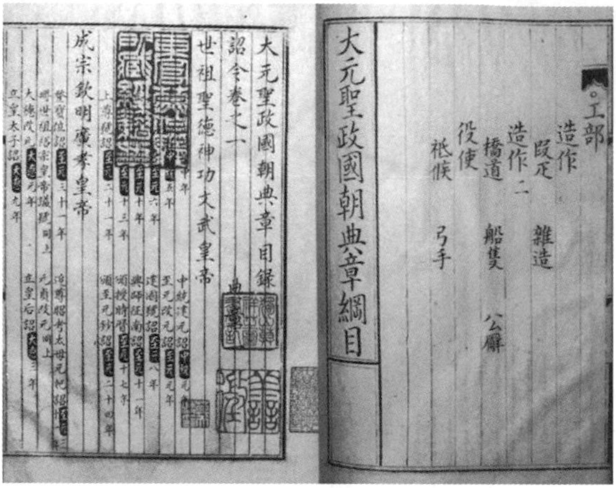

刻本《元典章》

最早把十惡作為刑法名稱的是在北齊，當時稱為重罪十條。據史書記載，北齊河清三年，尚書令、趙郡王等奏上《齊律》十二篇：「列重罪十條，一曰反逆，二曰大逆，三曰叛，四曰降，五曰惡逆，六曰不道，七曰不敬，八曰不孝，九曰不義，十曰內亂。其犯此十者，不在八議論贖之限。」

隋文帝開皇元年，開始將佛教之中的「十惡」引入律法，代替了《齊律》中的「重罪十條」。如《隋書．刑法志》第二十五卷中記載：開皇元年，新制定的法律《開皇律》「又置十惡之條，多采後齊之制，而頗有損益。一曰謀反，二曰謀大逆，三曰謀叛，四曰惡逆，五曰不道，六曰大不敬，七曰不孝，八曰不睦，九曰不義，十曰內亂。犯十惡及故殺人獄成者，雖會赦猶除名。」寫在法典的最前面，以示嚴重。此後，各朝各代的法典都將這十項確立為不赦大罪，民間也逐漸有了十惡不赦的說法。而十惡不赦最早在文學作品中出現，則是在元代。偉大的戲曲家關漢卿在他的名作《竇娥冤》第四折裡以竇娥的口吻寫道：「這藥死公公的罪名，犯在十惡不赦。」

31 元代的「行省」和現在的「省」是一樣的意思嗎？

元代「行省」是行中書省的簡稱。忽必烈建元朝後，正式在朝廷設置中書省總領全國政務，當時稱為「都省」。不久，又沿用前朝舊例，頻繁派中書省宰執帶相銜臨時到某一地區負責行政或征伐事務。如中統和至元前期的陝西四川行省、河東行省、北京行省、山東行省、西夏中興行省、南京河南府等路行省、雲南行省、平宋戰爭前後的荊湖行省、江淮行省等。其中，設立於至元十年（一二七三）的雲南行省等，已帶有地方最高官府的色彩。大約在世祖末、成宗初，隨著江浙、湖廣、江西、陝西、四川、甘肅、遼陽、河南等行省的改置或增設，行省逐漸演化為常設的、固定的地方最高官府。

幾乎與此同時，元廷又對行省的名稱、等級、事權作了一些重要調整：其一，一律取消中書省宰執「系銜」；其二，降行省等級為從一品，通常以平章政事二名為長官、少數行省特許增置左丞相一員，但等級仍比都省低一級；其三，江南等處行樞密院併入行省，實行「綰兵民二柄而臨制於閫外」的體制。這三項措施大致奠定了行省作為地方常設機構的規模、和權力框架。

元代統一天下後，先後設立了中書省及十一個行中書省，是中國歷史上首次在行政區劃上，有省一級的行政單位出現。在財政方面行省為中央收權、和替地方分留權力的功能，基本分離，如此最為典型。在行政、軍事、司法方面，行省服務於中央集權和代表地方官府的雙重職能，錯綜地混合在一起，很難截然分開，而且主要表現為代朝廷行事、以及為中央集權服務，其兼替地方官府分割權力的功用相對比較淡薄。行省在上述四領域的功用及差異，反映了元行省制下中央與地方諸項權力的分配模式，基本上是屬於中央集權型的，除了適應軍事鎮壓和軍費開支等需要不得不將部分財權、軍權委付給行省等官府之外，其他主要權力統一收歸中央。

元朝實行省—路—府州—縣四級制，分全國為十三個大政區，即中書省直轄區（又稱「腹里」）、十一個行中書省（嶺北、遼陽、河南、陝西、四川、甘肅、雲南、江浙、江西、湖廣、征東）與宣政院所轄吐蕃地區。元以中書省為中央政府，行省即設於地方上的中書省行署，置丞相、平章等官以總管該地區政務，為地方最高行政區劃。明代改行中書省為承宣布政使司，分其境內為南、北二直隸（京師、南京）及山東、山西、河南、陝西、四川、湖廣、浙江、江西、福建、廣東、廣西、雲南、貴州等十三布政使司，習慣上合稱為「十五省」。又置十六都指揮使司和五行都指揮使司，作為地方最高軍事機構，統領各地的衛、所。清初沿襲明制，內地置直隸、江蘇、安徽、山西、山東、河南、陝西、甘肅、浙江、江西、湖南、湖北、四川、福建、廣東、廣西、雲南、貴州十八省，邊境地區則設將軍、都統、大臣進行管轄。至光緒時，新疆、臺灣、奉天（今遼寧）、吉林、黑龍江陸續建省，凡二十三省。另外，清代相當於省的地區還有察哈爾、青海、西藏與內、外蒙古。省以下是府和直隸州，其下是縣與散州；在新開墾的地區，則一般設廳。辛亥革命後，廢府，改州、廳為縣，從而為今日中國的省、縣兩級政區打下了基礎。

【豆知識】

中國在元代以前，行政區劃是如何演變的？

中國作為世界文明古國之一，行政區劃的歷史也有二千多年了。由於地方行政區劃是隨著中央集權國家的建立，才得以真正實行和變遷，所以中國古代的行政區劃可以分為五個階段：先秦的萌芽期，秦漢的郡縣制，魏晉南北朝隋的州、郡、縣制，唐宋的道、路制，及元明清的行省制。

中國古代行政區劃的醞釀、萌芽始於春秋戰國時期。夏、商、西周還沒有穩定的行政制度，當時所謂的「方國」、「諸侯國」都是獨立國家，與王朝之間也僅是鬆散的臣屬關係。在這種情況下，當然不可能制定出統一的行政區劃。傳說的「九州」、「十二州」也只是先秦學者們對當時領土的一種地理區域的劃分，而並非是某個朝代曾真正實行過的行政區劃。只有到了春秋時期，隨著一些諸侯國的逐漸强大，並開始發展中央集權制度，中國古代的行政區劃才開始萌生。

西元前二二一年，秦始皇統一六國，遂分全國為三十六郡。從此，郡縣之制一直為歷代所沿用；只是郡這一名稱後來變化較大，甚至被其他名稱取代，而縣始終作為基層一級行政區劃，其性質、名稱與數量均表現出極大的穩定性。漢武帝為加强中央集權，除京師附近七郡外，分境內為十二刺史部，簡稱「十三部」或「十三州」，即豫、兗、青、徐、冀、幽、并、涼、益、荊、揚州及交趾、朔方（東漢時朔方併入并州，交趾改稱交州）。但這時的州，還不是行政區域，只是一種監察區，各州皆置刺史一人。州郡縣三級制經過兩晉南北朝不變，唯有在分裂時期，行政區劃變化變為繁雜，也反映出地方分權的特點。

隋文帝開皇三年（五八三年），廢郡而以州直接領縣，開皇九年（五八九年）滅陳後，全國實行州縣兩級制，煬帝廢州為郡，唐代復改郡為州。為加强中央對地方州縣的統治，唐貞觀初年，又依山川的自然形勢，分轄境為關內、河南、河北、河東、隴右、山南、淮南、江南、嶺南、劍南凡十道，建立監察區。開元中，增至十二道，每道設置採訪處置使，有固定治所。安史之亂以後，十道、十二道變成地理區劃名，一直沿用到五代；節度使的權力也加重，統轄數州為一鎮（節鎮轄區亦稱道），地方上實際上變為鎮、州、縣三級制，到了五代仍不變。宋代行政區劃基本上分為路、府（州、軍、監）、縣三級，路的性質與唐的道略有不同，最初是為徵收賦稅、轉運漕糧而劃分的財政區，後兼理邊防、治安、錢糧、巡察，於是向地方政區轉化。而路的建置，北宋以轉運使路為主，起初分合不一，增省不定，至道中開始定為十二路，天禧中增為十八路，經仁宗、英宗至神宗初時不變——是北宋一代維持最久的路制；到了元豐中，增至二十三路，宣和為二十六路。南宋分路，則以安撫使為主，定為十六路。二級政區中的軍、監，均始於五代（監在坑冶、鑄錢、牧馬、產鹽等地區設置）。宋時建置則較多，除與府、州同級者外，還有與縣同級、隸屬於府、州者。縣級政區還包括在邊疆地區設置的城、堡、塞、關、鎮等。

32 元朝的滅亡，與通貨膨脹有關嗎？

元代是中國歷史上紙幣最發達的朝代，但是元朝的君臣們絕大多數對於紙幣的流通、規律缺乏清醒的認識。也因此，紙幣的濫發成為常態。因財政危機而濫發紙幣，因濫發紙幣而引起通貨膨脹，因通貨膨脹而加劇財政危機，像這樣的惡性循環，是使元朝滅亡極其重要的原因。

世界範圍內最早的紙幣是出現於北宋的交子，南宋時期政府發行會子，紙幣的使用愈來愈廣泛，但是那時的紙幣最多只具有輔助性的功能，貨幣領域的主幹還是銅錢（有時候也有鐵錢）等金屬貨幣。在北方，金人自貞元二年（一一五四年）起發行交鈔，紙幣即開始充當重要的角色了。到了一一八九年，章宗甚至停止鑄錢，並且廢止紙幣定期兌換的制度，於是紙幣的發行愈來愈多，逐漸形成金末的通貨膨脹。其嚴重的程度，據曾在金朝為官，後來又仕於元代的耶律楚材說：「萬貫始易一餅」，所以不但是元代，就是金朝的滅亡也與通貨膨脹有著很大的關係。

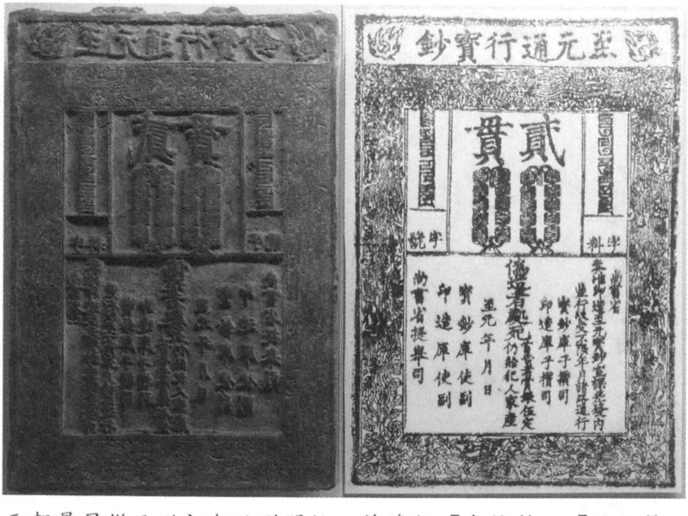

元朝最早從元世祖忽必烈開始，曾發行「中統鈔」、「至元鈔」和「至正鈔」，命名均採當時年號。幣值最穩定的是中統鈔，流通時間最長的是至元鈔。而元末發行的至正鈔，則因過量發行等原因導致通膨。圖爲至元寶鈔。

忽必烈在中統元年（一二六〇年）印造中統寶鈔，至元二十四年（一二八七年）又發行至元寶鈔，在全國範圍內極力推行紙幣。在元代統治的初期，似乎比較注意、吸取金人濫發紙幣而引起通貨膨脹的教訓，所以紙幣發行很有節制，準備金制度也貫徹得也比較好。可是好景不長，由於政府開支毫無節制，政府只有通過發行紙幣來補足虧空，就引起了元末的大通膨。

元朝政府開支的數額非常驚人。其主要的支出項目，除了政府的日常經費之外，主要有這三個部分：一是用兵。元初在對南宋用兵的同時，還大舉征伐日本，花費巨大卻徒勞無功，此後又征占城，征緬甸，征交趾，征八百媳婦等等，軍費浩繁，橫徵暴斂也不足供給，只好濫發紙幣。二是賞賜。元朝皇帝對臣下的賞賜數額極為巨大，元末有一次賞賜衛士一萬三千人，每人達八十錠之鉅，共計五千二百萬貫，如此按數額計算，竟相當於宋初全國全年所支出的兩三倍之多。三是奢靡。元朝皇帝似乎對國力民力毫無概念，任意揮霍，造成錢財的巨大浪費。以至大四年為例，當時全年常費六百多萬錠，大興土木又用數百萬錠，賞賜耗費三百多萬錠，軍需六、七百萬錠，可是國庫裡面僅有十一萬錠！面對如此巨大的財政赤字，政府想到的唯一的應對手段就是增發紙幣。

元代末年，紙幣的購買力急劇下降，物價飛漲，而政府的貨幣政策又以掠奪為最高的目的。時諺説：「人吃人，鈔買鈔」，全國的經濟系統幾乎崩潰。在這種情況下，元朝的統治怎麼可能繼續維持呢？

【豆知識】

元代的「理財」名臣有誰？

重視「理財」是元代統治的重要特點之一，這一方面是因為元代疆域遼闊，財政需求龐大，客觀上需要高超的收斂、使用財貨的能力，另一方面也是因為紙幣的廣泛使用，給財政金融領域的管理提出了新的課題。但是，元代君主所理解的「理財」，其重點並不在管理社會財富上，而是如何盡可能多的「斂財」。

終元一世，出現過不少的理財名臣，其中如耶律楚材創置了元朝的稅收徵管機構，並且極力反對害民的商人包稅制，而阿合馬則是「色目人」理財的代表，不惜採取一切手段來增加朝廷的收入，當然自己的「財」理得也相當不錯。此外如桑哥、盧世榮、馬亨等等，也都各有建樹，例如馬亨曾提出過「交鈔可以權萬貨者，法使然也」這種類似「幣值法定」的觀點，是當時少有的頭腦清醒的「理財名臣」之一。

【四】外族一家親

33 蒙古西征時，羅馬教皇派遣使者到中國有什麼目的？

在一二三六—一二四二年間，蒙古帝國遠征歐洲並進行殘酷的屠殺和破壞，引起了歐洲各基督教教國家的極大恐慌。羅馬教皇英諾森四世接到被蒙古蹂躪地區的報告後，派遣柏郎嘉賓等人出使蒙古帝國駐軍所在，希望和蒙古帝國首領交涉，讓他們停止屠殺基督教徒，並瞭解蒙古帝國情況。

柏郎嘉賓於一二四五年四月十六日從教宗居住地里昂出發，用大約兩年時間，到達伏爾加河蒙軍西征總指揮拔都的營地，向拔都遞交羅馬教皇給蒙古大汗的信件。拔都此時正在和窩闊臺家族發生激烈矛盾，為了避免火上加油，就拒絕接受信件，並且將柏郎嘉賓等人送往哈拉和林（即和林）——蒙古中央權利所在地。

柏郎嘉賓等人經過漫長勞累的旅途，穿過花喇子模等地，最終到達哈拉和林行宮，剛好趕上蒙古大汗貴由登基儀式。他們在貴由帳營居住了四個月。於一二四六年十一月開始返回。於一二四七年秋天到達里昂，向羅馬教皇呈獻了貴由的回信，和自己見聞的詳細報告。作者大約在一二四八—一二五二年間去世。他的報告卻廣泛地流行於歐洲各國，並被翻譯成為各種文字。《柏郎嘉賓蒙古行紀》一書的本文即是嘉賓所撰寫的報告內容。

據後世學者研究，當時羅馬教皇派出使者長途跋涉晉見蒙古大汗，一個隱含的目的是想和蒙古結盟共同對抗南方的伊斯蘭勢力，尤其是强大的埃及馬姆魯克王朝。由於在歐洲長期流傳著，東方有一位信奉基督教的强大的約翰王的傳説，而當時蒙古諸部中也確實有信奉基督教聶斯脱里派的，教皇也曾收到這方面的報告。因此，教皇是希望運用這點，通過相互諒解來減緩蒙古對歐洲的衝擊，並形成可能的盟友關係。不過，後來中亞的蒙古汗國繼承人遵從了伊斯蘭教，教皇的這個願望就徹底落空了。

另一方面，跨過、或者繞過伊斯蘭勢力對中東的阻斷，來尋求東方傳説中的「約翰王」，並與之結盟，一直是歐洲人的願望。一直到後來十五世紀末，新航路開闢時，仍然有不少航海者胸懷著這項神祕願望，駛向南方的海洋。

【豆知識】

《柏郎嘉賓蒙古行紀》一書在說些什麼？

十三世紀，蒙古人在征服了中亞大部地區後，就向歐洲推進。在此情勢下，一二四五年羅馬教皇英諾森四世派遣義大利人，方濟各會教士柏郎嘉賓出使蒙古，隨行的還有波蘭人班乃迪克，目的是瞭解蒙古的虛實。《柏郎嘉賓蒙古行紀》即是柏郎嘉賓出使完成後撰寫的報告，是研究元蒙古及中國北方地區歷史極為寶貴的參考資料。

柏郎嘉賓在兩年半多的時間內從西歐到中亞，萬里跋涉。他先於一二四六年四月到達伏爾加河畔的西蒙古拔都幕帳，後於八月抵達哈拉和林，有幸參加貴由皇帝登基大典。同年十一月，他離開哈拉和林返國，於一二四七年五月九日再經拔都幕帳，最後於一二四七年十一月二十四日返回里昂。他後來還曾作為教皇使節而出使法國。柏郎嘉賓於一二五二年卒於今南斯拉夫境內的達爾馬蒂亞。

以下簡單介紹《柏郎嘉賓蒙古行記》：

第一章、韃靼人地區，其方位、資源和氣候條件；

第二章、韃靼地區的居民、服裝、住宅、產業和婚姻；

第三章、韃靼人崇拜的神，他們認為是罪孽的事，占卜術、消除罪惡和殯葬儀禮等；

第四章、韃靼人的淳風和陋俗，處世之道和食物；

第五章、韃靼帝國及其諸王的起源，皇帝及其諸王的權力；

第六章、關於戰爭、軍隊的結構和武器，關於戰爭的韜略和部分的集結，對戰俘的殘酷性，對堡寨的包圍和對於投降者的背信棄義；

第七章、韃靼人如何議和，他們所征服地區的名稱，對自己臣民如何壓迫，及勇敢抵抗他們的地區；

第八章、如何與韃靼人作戰，他們的意圖是什麼？他們的武器和部隊組織，如何對付他們的韜略，堡塞和城市的防禦工事，及他們如何處置戰俘；

第九章、韃靼人的省份以及出使所經過那些省份的形勢，旅途所會見過的人物、地點，韃靼皇帝及其諸王的宮廷、柏郎嘉賓旅程路線、注釋。

34 雲南段氏的大理國是怎麼滅亡的？

看過金庸的武俠小說《天龍八部》的人，都知道在雲南有一個段氏統治的國家叫做大理。大理在歷史上確有其國。對「大理」的釋名，歷來有諸多臆測和推斷。傳說「大理」這個國名的來歷，是因為大理國的創建者段思平某次進兵，苦於找不到渡口過河。正傷腦筋時，一個「披纓浣紗婦」指明了道路，並且叫段思平把新國家命名為「大理」。「理」與「治」同義，「大理」即是「大治」的意思。在雲南的兩個獨立政權南詔和大理，在唐宋期間存在了長達五百多年。隨著蒙古的強大，北方的蒙古和大理也發生了直接的軍事衝突。

元和大理最早的軍事衝突發生在一二三四年。當時大理國的權臣高禾曾率軍抗擊元軍的入侵，戰敗而死。蒙哥繼承大汗位之後，命令忽必烈率軍征服南宋。忽必烈奏請蒙哥採取「先攻取大理，再迂迴包抄南宋」的進軍方略。一二五三年，忽必烈揮兵南下，從四川西部進入了雲南，渡過金沙江之後，直逼大理的首府大理城。

當時的大理國主段興智和重臣高泰祥殺了忽必烈的勸降使者，出兵迎戰，兵敗後棄城逃跑。不久高泰祥被元軍擒獲，最後處死。一二五四年，忽必烈留下了大將兀良合臺繼續攻略其餘的城池，自己原路北返。當年秋天，兀良合臺攻克鄯闡，也就是今天的昆明，追捕到了大理國主段智興。兀良合臺又在雲南經過了兩年時間，方才平定「大理五城、八府、四郡，洎烏、白蠻三十七部」。段興智也被押送到北方見蒙哥。段興智於次年獻出了大理地圖，向蒙古統治獻策統治雲南之法，蒙哥就仍命其管理和領導雲南各部。

在段氏大理亡國的最初二十年，元軍對雲南實行了直接的占領與統治。忽必烈即位後，加强了對雲南的控制。中統年間先後設置了大理國總管和大理元帥府，仍然委派段氏為世襲總管。至元四年（一二六七），封皇子忽哥赤為雲南王，有設立行六部等來限制段氏的權力。忽必烈本人非常喜歡大理，他曾說：「我非常喜歡那裡的風土民情。如果不是天命落在我身上，我一定會請求把我自己分封到那裡去。」一二七〇年，忽必烈置大理路，轄境包括現今大理、洱源、規山、祥雲、永平，以及姚安、大姚、保山、騰衝等地，治所在羊苴咩城。

大理總管這一代一直持續到了元代的末期。直到元朝滅亡後，仍然效忠前元，抗拒明人的統一。洪武十五年（一三八二），明軍入滇，段氏末代總管段世抵抗到了最後。後來段氏家族分成了幾個支系，一個支系就到了陝西的雁門關，一個支系到了騰衝、保山一帶。一個支系到了臨安，就是現在的建水、紅河這一帶。還有一個支系到雲龍，另外一個支系就回到了劍川。

【豆知識】

段氏大理國有哪幾位國王出家為僧？

在金庸小說《天龍八部》中，曾提到雲南段氏大理國有九位國王以帝為僧，留下了一段千古佳話。事實上，歷史上也確有其事，這九位國王分別是：

段思英，它是大理國的第二世帝王，大理開國皇帝段思平的兒子。根據《滇史》記載：「思英性暴戾，居喪淫戲無度，多變易文德年制度。」在位一年的時候被段思平之弟、他的叔叔段思良夥同相國董迦羅廢除。後來他在在大理崇聖寺出家，成了大理首位出家的皇帝。崇聖寺就是《天龍八部》中的天龍寺，從此成為大理皇家寺院。

段素隆：不樂為帝，禪位為僧。

段素真：段素隆的侄子。因不樂為帝，禪位為僧。

段思廉：不樂為帝，禪位為僧。

段壽輝：權臣高升泰帶兵討逆，誅殺楊義貞後，擁立段壽輝為帝。他不樂為帝，禪位為僧。

段正明：段壽輝堂弟。性格謹慎、簡樸。一〇九四年被被高升泰廢黜，出家為僧。《天龍八部》中的保定帝段正明，寫的就是他。

段正淳：他是段正明弟，因為《天龍八部》，他成了大理國皇帝在後世知名度較高的一個。一〇九六年，高升泰死後，高泰明遵照遺囑，將王位還給段氏，擁立段正淳即位，仍號「大理」，但宰相高家一直把攬朝政，皇帝基本上並無實權。

段正嚴：又名「段和譽」，段正淳之子。受北宋封金紫光祿大夫、檢校司空、雲南節度使、上柱國、大理國王。他就是《天龍八部》中段譽的原型。他勤理政事，愛民用賢，但最後因為幾個兒子爭奪帝位而心煩，最後出家為僧。據《滇雲歷年傳》記載：「正嚴即勵精圖治且四十年之久，究亦不能挽回萬一，蓋勢之所趨如水之就下，回狂障決不可得矣。」

段正興：又名「段易長」，段正嚴之子。不樂為帝，禪位為僧。

段智祥：段智廉的弟弟。不樂為帝，禪位為僧。

此外，還有一位崇信佛教，但是並沒有出家的皇帝段智興，它是段正興的兒子，也就是金庸小說《射鵰英雄傳》中「南帝北丐、東邪西毒」中的第一位，法號「一燈大師」。他在位期間大修佛寺，建了六十間寺院，從而導致了國力衰落。據《滇史》記載：「智興奉佛，建興寶寺，君相皆篤信佛教，延僧入內，朝夕焚咒，不理國事。」

35 中國歷史上唯一做過中原王朝正職宰相的藏族人是哪位？

中國歷史上唯一做過中原王朝正職宰相的藏族人，名叫桑哥。他出生於多麥（今四川甘孜藏族自治州和西藏昌都）一帶地區。幼年時，曾拜國師丹巴功嘉葛刺思為師。由於他聰穎好學，通曉藏、蒙、漢、畏兀兒和其他語言。宋度宗咸淳元年（一二六五年），烏斯藏薩迦派首領八思巴、及其弟弟恰那多吉，從大都返回西藏的途中，桑哥由於得到了他們的賞識，被他們帶至烏斯藏，擔任西番譯吏。以後，八思巴多次差使桑哥往元朝皇帝駕前辦事，並向上舉薦桑哥的才能，因而得到了元世祖忽必烈的喜愛，將他調進京都委以官職，加以重用。桑哥自然也不辜負朝廷之重望，「歷任各種官職，俱勝任。」至元二十四年（一二八七）桑哥官擢升總制院使，掌釋教兼治吐蕃之事的高位。至元十三年（一二七六年）烏斯藏薩迦派本欽釋迦桑布去世，八思巴於是從內地返回薩迦處理烏斯藏事務。

翌年，薩迦派部矛盾鬥爭爆發，新任薩迦本欽貢噶桑布與八思巴意見有所牴觸。而一些官員從中作梗，擴大事端。八思巴遣臣速報忽必烈，請示派兵進藏平亂。桑哥遂奉命統領七萬蒙古軍隊和三萬青、藏區的軍隊長驅直入，殺貢噶桑波，流放了一些其他肇事官員，平息了這場薩迦派的內部騷亂。緊接著，桑哥又採取了兩項重大措施來鞏固元朝在烏斯藏的統治。一方面加強當地防務，留下了一千餘人的蒙古軍隊，駐守各邊塞要道，一部分防備西路蒙古的進犯，一部分防備來自喜馬拉雅山區的冬仁部落的干擾；另一方面整頓驛站——以往由前藏各萬戶派人到藏北草地建立驛站，結果驛使不耐藏北嚴寒而逃跑，致使影響中央政府與地方令信情報產生了上傳下達的問題。關於這點，桑哥也作了處理。決定改由蒙古軍接管前藏地區設在藏北的驛站，而由各萬戶負責驛站的蒙古軍隊的肉、糧食、醫藥品等各種物資和馬匹的供給等，從而保證了驛路的暢通無阻。除此之外，至元十五年（一二七八年），桑哥回到大都後，大膽地起用了舊僚整頓財政，針對當時朝廷入不敷出的困窘狀態提出了許多改革財政的建議。因為他的賢能，更加贏得了元世祖的寵信。

至元二十四年（一二八七年）二月，忽必烈設置了尚書省，遂任命桑哥為平章政事。三月，他奉旨檢核中書省，校出虧欠鈔四千七百七十錠，昏鈔一千三百四十五錠，遂上書罷免了中書省長官多人，世祖為之更加信服了他的忠誠和實幹。同年十月，正式任命桑哥為尚書右丞相兼總制院使，領功德司事，進階金紫光祿大夫，成為中國歷史上第一個擔任中央王朝宰相要職的藏族官員。

桑哥出任宰相後，克盡其職，竭力抨擊了上自中央朝廷下至各行省的不法官員，奏請皇帝革職罷免了這些昏憒無能的貪官污吏，同時他還大刀闊斧地從上至下整飭吏治，任人惟賢；整頓財政，振興國家經濟，整頓驛站，強化元朝中央政府對轄區衛吐蕃地區的直接統治等等。然而，桑哥的一系列所為，卻觸犯了蒙古上層貴族官僚的利益。因此，遭到他們的嫉恨。至元二十八年（一二九一），他們彈劾桑哥「壅蔽聰明，紊亂政事」，以「專權黷貨」罪下獄，將他迫害至死。

桑哥一生精明強幹，他從一個普通的譯吏，擢升為平章政事、總制院使、尚書右丞相開府儀同三司，成為忽必烈元中央王朝中權勢盛極的顯赫人物，為加強中央政府和烏斯藏地區的關係，立下了許多不朽的功績。

【豆知識】

元朝對西藏的有效管理模式是什麼？

元朝時設立管理西藏事務的中央機構——宣政院。早在一二六四年，忽必烈在中央設總制院，負責境內佛教事務和西藏地方的政教事務，由國師八思巴（西藏薩迦派首領薩迦班智達·貢噶堅贊的侄子）掌管。八思巴之後由元朝宰相桑哥擔任總制院使。一二六五年通過八思巴任命了總管西藏事務的「本欽」，分封了三十萬戶長。期間，元朝將「八思巴文」定位國書，由八思巴開始，元朝歷代皇帝選封薩迦派有學識領袖人物為帝師。此後也成為定制，奠定了西藏實行政教合一的基礎。

一二八八年，宰相桑哥為了加強對整個藏族地區的統一管理，向忽必烈建議把總制院改為宣政院，使宣政院和中書省、御史臺、樞密院成為平行的中央四大機構。同時規定萬戶以上重要官員由帝師或宣政院提名，由皇帝委任。元朝還多次派遣官員到西藏地區清查戶口，先後設立了十五個驛站和一些軍站，使元朝中央政府對西藏地方軍政事務的統轄得以加强。此外，元朝的曆法和刑法也因此推行到西藏地區。

36 馬可波羅真的到過中國嗎？

馬可波羅的名字為世人所熟知，他自述曾在中國居住十七年之久，到過中國的許多地方，回國後寫成《馬可波羅遊記》一書，描述了他在東方世界的見聞。

但是，翻查中國的歷史典籍沒有留下任何有關馬可波羅的直接記載，而且《馬可波羅遊記》中有許多的記載不準確、某些細節也有吹噓作假的性質、具有中國特色的事物在書中未被提及，諸如此類。基於以上這些疑點，「馬可波羅真的來過中國嗎？」這一問題不斷有人提出。有些人們持懷疑態度，認為《馬可波羅遊記》源於對中國的種種事情有詳細記載的某種通商指南、或是導遊手冊，可能由一個善於講故事的人、和一個善於書寫傳奇故事的通俗小說家共同編寫而成，並不是真正的具有紀實性質的個人遊記。這種說法認為在書中所見，馬可波羅掌握的中國的相關知識，與所宣稱的十七年的在華經歷十分不相符。但是，有些人們則持肯定態度，他們把《馬可波羅遊記》中的相關記載與中國歷史類書籍中的記載作比照，發現某些記載與漢文歷史書籍的記載頗為一致。像是其中的元朝向伊利汗出嫁闊闊公主之事、平息乃顏之亂、馬可波羅的旅行路線圖，等等。他們認為諸如以上列舉的記載是不可能在諸如導遊手冊之類的書上獲知的，如果不是親臨中國當地，這樣細緻準確的記載是很難的。他們還進一步指出，要馬可波羅在事隔十多年後絲毫不差地把過去的事情，予以復原、回憶，基本上是一種近乎苛刻的要求。這種說法認為，儘管書中在具體年代、地理概括、事實敘述等方面有不少缺陷和失誤，但並不能否認馬可波羅到過中國的事實。懷疑論者和肯定論者彼此相爭不下，展開辯論戰，形成了世界馬可波羅學的兩大學派。

目前，國內外的學者都承認《馬可波羅遊記》在開拓東西方交流方面發揮的巨大作用。有的學者主張不要只著眼於《馬可波羅遊記》這本書來認識馬可波羅，應該把馬可波羅放在元代中國與西歐對外交往、和互相聯繫的歷史大背景下來重新定位。他們認為，馬可波羅是當時一批東西方文化交流者的典型代表。而不論馬可波羅是不是真的來過中國，他都不是東西方交流的唯一見證人。因此，把馬可波羅這一名字作為西方交流使者的代名詞也許更為恰當。

【豆知識】

《馬可波羅遊記》是怎樣的一本書？

《馬可波羅遊記》記述了馬可波羅在中國十七年的見聞。在監獄之中，由馬可波羅口述、露絲梯切諾筆錄而成。本書共四卷二百二十九章。第一卷記載了馬可波羅東來至上都的沿途見聞；第二卷是有關元朝中國的皇帝、政府機構及其活動，生活風俗等，以及杭州、福州、泉州等東南沿海城市的地理風貌和人文掌故。第三卷記載了東亞、東南亞許多國家的情況，像日本、越南、東印度等。第四卷記載了韃靼宗王的戰爭和亞洲的北部的情況。

這是一部關於亞洲的遊記，其重點記載的部分是關於中國的敘述，書中也對於當時中國的經濟、政治、自然地理、生活風俗有諸多著墨，對於瞭解元朝前期的歷史提供了可供參考的資料。《馬可波羅遊記》這本書發行幾個月，便風靡整個義大利，在馬可波羅逝世前，該書已經被翻譯成多種歐洲文字，廣為流傳。

《馬可波羅遊記》在歷史上有很重要的影響。首先，它是第一部西方人直接感知東方世界的著作，激發了歐洲人對東方中國的好奇心和嚮往之情。其次，它豐富了中古歐洲人的地理知識，一三七五年的西班牙喀塔蘭大地圖（中世紀一幅具有很高科學價值的地圖），其印度，中亞和遠東部分的繪製都是根據《馬可波羅遊記》的相關記載。再次，它對新航路的開闢有很大的促進作用，據說很多的航海家，比如哥倫布、達·伽馬等探險家讀了《馬可波羅遊記》之後，都紛紛東來。《馬可波羅遊記》客觀上促進了東西方之間的直接交往，在一定程度上打破了中古歐洲宗教思想的禁錮，促進了歐洲人思想的解放，同時也為資本主義的瘋狂擴張提供了理想的對象。

37 色目人是眼睛有多種顏色的人嗎？

色目人是元朝對生活在今中國西北地方、中亞地區的民族乃至歐洲人的稱呼，在當時為一種籠統的稱呼，確切的指代對象是不定的。常見於元人文獻記載的色目人，有唐兀、乃蠻、汪古、回回、畏兀兒、康里、欽察、阿速、哈剌魯、吐蕃，等等。「色目」一詞並非眼睛有多種顏色的意思，而是「各色名目」的意思，指其種類繁多。由於當時活躍在中國西北、中亞地區乃至歐洲的民族十分繁雜，所以才會統稱其為「色目人」。

色目人在元朝社會中占有重要的地位。在元朝的四等人制中，色目人地位僅次於蒙古人，被列為第二等。由於色目人文化水準較高，是當時從西方來的「外來戶」，而且並沒有什麼勢力根基。元朝統治者對其給於攏絡和重視，使其能為政府出力。因此，色目人常常位居高官要職，有的擔任政府官員，有的擔任軍事將領，有的擔任勾通官府的大商人。元朝按民族等級差別授官，一些重要的軍政職位只有蒙古人和色目人可以擔任，漢人和南人則沒有機會。例如，地方上最大的監治長官達魯花赤，色目人可以擔任，而漢人則不可以擔任。

一九五四年在山東濟南出土的元代黑陶胡人俑，身穿長袍手持文卷的模樣生動。

色目人來往於東西方經濟、文化交流的大動脈上，這造就了他們的理財意識和經商才能，色目人往往被統治者看作理財能手，最有代表性的是忽必烈一朝的花剌子模人阿合馬、盧世榮和桑哥等人，三人擅長理財，增加了元朝的財政收入。但所增加的收入，基本上是來自對社會的巧取豪奪，一定程度上破壞了社會經濟的進步。在科舉考試和入仕方面，色目人享有的待遇幾乎與蒙古人一樣優厚，即使色目人犯了法，也和蒙古人一樣，由特殊的政府機關予以處理。元朝是中國多民族大家庭形成的重要時期，一些色目人長期在中國生活，接受漢族地區的文化風俗，漸漸和中原地區的人們融合在一起，是多民族大家庭的重要組成分子。

【豆知識】

元朝按民族把人分為四等嗎？

元朝是少數民族建立的一個政權。在蒙古族建立政權之後，為了鞏固自己的專權地位，在民族問題上，就實行民族歧視的政策，對全國各個民族予以分等，分為四等，分別為蒙古人、色目人、漢人、南人。蒙古人指的是原來蒙古族的人；色目人指的是元朝統一過程中，遷居在中原地區的中國西北、中亞等地區的人；漢人指的是遼和金統治區域的漢族人們；南人指的是南宋統治下的老百姓。

元朝統治者採取這樣的民族政策，目的是為了壓制漢族人們的勢力，防止他們造反。民族等級的差別在元代的社會生活中得到了反映：法律上規定，蒙古人毆打漢人，漢人不得還手，否則漢人將會得到嚴厲的懲罰，甚至被殺。官職方面，中央最高行政機關中書省、最高軍事機關樞密院的首領，漢人不得擔任；地方的實權官吏達魯花赤由蒙古人擔任，漢人只擔任一些無關痛癢的官職。科舉考試上，蒙古人和色目人為一榜，題目簡單，漢人和男人為一榜，題目複雜。蒙古人考不中者，可以授予教授、學正等職務，漢人則享受不到如此的待遇。

其實，在元代並不是所有的漢族人都受不公平的待遇，某些漢族大地主投靠元朝政府，像大興史氏、易州張氏、真定董氏等等，他們的地位和蒙古貴族沒什麼兩樣。某些蒙古族的勞動人民也同樣在沉重的徭役和賦稅的壓迫下，生活在水深火熱之中，有的甚至被買為奴隸。元朝的民族分等政策，勢必會加深民族之間的矛盾，從而激化社會矛盾，為王朝的滅亡種下了不良後果。

38 八百媳婦國是今天的哪個國家？

在元代的史籍中，經常可以見到一個叫做「八百媳婦」的國家。據《新元史》說：「八百媳婦者，夷名景邁。世傳其長有妻八百，各領一寨，故名」，原來此國的首領有八百個媳婦，所以才得了這麼一個活靈活現的名字。它的疆域，據《新元史》說是「東至老撾，南至波勒蠻，西至大吉剌，北至孟艮府」，在今天中國雲南西雙版納之南，實際上位於中國、緬甸、老撾和泰國的交界地帶。

跟其他南亞地區的國家一樣，八百媳婦也是一個與世無爭的佛教國家，該國人民「好佛惡殺，每村立一寺，每寺建塔，約以萬計。有敵人來侵，不得已舉兵應之，得其仇即止。俗名慈悲國也。」如此一個「愛好和平」的國家，自然也成了蒙古鐵騎的目標之一。

元世祖忽必烈中統初年，就曾派兵攻打八百媳婦國，結果由於路途太過遙遠，「不能達而還」。後來，元朝「遣使招徠」，在當地設立「八百大甸軍民宣慰司」，八百媳婦算是在名義上成了元朝的領土。八百媳婦的附近還有大、小徹里兩個部族，與八百媳婦犬牙交錯。元成宗大德元年（一二九八年），八百媳婦與大、小徹里之間發生了糾紛，元兵前去平亂，結果無功而返。三年以後，雲南右丞劉深想圖立功，於是奏明成宗，發兵兩萬出征八百媳婦。

誰知熱帶地區煙瘴甚多，還沒走到地方，士卒已經死了十之七八。劉深又向當地土著徵發財物民夫，當地人民不堪其擾，將劉深圍在深谷之中「殺掠甚衆」，元朝只好發大軍來救，捕斬當地土司，而劉深最後也落得棄市的下場。

如此這般，花費了巨量錢財，損傷了若干兵馬，弄得西南一片囂然，卻連八百媳婦的面都沒見著。武宗至大二年，八百媳婦又「與大、小徹里作亂」，受命前去招降的雲南右丞算只爾威受了人家的賄賂，「竟以敗還」。此後，元朝再沒有對八百媳婦用兵，史書上留下的只有進貢馴象等等記載。

【豆知識】

土司有什麼用處？

「土司」是中央政府任命的西北、西南等少數民族地區的一種官職，由當地的部族首領充任，在經過朝廷的批准之後可以世襲。土司始置於元朝，有宣慰使、宣撫使、安撫使三種職名，在名義上是朝廷的官吏，實際上是對這些部族首領統治權的一種確認，同時也是中央安撫、維繫少數民族地區的重要手段。明朝以後，又有土知府、知州、知縣三種名目，這些都屬於土司的範疇。

土司雖然都是當地的首領，對朝廷仍負有一定的義務，比如繳納賦稅、徵發軍隊等等。到了清代雍正年間，開始了「改土歸流」的改革，也就是將土司改為朝廷選派任命的流官，實行土司制度的地區逐步縮小。不過，到了清朝時期，土司制度也沒有被完全廢除，要一直到中華人民共和國成立，在少數民族地區推行民族區域自治制度，土司才真正成為歷史。

39 中國歷史上曾有猶太人定居嗎？

據統計，人類的智商一般在九十至一百之間，而猶太人的智商比其他種族高五至十左右，如眾所周知的愛因斯坦即為猶太人。中國歷史上是否也曾有猶太人居住呢？

事實上，從宋代起，就有相當數量的猶太人定居在開封。他們把自己的教士稱為「滿剌」，把希伯來文老師稱為「五思達」，這兩個詞皆是波斯語的直接音譯。這些猶太人在開封有著自己的社區，信奉著自己的宗教「一賜樂業教」，即「以色列教」。

猶太人在元代被稱為術忽、主吾，與「祝虎」同為波斯語的音譯（意為猶太人、猶太教徒），有時候也被稱為術忽回回。他們在社會上屬於色目人，和回回人享受同等待遇，因為當時漢人和蒙古人不常嚴格區分回回人和術忽回回。但在清代，猶太人被回回人視為異類，像是在清代伊斯蘭教著作《天方正學》中，被稱為「諸乎得」（音譯）的異端分子。

在不損害蒙古統治的尊嚴和利益的前提之下，蒙古人對回回人和猶太人的宗教信仰採取放任態度，但在一些生活習慣上，曾彼此發生過衝突。蒙古人屠羊採用開膛法，而回回人包括穆斯林及猶太人則認為這種宰殺方法不乾淨，拒絕食用蒙古的茶飯，堅守他們自己的抹喉法宰羊。如至元十六年，一些西域人從吉里吉思來到內地向朝廷進貢海青（古時一種珍禽）。途中不吃蒙古站戶預備的飯食，要自行宰羊，沿途騷擾，百姓叫苦連天，引起站戶不滿，事態擴大。成吉思汗曾下旨斥責他們，聲稱西域諸地均被蒙古征服，需依循蒙古的飲食習慣。因在元代政府任職的回回人、猶太人和斡脱商人數量很多，勢力龐大，成吉思汗的法令並沒有貫徹執行。

元朝廷在杭州設立了砂糖局，任職者中有相當數量的猶太人。他們應當是掌握了製糖技術，利用杭州附近的甘蔗資源，為蒙古貴族生產出與中原相比，品質更高的砂糖，於是受到執政者的雇傭。這批猶太人的後裔在明代仍然在杭州生活，並在那裡建了一所「祝虎院」，即猶太教會堂。

【豆知識】

猶太人的來歷是什麼？

猶太人，泛指猶太教民，或是指所有猶太族人（也稱為猶太民族），既包括自古沿傳下來的以色列種族，也包括了後來在各時期和世界各地皈依猶太宗教的人群。在民族宗教上而言，猶太群體原來是居住在阿拉伯半島的一個遊牧民族，最初稱為希伯來人，意思是「游牧的人」。依據記載他們歷史的文獻《塔納赫》，以撒為猶太人的祖先。但基督教《聖經》記載以撒有兩子，長子以掃是以東人的祖先，次子雅各才是猶太人的祖先。

十九世紀末期，由於東歐的迫害加劇，有成千上萬的猶太人逃離東歐，大多數投奔美國、加拿大和西歐。歐洲對猶太人的迫害終於在納粹德國時期達到了頂峰，發生滅絕約六百萬猶太人的大屠殺。這也幾乎徹底摧毀猶太人在歐洲兩千年的文化歷史沉澱，現代物理之父阿爾伯特·愛因斯坦也為了躲避迫害而輾轉前往美國避難。一九四八年以色列復國，成為自羅馬摧毀耶路撒冷後，兩千多年來首次成立的猶太人國家。但以色列建國的地點是在巴勒斯坦地區，導致和當地定居已久的阿拉伯裔巴勒斯坦人有所衝突，使中東成為世界上最不安定的區域之一，並且也致使原先居住在阿拉伯國家，有近九十萬的猶太人陷入困境。目前，美國和以色列是猶太人主要的集中地區。

【五】交通很發達

40 元代有郵局或物流公司嗎？

急遞鋪，又稱為郵傳，是元代的郵局。元朝在各地設置了急遞鋪，構成了覆蓋全國的通訊系統。中統元年（一二六〇年）四月，忽必烈首先派人從燕京到開平設立了急遞站鋪，用來傳遞文書、資訊等。當時十里或十五里、二十五里不等，設置一個急遞鋪，十鋪設置一個郵長，下有五個鋪卒。急遞鋪的房舍都有特殊的標誌，鋪內還安裝有測量時間的裝置等。

急遞鋪傳送的文書等，一般分為兩種包裝。一種是放在匣子裡，專門用來傳遞緊急公文，上面寫著題號、發遞某處文字及發遣時刻等。另一種是用紙袋包裝，傳遞的是一般文書。開始用的是薄紙封袋，後來改用厚夾紙。各衙門的公文，先用淨紙封裹，再用厚夾紙印信封皮。包裝好後，再用油絹、夾板和郵袋等保護。為了減輕鋪卒的勞動量，超過十斤以上

的帳冊等不允許由急遞鋪傳遞。

公文的傳遞速度，規定是一天一夜走四百里。各個急遞鋪必須有人晝夜值班，隨時準備傳遞過往郵件。來往的公文、郵件等，必須一一登記。登記郵件的總冊被稱為鋪曆。後來為了節省時間和工作量，只有各路的總鋪才開包登記和檢查，一般的急遞鋪只是用來傳遞，不需要再進行繁瑣的登記和檢查。急遞鋪也有嚴格的保密規定，不允許私自查看郵件，如果有丟失或者損害郵件者，或者請人代班者，一旦發現，是要受到嚴厲懲罰的。

一開始，急遞鋪主要是用來為朝廷或各地軍政機構傳遞文書，嚴禁閒慢文字和私人物品入遞。可是到了後來，各級官府愈來愈無視朝廷的規定，不但傳遞文書的內容氾濫，而且還藉由急遞鋪來傳遞絲綢、錢財、弓箭、軍器、茶墨等物品。雖然朝廷三令五申，嚴禁捎帶，但是仍無效果。大德五年（一三〇一年）五月，為了減輕急遞鋪的負擔，又確定了中書省、御史臺、樞密院、宣政院等七十九家官衙文書可以通過急遞鋪傳遞。新舊運糧提舉司、各投下總管府等二時中官衙的文書，則不許經由急遞鋪傳送。

狼是古代匈奴、突厥、吐蕃等少數民族共同崇拜的生物，其軍隊當時被稱「狼兵」，而其君主被稱為「狼主」。因此，古人也就自然而然將這些民族入侵中原時所燃起的烽火稱為「狼煙」。

【豆知識】

古人是如何傳遞資訊的？

古代沒有電話、電報、電郵，更沒有發達的資訊公路。他們傳遞資訊不像現代人那麼便捷，但在面對空間阻隔的時候，也絕對不是束手無策。中國古代人充分發揮了他們的聰明才智，發明了多種傳遞資訊的方法。

烽火傳信。據歷史記載，在兩千七百多年前的周幽王時代，就已經有了利用長城上的烽火臺點燃煙火傳遞警訊的方法。當時從邊疆到內地的通道上，每隔一段距離，就建造一座烽火臺。臺上布滿了木材、乾草、牛羊糞等易燃物。如果敵人入侵時，就點燃烽火，後面的烽火臺看見，也一個接一個地點燃，傳遞警訊。狼是古代匈奴突厥、吐蕃等少數民族共同崇拜的生物，其軍隊當時被稱「狼兵」，而且君主被稱為「狼主」，因此，古人也就自然而然將這些民族入侵中原時所燃起的烽火稱為「狼煙」。

鴻雁傳書。因為鴻雁屬於定期遷徙的候鳥，信守時間，南飛和北遷的時間基本上比較固定而且有規律。傳説當年蘇武出使匈奴被囚禁，就是透過把信綁在鴻雁的腳上帶回漢朝。後來人們便把信稱為「鴻雁」。

驛馬傳書。乘車馬傳遞資訊，在上古歷史中已經是比較常見的。秦始皇統一中國後，在全國修建馳道，「車同軌、書同文」，將這種飛馬傳書制度化，建立遍布全國的郵驛網路。

漢代在驛站設置上更加規範，規定五里一郵，十里一亭，三十里一驛。唐代有各種驛站一千六百多處。宋代增設急遞鋪，分為金牌、銀牌、銅牌三種。要求金牌一晝夜行五百里，銀牌四百里，銅牌三百里。每站換人換馬，接力傳遞。

41 元代如何傳遞官方文告的？

元代疆域遼闊，戰事頻傳。這樣的狀況下，便很需要快速通達邊情，宣布號令。在政權穩定之後，為加強大一統國家的內部聯繫，確保中央對地方的有效控制，元代政府在全國範圍內建立了驛站和急遞鋪系統。驛站之「站」是源於蒙古語的音譯，即漢語「驛傳」之意。在元代，它往往與「驛」合用，沿用至今。驛站以陸站為主，依據提供的交通工具不同分成馬站、牛站、車站等，另有水站、海站等作為補充。兩驛之間的距離，從五、六十里至百餘里，如相距路程較長，則於中間置舍供使者休息，稱為「邀驛」。元代共設有陸站、水站約一千五百處，為信差人員提供交通工具、住所、飲食等後勤服務。在驛站當差的人，稱為站戶。站戶是在百姓中按照一定的財產標準簽發出來的。在蒙古各部中，選擇畜產多者應役；在中原、江南地區，一般是按戶等從中戶里簽發。一旦被簽發為站戶登記註冊後，即世代相承，不得更改。

元代以大都為中心修築了四通八達的驛道，東連高麗，東北至奴兒干（今黑龍江口一帶），北達吉里吉思，西通伊利、欽察兩汗國，西南抵烏思藏，南接安南（今越南北部）、緬國，範圍之廣，前所未有，真正達到了「人跡所及，皆置驛傳，使驛往來，如行國中」。急遞鋪是元代的官方郵遞系統，用以遞送中央和地方之間的文件，各鋪之間的距離較驛站為短，大約相隔十至二十里不等。每鋪設鋪兵五人，每十鋪設一名郵長，專督其事。遞送的文件，由本縣縣官用絹袋密封，如果是邊關緊急公事，則用盒子封鎖，標注號碼、日期等。鋪兵都腰繫革帶，懸鈴、持雨衣等，晝夜兼程，馬不停蹄，一般乘車者、步行者若聽到鈴聲，都得緊急避讓。下一鋪的鋪兵聽到鈴聲，就會立即應接，待檢驗有無開拆、磨損或淋濕等情況後隨即啓程。傳遞速度規定為一晝夜四百里，急件五百里。如有怠慢，則主管的上司會對初犯者行笞責，再犯則罰俸，三犯即處斬。效率之高，制度之嚴，確保了資訊的準時傳遞。由來已久的驛傳制度在元代得到了長足的發展，它是蒙古政權，尤其是成吉思汗的一大功績，這一中國古代交通制度的推廣，促進了東西方之間的頻繁交往。

【豆知識】

中國古代的驛站有什麼功能？

驛站，是古代供傳遞文書、往來官員中途暫歇的旅舍。驛使是因驛站設置而徵發的徭役，用以充任驛站之間文書傳遞。驛傳制度在中國歷史中由來已久，至少在春秋時期已經流行，並漸趨完善，《孟子．公孫醜上》曾記載「孔子曰：德之流行，速於置郵而傳命。」兩漢時期，在通衢大道上每隔三十里設置一郵，驛馬、傳馬、馬夫以及住宿飲食由縣治提供。六朝時代，群雄割據，驛傳制度於是有所廢弛。但至隋唐，政權統一，百廢俱興，驛傳制度又得到了有效發展，都城長安設有「都亭驛」，以其為中心，有大道如放射一般通往全國各處，管制與漢代相同。宋代領土窄小，但由於戰事所需，出現了「急腳遞」，站站緊接，晝夜馳驅，每日可達四五百里，其交接憑據是金字牌。明代驛傳機構，是在京城設「會同館」，地方分別設「水馬驛」、「遞運所」和「急遞鋪」。驛遞的管理屬於兵部車駕清吏司，在地方則由布政、按察二司共同負責。清代各省所設稱驛，屬所在廳州縣兼管，也有設驛丞專管者。在盛京之中所設也稱驛，專設驛丞管理，不隸屬於州縣。咸豐、同治以後，隨著輪船、鐵路、電訊、郵政相繼發展，驛站逐漸變得無足輕重。到光緒三十二年（一九〇六），特設郵傳部以掌輪、路、電、郵，在那個時代前後，驛站的歷史使命也就完成了。

42 今天的火車站、公車站裡的「站」是什麼時候變成交通地名的？

蒙古統治中原之後，很快就接受了中原舊有的驛傳制度，不但在一些地區恢復了驛站的設置，還開闢了新的驛路。為了瞭解邊情、傳遞政令，從窩闊臺即位以後，就開始擴大驛站的規模，在全國範圍內建立了周密而龐大的站赤系統。「站」也開始作為正式的交通地名，出現在官方的文書和圖冊裡。

站分為水戰和陸站，水道用船，陸道用馬、牛、狗等交通工具，其中以馬站最多。據記載，當時全元驛站共有一千五百餘處，以每站平均兩百戶計算，站戶約達三十多萬戶。站戶要承擔的功能是陸站養馬、牛、狗等，水站備船。馬站出馬夫，水站出船夫。部分站戶還需要向過往人員提供飲食服務。江淮以北的站戶，平均四戶養一匹馬；江淮以南則沒有限制，但是同養一匹馬的諸戶可免糧七十石。作為交通工具的站馬，有的是國家出錢購買，發給站戶，有的是諸戶共同籌資購買，發給站戶，也有的是站戶自己購買。無論馬匹的來源如何，如果馬在路程中一旦折損，則由站戶賠償。供應首思（蒙古語音譯，指元代驛站過往人員的飲食）的站戶可以免除和雇和買、零雜差役等，有一部分地區的站赤由官府供應首思，這些站赤的站戶與民戶一樣承擔和雇和買、零雜差役等。站戶除了可以免稅的田畝稅糧之外，其餘部分仍需要納稅。

站赤是當時最便利的交通體系，但是對於驛站的使用，卻有非常嚴格的規定。當時只允許軍政事務才能乘驛，而且必須有鋪馬聖旨或圓牌作為憑證。當時常常有王公貴族、上層的僧侶和各級管理巧立名目，求取鋪馬聖旨和圓牌，任意乘驛，給站戶帶來沉重的負擔。再加上站官隨意勒索，站戶中的富戶又與官吏相互勾結，逃避站役，把負擔轉嫁給貧困的站戶，因而站戶日益貧困，被迫選擇了逃亡之路。雖然統治者後來意識到了問題的嚴重性，也採取了一些措施進行補救，如發放救濟物質、限制鋪馬聖旨和圓牌的使用等，但是仍然效果不大。元代後期，站戶消乏和逃亡已經成了很嚴重的社會問題，站赤的運行也受到了很大的影響，也直接影響到了蒙古人對全國的控制和統治。

中國現存最大的驛站是位於河北的「雞鳴驛」，始建於元代。

【豆知識】

古代蒙古人的主要交通工具有哪些？

蒙古族是遊牧民族，基礎經濟為遊牧經濟，其中牛、馬、駱駝可以用作交通工具。馬是蒙古人最主要的交通工具，有放上馬鞍騎的，也有不用馬鞍就單騎馬。蒙古馬，是世界五大馬種的其中之一，非常適應蒙古地區的自然環境，與蒙古人有著天然的良緣，所以蒙古人也有不吃馬肉的忌諱。蒙古人馬上得天下，素有馬背民族之稱。蒙古人與馬相伴一生，無論童叟均以馬代步。馬不僅是蒙古人的交通工具，同時也是蒙古民族文化的重要組成部分。蒙古人熟識馬性，通常採用粗放式牧馬，將馬群放歸大自然，自由自在地覓食、繁殖。蒙古馬處於半野生狀態，牠們既沒有舒適的馬廄，也沒有精美的飼料，在狐狼出沒的草原上餐風露宿，夏日忍受酷暑蚊蟲，冬季能耐得住零下四十度的嚴寒。蒙古馬體形矮小，其貌不揚，既沒英國純種馬的高貴氣質，又無俄羅斯卡巴金馬修長駿美的身形。然而，蒙古馬在風霜雪雨的大草原上，沒有失去雄悍的馬性，牠們頭大頸短，體魄强健，胸寬鬃長，皮厚毛粗，能抵禦西伯利亞暴雪，能揚蹄踢碎狐、狼的腦袋。蒙古人用馬奶製做許多乳製品，不過蒙古人養馬主要用途還是作為交通工具為主，其乳製品為副等。蒙古人用馬的交通工具還有馬車、馬草橇、馬雪橇等。

牛在蒙古遊牧生活中起到最主要的交通運輸作用。由於是遊牧業，所以常年跟著草場遊牧。蒙古牛生性老實，速度也不是很快，剛好適合於拉車，裝載遊牧生活的一切行囊，便可以幫助蒙古人更換草場。駱駝因其自身的抗旱能力得名「沙漠之舟」。蒙古高原地域遼闊，在各個自然地帶都有駱駝分布，從東邊的沼澤地道新疆的塔克拉瑪干，再到阿爾泰山脈。蒙古人用駱駝作為交通工具的時候，有單騎駱駝，冬天則用駱駝拉雪橇。在山嶺地區，蒙古人蓄養馴鹿，馴鹿在山嶺裡的生存天賦比其他牲畜都要好，一般用馴鹿拉雪橇，也有單騎馴鹿。

43 元代的重要設施「驛站」，有何厲害之處呢？

元代疆域的廣闊，難有可與匹敵者，而設立驛站是元代統治者在打下江山之後守住廣袤疆土、締結四方的有效手段。

《元史·兵志》這樣介紹元代的驛站：「站赤」是蒙古語驛傳的譯名（原指管理驛站的

官員），用以通達邊情，宣布號令。驛站傳書水陸皆可通行。遇到有緊急軍務需要傳遞時，有金字圓符為信。驛站長官有驛令、提領和脫脫禾孫，統歸通政院和中書兵部管轄。元代統治者讓一些人戶專門承擔驛站差役的費用，他們被從民戶中分離出來，登入「站戶」戶籍，世代相承。當這些站戶逃亡時，政府又有一定的賑恤和替補措施。四方往來的使者由驛站提供住宿和飲食，從而造成了天下會同的極盛態勢。

《元史．地理志》說當時的驛站遍布東西南北各地，元代的政書《經世大典》記載境內站赤一千四百九十六處，藏區大驛站二十八處，小站七至八處。《馬可波羅遊記》更是不吝筆墨，細緻地描述了元代驛站的盛況。大可汗所居之處有大道通往各省及諸藩屬。大道上每隔二十五或三十英里就有一所驛站，而且陳設華麗。即便是在距城遙遠的高山大漠之中，仍有驛站持續不斷地供應車馬。人員和車馬配備亦有一套嚴密的制度。公家在驛站之間設小村落，村落的居戶均為郵卒；驛站馬匹就分配由鄰近城市居民提供餵養。

成吉思汗時代在西域新添了許多驛站，而站戶制度在窩闊臺時期就已出現。窩闊臺和成吉思汗的孫子拔都將蒙古驛路延伸到歐洲，聯絡起歐亞大陸。據波斯史家拉施特《史集》的記載，元朝的驛路分為車道、馬道和小道三種，車道馬道多用於嶺北至上都、大都間，小道僅用於西北軍務，集中於今甘肅境內。據《經世大典》記載，今東三省境內當時有南北兩條驛路幹線，北到黑龍江入海處，南至高麗王都，共轄一百三十五個驛站；今甘肅原有驛站四十七處，通往西域。無論是中亞，還是北亞今俄羅斯境內，抑或歐洲，都可以通過元朝的驛路抵達。

【豆知識】

「驛站」的前身是什麼？

早在元代以前的隋唐，就建立了以首都長安為中心的四通八達的驛路網，驛鋪設於驛路上，有傳書通信和招待所的雙重功能。唐代全盛時期，據文獻記載共設驛一千六百三十九個，其中陸驛一千兩百九十七個，水驛兩百六十個，水陸相兼的驛八十六個，而唐代郵驛由尚書兵部管轄，從事郵驛的人員達兩萬餘人。

唐代文學家柳宗元有一篇《館驛使壁記》，其中記載當時以首都長安為中心，有七條重要的驛道，呈放射狀通往全國各地。第一條是從長安到西域的西北驛路，第二條是從長安到西南的驛路，第三條從長安至嶺南，第四條從長安至江浙福建，第五條從長安到北方草原地區，第六條從長安到山東、東北地區，第七條從長安到四川雲貴地區。這些驛道途徑的地方有：涇州、會州、蘭州、鄯州、涼州、瓜州、沙州、安西都護府，興元、利州、劍州、成都、彭州、邛州、襄州、鄂州、洪州、吉州、虔州、廣州，洛陽、汴州、泗州、揚州、蘇州、揚州、越州、衢州、泉州，同州、河中府、晉州、代州、朔州、單于都護府，荊州、夔州、忠州等。其縱橫交錯之狀可以想見。

宋朝的郵驛較為傾向軍事化，兵部和樞密院聯合管理郵驛，而郵卒則由兵卒擔任，稱為「遞夫」或「鋪兵」。同時，負責解決過往官員食宿的館驛與遞送文書的「遞鋪」，在職能上分離了。北宋學者沈括在《夢溪筆談》中將宋朝的驛傳分為三類：「驛傳舊有三等，曰步遞、馬遞、急腳遞。急腳遞最遽，日行四百里，惟軍興則用之。熙寧中，又有金字牌急腳遞，如古之羽檄也，以木牌朱漆黃金字，光明眩目，過如飛電，望之者無不避路，日行五百餘里。」顧名思義，「步遞」由步行接力傳遞，用於傳遞一般文書。「馬遞」速度較快，一般用於傳遞緊急文書。最快的是「急腳遞」，據說能日行四百里，還有為之專門設立的驛站「急遞鋪」。發展到南宋，如此發達的郵驛系統已形成專門的通信法規，即《金玉新書》。

44 元朝著名的大運河有什麼主要功能嗎？

元代定都大都（今北京）之後，就必須從江浙一帶運糧到大都。最初的南糧北調，主要靠的是內陸河道運輸。南宋滅亡後，江南糧食及其他物資的北運，利用的是隋代時所開鑿的運河。當時，運河的走向是從杭州開始，一路經江南運河，在鎮江過長江；再由揚州運河，在淮安北面匯入黃河，逆流而上，到中灤（今河南封丘縣）改由陸運，走一百八十里到淇門（河南省淇縣東南）；然後用船經由御河（今衛河）、白河水道到達通州，再陸運至大都。這條路線水陸並用，中間一百八十里長的陸路，全靠人力、畜力搬運，給這一帶的人民增加了沉重的負擔。尤其是陰雨連綿的天氣，道路充滿泥濘，更是舉步難行。

為解決內河運輸問題，首先在至元二十年（一二八三）挖掘了從濟州（今濟寧）至安山（今東平）的濟州河，濟州以南則可以利用泗水通航。至元二十六年（一二八九），又開鑿了自安山至臨清的會通河，此後江淮漕船可由水陸直達直沽。至元三十年（一二九三）年，又完成了通州至大都間的通惠河。到了這時候，京杭大運河已經全線宣告完成。水利專家郭守敬對這一工程的設計、修建都作出了傑出的貢獻。

為了從杭州直達北京不繞道洛陽，會通河、通惠河這兩段運河，與隋朝的大運河互相連

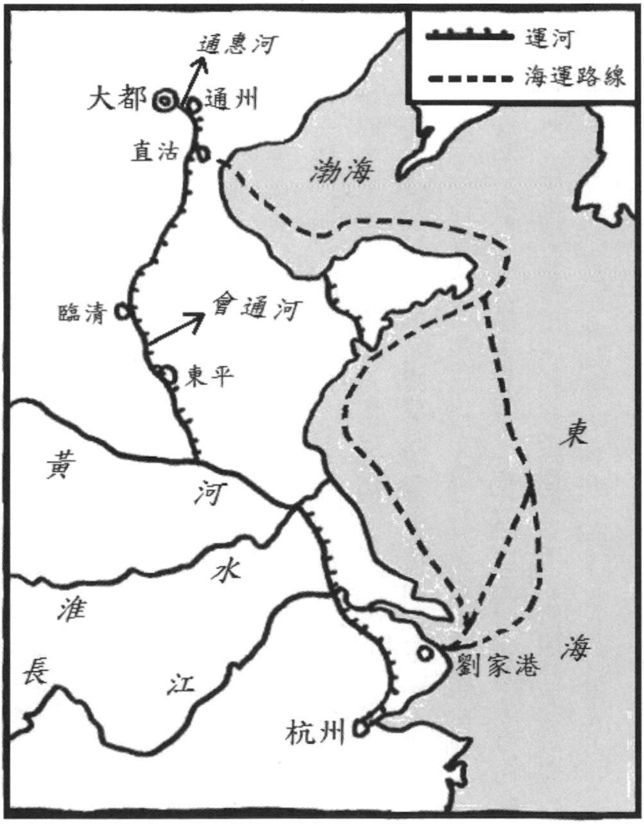

元代海運路線圖。開鑿兩段新運河，一是由東平到臨清的會通河，以及由通州到大都的通惠河。

接，並截彎取直，不再繞道洛陽，改由從杭州直達北京。京杭大運河全長一千七百九十四公里，比南北大運河還要短了九百多公里，連通了海河、黃河、淮河、長江和錢塘江五大流域。京杭大運河的建造，有力地促進了中國古代南北經濟文化的交流，尤其是對「南糧北運」有十足的作用，成為陸地上最重要的南北交通大動脈；也便於商旅往來，富商大賈多是乘船由江南集於京師，南北商品於是得以流通。

【豆知識】

元代的海運路線最早是誰設想的？

海道是元朝在滅亡南宋以後開闢的。最初伯顏平定江南時，曾把南宋庫藏的圖籍，從海道運至京師。到至元十九年（一二八二年），伯顏又請命於朝，造平底海船六十艘，載糧四萬六千餘石，由海道運至京師。元代最主要海運路線有兩條：一條是至元十九年（一二八二）時，由朱清、張瑄開闢的，從劉家港（今江蘇太倉瀏河鎮）起航，北經崇明州入海，歷萬里長灘（今江蘇如東縣東），靠近沿海山嶼北行至成山（今山東半島東端），然後西航入渤海，沿界河（今海河）航行至楊村碼頭（今河北武清縣）。這條航線曲折且迂迴，沿途多有淺沙，曲折危險，航程長達一萬三千三百五十里，航期需要兩個多月。另一條，則是至元三十年（一二九三）由海運千戶殷明略開闢的，從劉家港入海，至三沙、崇明後入黑水洋，在深水中越過東海（今黃海），接著再繞山東半島尖端，最終進入渤海灣。由於此航線路徑筆直，又繞開了沿海的淺灘，所以大大縮短了航行時間，若是順風，則十天可駛完全程。

元朝開闢海道，也主要是為了南糧北運，其由海道運糧的總數最初不過四萬六千石，以後增至一百萬石，最多時達到三百三十餘萬石。此外，海運的費用，要比陸運及河運省很多。所以一直到元代，海運始終不廢止，直到元末順帝初年，每年海運糧食入京之數，還多達二百八十萬石或二百六十萬石左右。最後，因為農民大起義爆發，元朝海運糧食才終告停止。

45「刷馬」是什麼意思？

蒙古族是個富有征戰精神的遊牧民族，馬在社會生活（尤其是在戰爭之中）的意義顯得特別重要，馬是遊牧、狩獵、作戰中的必需品。蒙古族中不管年齡老少都有馬，數量也十分的龐大。據相關的史料記載，蒙古士兵每人平均有二、三騎或者六、七騎，對外出征打仗的時候，士兵可以有數馬輪流騎乘。扎木合與成吉思汗戰爭，雙方動用馬共計二十六部六萬騎。元朝政府對養馬特別重視，在中央設立管理畜牧業的機構太僕寺，來管理全國的十四個牧場。

元代時，民間也為官府養馬。元武宗時期，民間養馬總計在二十一萬匹以上。元朝統治者對馬重視有加，禁止用馬拉車、拉碾和耕地，他們把馬當成最重要的交通工具，從窩闊臺起，統治者一直不斷發布命令，强行在民間收刮馬匹，這種行為叫作「刷馬」，通過這種方式，統治者力圖將民間的馬匹集中到自己手裡。忽必烈統治時期，先後拘刷內地馬匹五次，多次超出十萬之多。

這種大規模徵集馬匹的運動，導致「民間皆畏憚，不敢養馬，延以歲月，民馬已稀」的惡劣局面。另外，大規模的養馬也必須提供大量的草料，造成很多耕地被用來放牧，客觀上破壞了農業生產的發展。

【豆知識】古代蒙古人的交通工具有哪些？

古代蒙古人的交通工具主要有馬、牛、駱駝和車輛。馬主要是用於軍隊的征戰，牛被蒙古人用來作為拉車的動力，牛不用於農業生產的耕種上，只是作為拉車之用，一般是一牛一車，有時搬運較大的帳幕時需要套用三到四頭牛，甚至更多頭，用於拉車的牛多不穿鼻。駱駝則被稱為「旱船」，能夠忍耐饑渴，擔負重物，所以生活在沙漠和乾旱地區的人們，把牠作為重要的交通工具。蒙古人過著遊牧生活，要隨著水草的地點移動居住地點，這樣便需要運送大量的生活輜重，因此車輛在蒙古人們的生活中有著不可替代的作用。

根據《元朝祕史》上的記載，蒙古人的車輛因用途的不同而分成不同的類型，一種是富貴人乘坐的帶帳幔的

體型矮小，但卻擁有強大適應力和耐力的蒙古馬。

車，這種車的樣子形貌，馬可波羅曾有所描述：「一種雙輪的上等轎子車，品質很好，構造精密，上面也用黑氈子覆蓋著。就算是整天下著大雨，車子裡面的人也不會淋濕。」一種車是前部有車夫座位，用來裝運貨物的貨車。另一種車是被當作倉庫來用，有儲存作用的車。

蒙古人不論貴賤貧富皆有車，當遷徙的時候，就能見景象壯觀的車陣，正如一首元詩描述的那樣：「玄車軋軋長轟耳，白帳連連不斷頭」。

46 元朝皇帝出巡的代步工具是什麼？

看過古裝電視劇的人可能會留意到，古代帝王的出行排場非常大，尤其皇帝的代步工具，被稱為「輦」，有時候是人抬的轎，有時候是龐大的車，除了人力牽引，更多的是用馬匹來拉。而元朝的皇帝乘坐的輦則與歷代皇帝有所不同。

蒙古大汗的出行，原來也是乘坐具有蒙古風格的車，但是後來忽必烈即位後，皇帝的出行開始改成了「象輦」。據魏初《青崖集》卷一《觀象詩》記載：「皇帝馬棰開雲南，始得一象來中國。」據《元史》卷七十九《輿服志二·儀仗》記載。西元一二三七年元日進貢了大象。一天，看見大象行步緩慢，步伐闊大而沒有疾跑竄躍的毛病，乘馬可以很快追趕上。加上大象的體積高大，比都城的屋簷還要高，也容易襯托帝王威嚴，於是就開始把大象作為代步工具。至元十七年（一二八〇年）十月開始建造了象輦。

象輦，就是把大木轎子架在四個大象背上，上面插著旌旗和傘蓋，裡面鋪上金絲的坐墊，外面包裹著獅子皮，每隻大象都有一個駕馭者。如果走在比較狹窄的山路上，皇帝則單獨乘坐在一隻大象或者兩隻大象牽引的象車裡。這種乘坐，就被稱為「象轎」或者「象輿」。

也許有人會覺得奇怪，元人建都北方，北方是不產大象的，哪裡來的那麼多馴良的大象以備使用呢？原來，象輦最先使用的大象是來自雲南，後來東南亞各國，如緬國、占城、交趾、真臘以及金齒、大小徹里等處陸續進貢來了馴服的大象。這些小國，大致相當於今天的緬甸、越南、泰國等地。如今的泰國，還有馴服大象作為騎乘的。有些大象則直接運到京城裡馴服。馴服地點就在今天北京的積水潭、什刹海及前後海的南邊。為了裝下大象龐大的塊頭，就把象棚建的非常高大寬敞。如果要乘坐，則有來自這些進貢國家的蕃人駕馭，供驅使。直到一三六〇年，馴養大象的象房才被廢除。

象輦雖然乘坐起來非常舒適，但是安全性能並不比馬車高。當時曾有大臣上書勸告皇帝說，大象的力量太大，如果萬一大象不聽從指揮，皇帝那麼多隨從，恐怕會傷人甚衆。而且之後也確實發生了幾次大象受驚嚇、踩傷侍從的事情。但是為了皇家體面和威嚴，元朝的皇帝一直沒有放棄乘坐象輦。

【豆知識】

什麼是「兩都巡幸」？

元朝建立後，蒙古統治者先後在漠南、漢地之間建立了上都與大都。上都是元朝建立後的第一個都城，位於今內蒙古自治區錫林郭勒盟正藍旗東。上都基本是按照離宮設計的，由宮城、皇城、外城和關廂等部分組成。元朝初年上都是正式首都，大都建成後，上都已成為陪都的性質。馬可波羅曾隨忽必烈在元上都居住長達十七年。

大都位於今天的北京，是元朝建立的第二座都城。忽必烈即位之初的中統四年五月，正式將汗廷所在地開平定為上都。中統五年八月，改燕京（今北京）為中都。元代的兩都制度從此確定。一二八七年，歷時二十年的大都工程全部告成。元朝兩都的設計師都是劉秉忠。

據《經世大典》記載，元朝實行兩都制，大都為首都，上都為夏都。每年夏曆二、三月至八、九月，皇帝及隨行大臣、官員等有半年時間在上都避暑理政，只留中書平章政事、右丞（或左丞）數人居守大都處理庶務。從忽必烈開始直到元順帝，元朝的十一位皇帝中有六位是在元上都登基。兩都巡幸形成定制，直到至正十八年（一三五八年）上都宮廷被農民起義軍燒毀，九十六年間，元代諸帝皆遵循不變。

元朝主要出於兼控中原漢地與蒙古宗親的政治需要，同時也為保持自身的遊牧習俗，加强兩地的政治經濟連繫與文化交流。元朝的兩都巡幸制穩定規範，持續時間之長、規模之大，在歷代王朝中都是難出其右的。

【六】發明引領風騷

47 著名的元代青花瓷，成熟期在什麼時候？

二〇〇五年，一件飾有「鬼谷子下山」圖案的元青花大罐在佳士得拍賣會上亮相，被一收藏家以二點三億元收入囊中，不僅創下了中國瓷器的市場最高價，而且創造了中國藝術品的天價。

青花瓷器是運用鈷料進行繪畫裝飾的釉下彩瓷器。不同的胎釉罩於其上，在相同的燒製溫度約攝氏一千兩百度至一千三百度下，反映出的青花色澤是不一樣的。此外，不同的鈷料，青花呈色不同，而相同的鈷料，若分別在攝氏一千度和一千三百度左右的溫度燒製下，呈色也會不同。中國青花瓷器的燒製歷史可以追溯到唐代，目前出土的少量的宋代青花殘器，胎釉粗糙、色調灰藍，屬於民窯製品，考古學界還沒有發現宋代青花瓷器的窯址。元青

元青花鬼谷子下山圖罐。主體紋飾爲「鬼谷子下山圖」，描述了孫臏之師鬼谷子在齊國使節蘇代再三請求下，答應下山搭救被燕國陷陣的齊國名將孫臏和獨孤陳的故事。

花在中國陶瓷史上是一個重要的里程碑，造型恢弘，花紋鮮麗，燒造工藝完全成熟，尤其是景德鎮青花、釉裡紅瓷器的成功燒造，對後世製瓷業的影響無疑是革命性的，從而決定了明清製瓷業的發展方向，也奠定了此後景德鎮成為中國製瓷業的中心地位。以景德鎮為代表元青花瓷器，製作精美而傳世極少，故而異常珍貴，目前存世的元青花瓷總量大約四百件。根據時間大致分為延祐期、至正期和元末期三個階段，其中又以「至正型」為最佳。

燒製元青花瓷所使用的青料包括國產料和進口料兩種，國產料為高錳低鐵型青料，呈色青藍偏灰黑；進口料為低錳高鐵型青料，呈色青翠濃豔，有鐵鏽斑痕。除這兩種青花呈色外，元青花瓷大致還有如下幾個特徵：曲線、堆塑及紋飾的搭配絕無造作之感；多層紋飾繁而不亂，畫法獨特，一筆到位，流暢有力，無小點筆觸；底足及外牆削足處理的方式是常規的；縮釉、棕眼、底足上的大小星狀鐵鏽斑，火石紅，小顆砂粒幾乎件件都有；胎釉乾透，微汗，有的還有凹凸不平現象。

景德鎮燒製的元青花瓷分為兩大類型，一類是民窯生產的普通日用瓷，其器型小、品質低、價格便宜，可滿足一般普通百姓的生活需求；另一類是「官搭民燒」的貢瓷，器型碩大、紋飾精美、品質極佳、價格昂貴，這是專為宮廷權貴欣賞把玩的高檔瓷器品種，屬於元代貴族的「特貢瓷器」，是皇帝專門用於對權臣、貴戚、將領、宗教頭領以及外交使節進行恩賜與封賞的禮品。

【豆知識】
景德鎮瓷器為何如此受歡迎？

元青花蕭何月下追韓信圖梅瓶。主體紋飾爲「蕭何月下追韓信圖」，描述了楚漢相爭時，漢丞相蕭何在夜中追回出走的韓信，並向劉邦舉薦的故事。

景德鎮，素有「瓷都」之稱，「中華向號瓷之國，瓷業高峰是此都」，位於江西省東北部的昌江河畔，地處贛、浙、皖三省交界，是中國首批二十四座歷史文化名城中唯一一座以生產陶瓷而著稱的古老城市。景德鎮自五代時期開始生產瓷器，重要的成型工序在宋代已初步建立。瓷業內部分工日益細化，普遍採用拉坯、印坯、利坯、修足、蘸釉、蕩釉等技藝製作瓷坯，再採用匣缽仰燒、墊缽覆燒、支圈覆燒等技法進行裝燒。到元代，又發明了瓷石加高嶺土的「二元配方法」及青花釉下彩繪技術。明、清兩代，景德鎮製瓷業進一步發展，「共計一坯之力，過手七十二，方克成器。其中微細節目，尚不能盡也」，製瓷手工技藝體系基本完善，景德鎮手工製瓷業至此達到了歷史的最高峰。千餘年來，景德鎮製瓷業集歷代名窯之大成，匯集各地技藝之精華，形成了獨樹一幟的手工製瓷工藝生產體系，創造了中國陶瓷史上最輝煌燦爛的一段歷史。其瓷器造型優美、品種繁多、裝飾豐富，尤以「白如玉，明如鏡，薄如紙，聲如磬」的獨特風格名聲海內外。青花、玲瓏、粉彩、顏色釉，合稱景德鎮四大傳統名瓷。薄胎瓷人稱神奇珍品，雕塑瓷為中國傳統工藝美術品。

48 元朝宮廷是怎麼掌握時間的？

元朝時還沒有現代鐘錶，宮廷對時間的掌握主要是依靠燈漏。在大都的大明殿中，就陳放著一臺由當時著名的大科學家郭守敬所設計的計時器——七寶燈漏。這臺燈漏高一丈七尺，用金為骨架，分為四層。外面裝飾著珍珠，裡面則是機械。機關隱藏在櫃子中，使用時則「以水激之」。漏中有十二個小木偶人，代表了十二神，各執相屬時牌。每個時辰初刻一到，不同的木偶人就會打開小門，把燈送出。又有一個小木偶人站在門內，常用手指刻數。在燈漏下層的四個角，都分別立著一個小木偶，各自拿著鐘、鼓、鉦、鐃，一刻時即鳴鐘，二刻時敲鼓，三刻時響鉦，四刻時鳴鐃。

後來元順帝本人也親自設計了一臺宮漏，高六、七尺，用木作櫃，將壺隱藏在櫃中，上下運水。櫃子上設置了西方三聖殿，櫃腰豎立玉女，捧著刻籌，如果時間一到，就會浮水而上。而且，左右兩旁站列了兩個金甲神人，一個懸鐘，

元代延祐三年所造的四級式漏刻，由日壺、月壺、星壺和受水壺組成。

一個懸鉦。在夜間，金甲神人自己就能按更而擊鐘或者鉦，時間分毫不差。如果鐘、鉦一旦響起，矗立在兩旁的獅子、鳳凰就會翩翩起舞。櫃子的西、東兩邊有日月宮，宮前有六個飛仙。每到子、午之時，飛仙會自動成雙、渡仙橋到達三聖殿，接著再退回原來的位置。這種宮漏設計得精巧絕倫。

除了以上兩個特別的計時器，在元廷的其他宮中，也有一些小型宮漏。它們除了銅漏以外，還有燈漏、沙漏等，都無比奇巧精美。

除了宮漏，還有專門人根據自然現象來掌判時間。在大明殿上掌管時間的，有擎壺郎二人。在殿外，則有司晨郎二人，也稱為「雞人」或「唱雞人」。其中一人站在左邊的樓上候聽北面的雞叫，另一人站在樓下，隨時準備彙報時辰。從司晨郎報告時間後，也就宣告了當天宮廷活動的開始。元人有詩云：「雞人報效五門開，鹵簿千宮泊虎臺。」、「東樓緋服唱雞人，擊到朱虆第幾聲。」

【豆知識】

古人都用什麼來計算時間？

中國古代常用來計量時間的儀器是日晷和漏刻。日晷是根據太陽的陽光投影來計算時間，但是遇到陰天下雨或者入夜之後，便無法計時。這時候，人們就發明了漏刻來彌補日晷的不足。漏刻的原理是讓水從陶壺裂縫中一滴滴地漏出，且若是流量均勻，則水的流量和時間成正比。水位的變化會帶動尺規刻度，正好可以指示時間。

漏壺一般有兩種形式：一種是壺底開的一個小孔讓水滴漏，觀測壺內的水量減少量來計算時間，稱為泄水型漏壺。還有一種與之相反，是觀測受水壺內的水的增加量來計算時間，叫做受水型漏壺。漏壺中水位的高低來度量時間，箭刻上所刻的就是表示時間的刻度線。漏壺中的水隨著壺中的水不斷滴漏或者增加，刻箭也慢慢下沉或者上浮，下沉或者上升到某一個刻度，就是代表了某一時刻。

中國的漏刻的精確度，一直到十八世紀才被歐洲的機械鐘超越。據考證，東漢以後的漏刻日誤差大多在二十秒以內。現在北京的中國歷史博物館中有一套漏壺，是元朝延佑三年（一三一八年）的文物。北京故宮博物院交泰殿內則有一套三級漏壺，最上面漏壺的水從雕刻精緻的龍口流出，依次流向下壺，箭壺蓋上有個銅人彷彿報著箭杆，箭杆上刻有九十六格，每格為十五分鐘，人們根據銅人手握箭杆處的標誌來報告時間。

49 元代人是如何觀察天文奇景？

西元二〇〇九年七月二十二日，出現五百年難得一見的日全食奇觀，讓成千上萬的人一同享用了這稀有的自然饗宴。在元代，有觀看日全食的精密建築和儀器嗎？你知道嗎，今河南登封告城鎮保存了一座元代觀星臺，臺前有石圭三十六方，組成「量天尺」。這是中國現存最早的天文臺建築。

蒙古族有崇敬上天的習俗，成吉思汗、忽必烈等君主都非常重視天文曆法，大肆網羅天文人才如劉秉忠、王恂、郭守敬等，這為元代天文學的發展創造了必要的條件。至元十六年（一二七九）修建的大都司天臺，位於太史院的辦公之處（今北京建國門外泡子河北），整個建築南北一百丈，東西二十五丈，高七丈，共三層：底層是工作人員的辦公室及儀器設備的儲藏室；中間一層分別在八個方位設有八間房，放置圖書資料、星圖、計時漏壺等物品；最高層是觀測臺，安放有渾天儀、簡儀、仰儀、圭表等儀器。觀測項目包括日月出沒、未命名之星、日食月食、天極位置、彗星流隕、異常天象等。郭守敬認為「曆之本在於測驗，而測驗之器莫先儀錶」，據《元史》記載，大都天文臺上有他設計、製作的儀器達十三件。簡儀是世界上第一臺由高低支架構成的赤道儀，貫穿於高低支架上的儀器轉動軸就是極軸，測量部分可以繞極軸旋轉，現代天體望遠鏡的英國式赤道裝置，就是從這演變而來。仰儀可稱得上是世界上第一臺太陽投影觀測儀，它能將仰觀改為俯視，減少了直視太陽時日光耀眼之苦，而且使觀測者不易疲勞。另一座風格迥異的國家級天文臺位於上都（今內蒙古正藍旗境內），始建於至元八年（一二七一），由回回人札馬剌丁負責創製、觀測工作。那裡安放了七件西域天文儀器，都是中國與阿拉伯天文學交流的證明。

除此之外，元代至少有二十七個天文觀測站，上述的今河南登封測景臺即是其中之一。最北的北海測景點，已達北極圈附近；最南的南海測景點，也到了占城（今越南南方）。這種大規模的實測活動，只有元朝這樣疆域空前擴大，中外交流空前活躍的歷史時期才能夠實現。

【豆知識】

世界上最早的日食記錄是在什麼時候？

日食，又作日蝕，是一種天文現象。當月球繞

至元十三年，郭守敬將傳統渾儀改良製造的簡儀。

地球轉到太陽和地球中間時，太陽、月球、地球三者會正好排成、或接近一條直線。當月球擋住了射到地球上去的太陽光，月球身後的黑影就會正好落到地球上——這樣的天文現象，稱之為日食現象。日食現象發生的地區都是白晝，在地球上月影裡的人們開始看到陽光逐漸減弱，太陽面被月亮的圓黑影遮住，天色漸轉暗，最後全部遮住時，天空中可以看到最亮的恆星和行星。幾分鐘後，從月球黑影邊緣逐漸露出陽光，開始生光、復圓，因此，一次日全食的過程可以分為以下五個時期：初虧、食既、食甚、生光、復圓。由於月球比地球小，只有在月影中的人們才能看到日食。月球把太陽全部擋住時發生日全食，遮住一部分時發生日偏食，遮住太陽中央部分發生日環食。發生日全食的延續時間不超過七分三十一秒，日環食的最長時間是十二分二十四秒。

中國有世界上最早、最完整、最豐富的日食記錄，僅清代以前的史料（不包括甲骨文）就有一千多次日食記錄。最早的記錄，是《尚書》所記載的發生在西元前一九四八年的一次日食，《詩經》中更是詳細記載了發生在西元前七七六年九月六日的日食，「十月之交，朔日辛卯，日有食之。」世界天文學家普遍承認中國古代日食記錄的可信程度最高，為世人留下了珍貴的科學文化遺產。

50 蒙古軍隊的弩砲軍是一種炮兵嗎？

蒙古軍隊所向披靡，橫掃歐亞大陸，除了銳不可當的鐵騎外，他們的弩砲軍也發揮了巨大作用。

普遍而言，「砲」指的是運用機械原理，將具有殺傷力的物體如：大石、長矛投射出的一種冷兵器；而「炮」指的則是利用火藥，使之發射、或讓彈丸燃燒的一種熱兵器。因此，弩砲並不能算是一種「炮」，而弩砲軍自然也非炮兵。

弩砲是古代的一種平射砲，它利用了張力原理，將弩砲箭彈射出去，彈道比較低。它是弩的放大，把一張或數張巨大的弩安裝在床架或者車床上。張開弩弦的話，則需要數人絞動絞盤才能加以拉開，再將弩弦掛在弩機的弩牙上。它發射的弩砲箭，長度和寬度都和普通的長矛一樣大。蒙古軍隊的弩砲，又稱砲弩或者機弩，安放在車床上的稱為車弩。元世祖至元四年（一二六七年），上都李仲製造了一種弩砲，稱為「靴車神鳳弩」，是將弩砲架在有車輪的車床上，可以靈活移動，射程遠達一千多公尺。元代弩砲所用的弩砲箭，有的是用鐵葉做的箭翎，有的是長矛。

蒙古軍在西征期間，弩砲常常用作攻堅。有時候攻打一座城池，便動用三千座弩砲。

一二二一年，托雷率領蒙古軍隊圍攻你沙不兒城（今伊朗東北內沙布林）。托雷在城外部署了發弩機三千座，拋石機三百座，投射火油機三百座。蒙古軍隊人多勢衆，火力猛烈，守軍望風喪膽，請求納貢投降。托雷不允，經過一晝夜的攻打，填平城壕，攻克該城。當時的城牆被打穿了七十個缺口。元世祖至元十一年（一二七一年），元將伯顏率元軍大舉南下侵宋。伯顏的陸軍在行軍和作戰時的陣式，通常都用「鏵車弩」部隊作為前鋒。次年，在與南宋宰相賈似道指揮的舟師的戰鬥中，伯顏在丁家洲部署了鏵車弩、拋石機及弓弩手。開戰時，元軍的戰艦首先衝向宋軍，同時兩岸的元軍也向宋軍發射砲石、弩箭，大敗宋軍。

在元軍攻占南宋臨安以前，元軍中已經擁有弩砲手千戶軍的單位建制。蒙古將領賈德的兒子賈芳就曾經擔任過「樺車弩千戶」。元文宗天曆元年（一三二八年），就已經有一支建制的弩砲軍隊出現。元世祖至元年間後期，元軍中也已經有了弩砲手總管。

在蒙古軍隊的攻城拔寨中，弩砲是僅次於大炮的重要武器，為元的統一立下了赫赫戰功。後來這種弩砲又被裝備在了蒙古軍隊的水師上，從而能夠戰勝擁有水上優勢的宋軍舟師。宋軍舟師水戰優勢的喪失，也是蒙古能較快滅宋的原因之一。隨著元朝後期，火炮的普遍運用，弩砲的使用率和重要性開始下降。

【豆知識】

蒙古鐵騎為何能夠戰勝裝備強於自己的歐洲騎兵？

蒙古軍隊橫掃歐亞大陸，主要依靠的就是無堅不摧的騎兵。在西進過程中，蒙古鐵騎遇上了裝備遠勝自己的歐洲騎兵。無論兵器還是馬匹，蒙古軍隊都處於下風，但是蒙古鐵騎依靠合理的軍事配置和正確的戰略戰術，徹底打垮了歐洲鐵騎，使敵人聞風喪膽。

一、有效率的軍事配置。在蒙古的騎兵中，有百分之四十的是披盔戴甲、手持長槍，備帶彎刀、狼牙棒等兵器的重騎兵。他們負責的是突擊作戰。另外百分之六十，則是負責偵查、掩護和清剿的輕騎兵。他們攜帶弓箭、長槍和彎刀等武器，即便於遠距離作戰，也便於近距離衝殺。蒙古軍隊輕重結合的軍隊建制，既可以大規模地集團作戰，也便於靈活機動地進行小型戰役。所有騎兵一般都是騎馬作戰，但是假如許多馬匹折損，那麼一部分士兵就只好在騎馬部隊的掩護下立於馬後進行射箭。

二、在長期征戰過程中，蒙古騎兵具有良好的作戰素養，並也使統帥形成更好的作戰策略。蒙古騎兵從三、四歲開始就被送入戈壁沙漠中的學校，進行嚴格的騎馬射箭訓練，具有驚人的騎術及作戰能力和作戰紀律。蒙古軍隊的彎刀、長矛以及狼牙棒等兵器，比不上歐洲重裝甲騎兵的長矛和重劍，蒙古的馬匹也遠遠沒有歐洲騎兵的馬高大。但是蒙古統帥能夠化劣勢為優勢，運用集體作戰，充分發揮了蒙古騎兵靈活機動、協同作戰能力強的特點，給擅長一對一近距離作戰、小型戰役的歐洲人以出其不意的打擊。

此外，為了確保和加强騎兵的機動性，每個蒙古騎兵都有一匹或數匹備用馬，在行軍過程或戰鬥進行時都可以隨時用來更換。蒙古軍隊還常常利用冬季大河結冰時發起戰爭。蒙古軍隊靠著部隊的高度機動性，在歐洲消滅了大量裝甲堅固但行動笨拙的歐洲軍隊。

51 元朝攻打南宋時使用的「回回砲」是今天的大炮嗎？

南宋末年，在具有決定性意義的襄陽保衛戰中，蒙古軍隊使用了一種叫做「回回砲」的武器。據當時人記載，這種砲形體巨大，且威力驚人，「聲若崩雷、震地成巨坑」，「中人立斃、中地下陷三四尺」，由於這種可怕的新武器的介入，與襄陽唇齒相依的樊城被攻破。其後不久，襄陽守將呂文德也投降元朝，南宋的防線則變為更脆弱。

那麼這種回回砲是否如某些人所猜測的那樣，是從西歐引進的爆炸型武器，就像今天的大炮一樣，或者說就是一種原始的大炮呢？考察當時有關的歷史記錄，便會發現，如此猜測是有些杜撰之嫌，並不符合當時的歷史情境。

《元史．亦思馬因傳》云：「亦思馬因，回回氏，西域旭烈人也。善造砲，至元八年（西元一二七一年）與阿老瓦丁至京師。十年，從國兵攻襄陽未下，亦思馬因相地勢，置砲于城東南隅，重一百五十斤，機發，聲震天地，所擊無不摧陷，入地七尺。宋安撫呂文煥懼，以城降。」

從這個傳記的情況來看，這個武器所拋出的，是重一百五十斤的巨石。因此仍然屬於拋石機的系統。

拋石機作為「砲」，在中國古代戰爭中使用是很早的，傳說春秋時代越國名臣范蠡發明了一種能連續投石的飛石車用於戰爭。比較明顯的記載，是在西元二〇〇年曹操、袁紹官渡之戰時，曹軍使用了一種車載發石機「霹靂車」攻擊袁紹軍隊的營寨，後來曹魏的機械技術專家馬鈞曾對當時流行的拋石機進行改造，使得其攻擊威力幾乎增強了一倍。

另外中國古代的史書如《資治通鑒》等，記載戰爭場面時往往有「矢石如雨」的記載。在遠離城牆的戰鬥中，這種如雨點般密集落下的石塊，就只能是拋石機發射出來的，作為中國中古以前軍事技術總結的北宋兵書《武經總要》中，就收錄了拋石機的形象插圖。

作為拋石機的「砲」，在中外古代很早就在戰爭中使用，宋（蒙）元襄樊之戰中元軍使用的「回回砲」，是阿老瓦丁、亦思馬因等在早已經有的「砲」的基礎上，改良、改進、創新，而創制出來的更具威力、殺傷力的巨型「拋石機」。而絕不是發射火藥炮彈的「炮」。這種「砲」的威力強大，主要原因之一是在機架上增加了精確的刻度，使得射擊命中率大大提高，往往能擊中敵方的指揮所而有效打擊對方，例如在攻下樊城之後，元軍繼續用這種新式武器攻擊襄陽，如《元史．阿里海牙傳》所載「既破樊，移其攻具以向襄陽。一炮中其譙樓，聲如雷霆，震城中。城中洶洶，諸將多逾城降者」，孤城襄陽在苦守多年之後又受到這種威脅，軍心的動搖竟成了比回回砲更具威脅的武器。

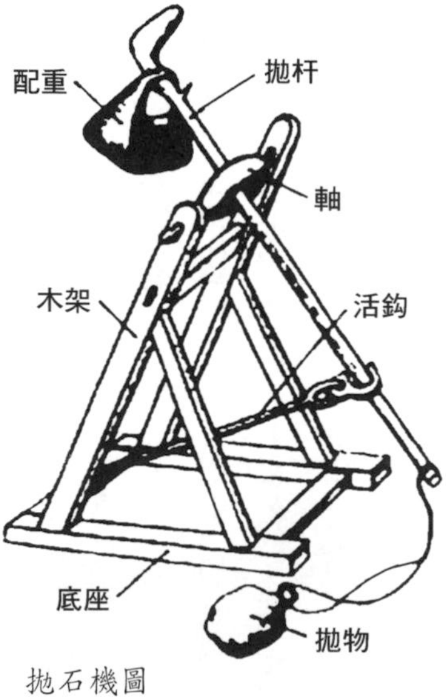

拋石機圖

【豆知識】

佛郎機是什麼武器？

佛郎機是一種真正的近代火炮，其原理是利用火藥爆炸時產生的瞬間壓力，把填充在銅質、或鐵質的管狀炮身中的物體拋射出去。其填充物往往是裝了爆炸物的小火銃，在戰鬥時把這些相當於炮彈的小火銃填入母銃即炮身中，飛出去的小銃也是可以爆炸傷人的。而且，炮身配有準星和照門等瞄準工具，支架也可以調整角度實現俯仰射擊。由此看來，佛郎機已經是一種近現代意義上的火炮，與原來的拋石機有了本質上的區別。

中國人最早見到這種炮是在明代中期，當時葡萄牙人屢屢侵擾中國南部沿海，明朝的守臣和將領們於是在接觸中，也學會了這種鑄造新炮的技術。明世宗嘉靖三年，明朝廷仿製成功第一批三十二門佛朗機，每門重約三百斤，母銃配有四個子銃。到了後來，明廷又陸續仿製出大小型號不同的各式佛朗機，裝備北方及沿海軍隊。

人們又是為什麼把葡萄牙人的大炮叫做「佛郎機」呢？「佛郎機」這個詞本來是土耳其人、阿拉伯人對歐洲人的一種稱呼，因當地人把「法蘭西」這個詞讀成「佛郎機」。而葡萄牙是歐洲最早擴張到東南亞的國家，中國人就把葡萄牙叫做「佛郎機」。後來，西班牙人也接踵而來，人們區別不清楚葡萄牙人和西班牙人，就統統稱為「佛郎機」。由人及炮，葡萄牙人的火炮也被人們稱作「佛郎機」了。

【七】信仰很開放

52 為什麼媽祖在元代為全國所尊奉？

臺灣、福建、廣東一帶普遍信奉的「媽祖」，在古時稱為「天妃」。有關天妃的傳說，最早開始於北宋。

天妃是中國古代影響最大的海上保護神。天妃是官方稱號，在民間俗稱為海神娘娘。原來只是福建的地方性神祇，後來逐漸開始向沿海其他地區傳播。到了元代，天妃開始成為了全國性的崇拜對象，受到了民家和官方的普遍信奉。

當時在天津、蘇州、崑山、台州、興化、杭州、泉州、福州等地出現了許多天妃廟宇，都是在官方的祭祀之列。其他一些地方雖然不在官方的祭祀之列，但是香火也非常旺盛。元代天妃的廟宇，分布廣泛，幾乎遍布在從海南到天津的廣大沿海區域。元朝政府曾多次加封

天妃像

天妃：

至元十五年八月，辛未：「制封泉州神女號護國明著靈惠協正善慶顯濟天妃。」

至元二十五年六月，癸酉：「詔加封南海明著天妃為廣佑明著天妃。」

大德三年二月，壬申，加「泉州海神曰護國庇民明著天妃。」

天曆二年十月，己亥：「加封天妃為護國庇民廣濟福惠明著天妃，賜廟額曰靈慈，遣使致祭。」

至正十四年十月，甲辰，「詔加號海神為輔國護聖庇民廣濟福惠明著天妃」。

此外，元朝政府還舉行天妃祭典禮。海道漕運開始前由地方官員舉行祭祀儀式，祈求海運的平安進行。海道漕運結束後，皇帝派遣官員到各地天妃廟致祭，以答謝天妃的保佑。海道都漕運萬戶府的長官到任後，也要到平江天妃廟舉行儀式。

元代天妃崇拜的興起，其實是與元代海運和漕運的發達密切相關的。由於經濟重心的南移，北方產糧漸少，加上自然災害頻繁。元朝的經濟主要靠江南的糧食。當時每年都有大量的糧食從江南經過海道運抵直沽，再轉運到大都。為了確保海運平安，於是民間地方的神天妃就應運而興起，被普遍尊奉。天妃的廟宇所見，也主要是集中在沿海，尤其海運和漕運道口。元代航海事業發展快速，不但是國內的南北海運，而且在海外交通上也較前代取得了巨大進展。由於在當時的技術條件下，航海是一項極其冒險的事業，在難以抗拒的自然力量面前，人們只能把生存的希望寄託給神祇的保佑。於是作為航海保護神的天妃，當時就迅速地成為航海者的共同崇拜對象。

【豆知識】

隋唐以來，為什麼漕運迅速發展？

漕運就是指漕糧的運輸，利用水道或者海道來運輸糧食。由於歷代王朝多建都在西北或者北方的城市，而附近所生產的糧食無法滿足京城需要，於是就要從其他地方，尤其江南來調運糧食。

隋唐以前，漕運已經存在，但是規模還不大。隋唐以後，漕運迅速發展。這主要是因為隨著江南的開發，江浙等地區已經成為中國農業最為發達的地區，糧食產量位居全國第一。加上北方由於經常受到戰爭和自然災害的影響，糧食生產遠遠無法滿足需要。於是封建統治者就一再修繕水道，開闢海道，從江南運糧。

漕糧的用途，一方面是為了滿足封建統治者和京城百姓的用糧。隋、唐、北宋等朝代，建都都在西北或者中原，元、明、清則建都北方，人口衆多，消費巨大，迫切需要江南糧食的供應。另一方面，是為了供應軍隊的需要。在京城以及北方都會有許多駐軍，如果發生戰爭，駐軍數量更會急劇增加。軍糧也主要依靠江南糧食供應。所以說，漕運可以說是封建統治者的生命線，所以他們要大力發展漕運事業。

53 基督教為何能在元朝迅速發展？

「也里可温」又譯作「也里克温」、「也立喬」，是元朝人對基督教徒和教士的通稱。基督教在唐初已經傳入了中國，當時稱為大秦景教。西元八四五年唐武宗滅佛，所有西來的宗教都被禁止，景教也隨之趨於滅絕。遼金時期，它在中國西北和北方的一些遊牧民族的部落中開始流行。

蒙古幾次大規模的西征，大批西亞、東歐的基督教徒被裹脅或者擄掠到了中國境內為奴，其中有些還充當了官吏、軍將和工匠等。隨著蒙古統一全國，他們也分散到了全國各地，並且居住了下來。據記載，元初僅僅大都地區就有聶斯脫里派教徒三萬多人，設有契丹、汪古大主教區管理，西北地方還有唐兀等大主教區的設置。

羅馬天主教則是一二九四年左右，由教皇派遣東來的聖方濟各會士孟特．戈維諾所傳入。他在大都城中建了兩所教堂，先後洗禮的約有六千人。當時的天主教信奉者，人數達到了三萬人。羅馬教廷在一三〇七年正式任命孟特．戈維諾為大都主教與東方總教主。隨後在泉州也建立了主教區。

元朝的宗教基本政策是兼容並蓄。基督教和佛教、道教、伊斯蘭教一起，可以自由傳教，為皇帝禱告祝壽。元朝政府對待基督教徒同僧、道一樣，都是優免差役，但規定種田要繳租，貿易要繳稅。有的人則依靠元政府給予教徒的種種政治特權，多方逃避賦稅。當時的一些大商人中，就有不少是基督教徒。

仁宗時期，改司為院，省併天下也里可溫掌教司七十二所，可見當時基督教在全國分布之廣泛。在元朝的公文中，也常以也里可溫教與諸色人戶並舉，說明基督教徒已經遍及各地，人數衆多。僅僅鎮江，就有八個道院。任平章政事、領崇福使的愛薛；鎮江府路副達魯花赤馬薛里吉思；御史中丞馬祖常等皆是當時著名的基督教徒。隨著元朝的滅亡，基督教又一度在中國消失。直到明朝後期，才又有關於基督教的記載。

【豆知識】

元代時有哪些主要宗教？

蒙古國建立後，由於地域廣大、人口眾多、族群複雜，信仰也各有不同。為了「因其俗而柔其人」，鞏固和維護統治，元朝除了供養薩滿教外，也允許基督教徒、伊斯蘭教徒和佛教的發展。多種宗教信仰並存，可以說是元代宗教生活的一個重要特點。除了基督教之外，元朝主要信仰的宗教有：

一、薩滿教。薩滿教是蒙古族古老的原始宗教，古代的匈奴、鮮卑、契丹，今天的維吾爾、達斡爾、鄂温克、滿族等北方民族都曾經信奉過薩滿教。在相當長的一個歷史階段，一直是蒙古社會占統治地位的一種宗教信仰，對蒙古社會各方面都有重要的影響。薩滿教長期影響著蒙古民族的經濟、政治、社會思想、哲學、文學藝術和民俗習慣等諸方面。有元一代皇室祭祖、祭太廟、皇帝駕幸上都等，都以薩滿主持祭祀。薩滿教在蒙古統治階級中很有市場，不少蒙古貴族酷信薩滿，貴由汗皇后斡兀立海迷司終日與薩滿共處。蒙哥汗及皇族也崇尚巫覡卜筮之術，「凡行事必謹叩之，殆無虛日，終不自厭也」。

二、佛教。佛教是信奉人數最多的宗教，不但漢族群眾廣為信仰，其他少數民族也多有信仰。其中藏族聚居的地區流行的是藏傳佛教。藏傳佛教中薩迦派的領袖八思巴被忽必烈封為帝師，成為佛教界的最高領袖。之後的帝師，都是由藏傳佛教薩迦派的僧人擔任。元上都的佛寺林立，僅《元史》記載，竟達一百六十七座。

三、道教。道教是中國土生土長的宗教，在元代也有了很大發展。當時道教有全真、太一、大道、正一等派別。進入元代以後，全真教的影響最大，「設教者獨全真家」。後來全真教逐步向南發展。而在南方，以江西龍虎上為基地的正一道歷史悠久，後來也向北方發展。道觀在全國隨處可見。當時號稱「老氏之流，男女三十萬」。

四、伊斯蘭教。伊斯蘭教從唐代開始即在留居中國沿海地區的波斯、阿拉伯商人中流行。蒙元時代，隨著中亞各族人民大批徙居內地，其中一部分是伊斯蘭教徒也分散各地。伊斯蘭教也隨之而傳播到全國各地。其中，蒙古安西王阿南達從小由回回人撫養長大，篤信伊斯蘭教。至元十七年（一二八〇年），他繼承安西王位後，使部下十五萬蒙古軍隊中的大多數人改信伊斯蘭教。據至正八年（一三四八年）中山府的《重建禮拜寺記》的記載：「今近而京城，遠而諸路，其寺萬餘，俱西向以行拜天之禮」，反映了元代伊斯蘭教徒的建寺興教活動遍及全國的事實。

多種宗教信仰並存，也造成了宗教融合、調和思潮的出現。當時儒釋道三教合一之說開始流行，兼信三教者逐漸增加。

54《倚天屠龍記》的明教在歷史中是什麼樣的腳色？

金庸的著名武俠小說《倚天屠龍記》中，明教被認為是魔教而遭致「武林正派」的詰難和圍攻。事實上，小說呈現出來的明教人士是一群錚錚鐵骨、有情有義、敢於擔當的男子漢。令人不禁好奇，歷史上真的有過明教嗎？

明教即摩尼教，因它崇拜光明，所以又稱「明教」。摩尼教是在唐代傳入了中國，「安史之亂」以後傳入回鶻汗國。回鶻因協助平亂有功，因此就成了內地摩尼教的保護神。後來回鶻人西遷，便將摩尼教帶入今吐魯番一帶地區。內地的摩尼教雖遭唐政府禁斷，但並未絕滅，主要在東南沿海一帶的民間流傳。

明教在元代得到政府的承認，但政府並不區分從波斯傳來的明教和聶斯脫里教，而是籠統地派人管理。教徒們對於齋戒持很嚴，晝夜七持誦膜拜。還有一些知識分子學習明教經典。明初，朱元璋曾下旨禁「歪門邪道」時，明教與白蓮教、白雲宗同被禁止。洪武七年公布的明代法律重申了這項禁令。但摩尼教並未因此而絕跡。

【豆知識】

金庸《倚天屠龍記》在說些什麼？

金庸（一九二四年二月六日—），原名查良鏞，當代著名作家、香港「大紫荊勳章」獲得者。金庸是新派武俠小說最傑出的代表作家，被普遍譽為武俠小說史上前無古人後無來者的「絕代宗師」和「泰山北斗」，與黃霑、蔡瀾、倪匡並稱「香港四大才子」。

《倚天屠龍記》，是金庸著於一九六一年，是「射鵰三部曲」系列第三部，現收錄在《金庸作品集》中。該書敘述張無忌之父母張翠山和殷素素，在無意中捲入屠龍刀而起的江湖紛爭，於是與金毛獅王謝遜一同被迫流落至極北大洋中的一個荒島——冰火島，並在那兒生下了張無忌，並叫無忌認謝遜作義父。張無忌過了幾年遠離塵囂、無憂無慮的生活，九歲時隨父母回歸中土，江湖人士為了找謝遜報仇或為搶奪謝遜手上的屠龍寶刀，致使無忌一家三口厄運接踵而至。父母不願說出謝遜下落，雙雙自刎身亡，無忌自己又身受玄冥神掌之傷。張無忌護送峨嵋女俠紀曉芙的女兒楊不悔遠赴崑崙山尋父楊逍，從此才真正踏入了身不由己的江湖。他因禍得福，進入了一個群山環抱的寶地，與海外荒島相似，又是一處世外桃源。張無忌本打算在此安度餘生，不料無意中得到了一部久已失傳的武功祕笈《九陽真經》，抱著打發無聊歲月，成固可喜、辱敗亦無憂的念頭，短短五年中他即練成了這項神功，而體內的寒毒也不知不覺地被驅除殆盡。

二十歲的張無忌重入江湖，既不想成名也沒打算替父母和自己報仇，一心一意只想去海外荒島與義父團聚，但終究身不由己。在西域大漠中身受峨嵋掌門滅絕師太三記重手，以重傷之軀救了明教一群教徒；六大門派圍剿光明頂明教總舵，機緣巧合使張無忌知曉：一切恩怨都是由與明教前任教主陽頂天的夫人有私情的成昆挑撥而起。為了化解這場誤會，他出手協助明教與各派高手相抗，九死一生，情況危急，加之迫於明教上下的盛情而被推上了教主的高位。保護師門，起兵反元，搭救義父，消解恩仇，大事小事公事私事，弄得他精疲力盡。雖然自己身負絕世武功，又有明教的龐大勢力作後盾，張無忌仍是步步荊棘，吃盡了苦頭。

義父謝遜了卻恩仇後，出家少林寺，最後絕了張無忌安享天倫的唯一奢望。等到明教將要打下江山時，張無忌又一次為人所算：曾於少年張無忌有過救命之恩的明教大將朱元璋設下極陰毒的陷阱，使張無忌誤以為徐達等故友背叛自己，意圖篡權，令張無忌心灰意冷，主動辭去了明教教主的職位。自此張無忌對江湖生涯再無半分留戀，便悄然攜妻歸隱了。

55 《射鵰英雄傳》中，武功平平脾氣卻很大的道士丘處機，是真的歷史人物嗎？

金庸先生的《射鵰英雄傳》因意在突出郭靖的英雄形象，對丘處機描摹敘述力度不大，所以，在讀者看來丘處機只是一般化的一個人物，其實不然。丘處機在道教發展史上，具有舉足輕重的地位。丘處機（一一四八—一二二七），字通密，道號長春子，世稱長春真人。山東棲霞人，拜全真教開山祖師王　為師，是全真教「七真」之一。他曾隱居在秦隴間修行達十三年之久，潛心研究道學，並廣交當地士人，一一八二年，丘處機掌管關中教門事，聲名漸漸變大。一一八八年，金世宗應召，丘處機至中都，主持萬春節醮事，並答親王、公主和官民等問道者，為皇帝講解「持盈守成」的天人之理。一一九一年，東還棲霞，建立長春庵，金章宗命名為太虛觀。一二一四年，丘處機招撫起義軍，金宣宗賜予封號。

隨後，蒙古勢力强盛，金、宋不能與之相抗衡，丘處機審時度勢，決定以蒙古國為新的依託，他分別在一二一六年、一二一八年，拒絕金朝、南宋的邀請，於一二一九年，接受蒙古國的詔請西行晉見成吉思汗，為成吉思汗講論長生之道和治國方略。關於長生之道，他主張以「減聲色，省貪欲」為要；治國之方，在於以敬天愛民為本。成吉思汗稱其為神仙，頗加以禮遇。一二二三年，丘處機啓程返回中原，成吉思汗下令免除全真教的徭役雜稅。後來，成吉思汗賜名丘處機居住的燕京天長觀為長春宮，並賜予金虎牌，令其統管天下出家人和道家事務，允許其廣招門徒。一二二七年，丘處機死於燕京。

丘處機掌教期間，使道教勢力臻於極盛，成為各方統治者攏絡的對象。為此，道教中人常將其與王重陽並提。元世祖在位期間，先後加封為「長春演道主教真人」、「長春全德神化明應真君」。丘處機的著作有《大丹直指》、《攝生消息論》、《磻溪集》等，他修道主張斷絕情念，清靜無為。其弟子李志常有《長春真人西遊記》，記載了丘處機西行晉見成吉思汗途中的見聞，對於研究中亞和蒙古歷史都具有重要的參考價值。

【豆知識】

全真教是怎樣的一個教派？

全真教，又稱全真道或全真派，是道教教派，因言「屏去幻妄，獨全其真」，故名「全真」，創始人為王喆，其弟子有馬鈺、譚處端、劉處玄、丘處機、王處一、郝大通、孫不二。全真道門並稱王喆與馬、譚、劉、邱、王、郝為「全真七子」。全真教以《道德經》、《般若波羅蜜多心經》、《孝經》為主要經典，主張儒、釋、道兼修合一。與舊道派不同之處在

今位於西安的全眞教道觀

於，它不追求肉體的不死，而是追求真性的練就，提倡「清靜無為」、「除情去欲」、「柔弱為本」。並規定全真道士必須出家，奉行禁欲主義，道徒住宿條件簡樸，要節食、少睡、戒色，有森嚴的教規和清規戒律。

宋元時期，全真教開始創立，期間經歷了王喆、馬鈺、譚處端、劉處玄、丘處機、尹志平、李志常、王志坦、祁志誠、張志仙、苗道一、孫德彧、蘭道元、孫履道、完顏德明等相繼掌教，掌教門人丘處機與元朝採取合作態度，全真教發展達到最輝煌的時期。明、清兩代，全真教逐漸走向衰落。現存和全真教有關的著名道觀有：北京的白雲觀、武昌的長春觀、昆崳山的煙霞洞、山西芮城的永樂宮。

56 「石人一隻眼，挑動黃河天下反」反映了什麼歷史背景？

元代末年，社會黑暗腐敗，危機四伏。正如小令《醉太平》所描述的那樣：「堂堂大元，奸佞專權。開河變鈔禍根源，惹紅軍萬千。官法濫，刑法重，黎明怨。人吃人，鈔買鈔，何曾見？賊做官，官做賊，混愚賢。哀哉可憐！」這首小令可謂是對元代末期社會的真實寫照。「開河」指的是元順帝十一年，徵用民工修整黃河故道，監察官吏卻借機中飽私囊，導致「死者枕藉於道，哀苦之聲聞於天」；「變鈔」指的是元朝政府改變幣值，試圖緩解經濟危機，卻導致了通貨膨脹，老百姓怨聲載道；「惹紅軍千萬」指的是元朝末年的紅巾軍起義。「石人一隻眼，挑動黃河天下反」所反映的社會現實，就是元末由白蓮教徒發動的農民起義。整頓黃河故道為「挑動黃河天下反」的直接導火線。

韓山童是元朝末年河南、江淮地區的白蓮教首領。元朝末年的整修黃河為韓山童發難起義提供了時機，他派人事先鑿刻、製作石人，面上只開一隻眼，背上刻「石人一眼，天下四反」，埋在今安徽界首等地，並散布民謠「石人一隻眼，挑動黃河天下反」。等民工們挖出一隻眼的石人，再加上開河工程已經開始，兩者一起出現應和了民謠。於是，韓山童和劉福通等人在白鹿莊（今安徽阜陽）聚眾三千人，殺黑牛白馬，宣誓天地，起義軍頭裹紅巾，號稱紅巾軍。

正當他們宣布起義之時，遭到了地方官兵的鎮壓，韓山童被捕身亡，劉福通等人殺出重圍，率起義軍很快占領今天的安徽阜陽，起義正式爆發。韓山童、劉福通的首難起義，得到了整個江淮、江漢流域的白蓮教徒的廣泛回應，各地先後揭竿而起。芝麻李領導的紅巾軍占領徐州及其周邊地區；徐壽輝、彭瑩玉的起義軍攻克蘄水，徐壽輝稱皇帝，以蘄水為都城，建國號「宋」。隨後，起義軍相繼攻下武昌、江陵、長江中下游等地；郭子興在濠州領兵起義，迅速占領濠州。朱元璋加入濠州紅巾軍，在郭子興死後，成為起義軍的首領。朱元璋後來者居上，先後掃平各路起義軍，一三六八年在南京稱帝，建立明朝，之後派軍北伐，攻下元大都，元朝最後滅亡。官逼民反是中國封建社會的普遍現象，「石人一隻眼，挑動黃河天下反」的元末農民起義再次彰顯了「以民為本」格言的永恆生命力。

【豆知識】

白蓮教是佛教的分支嗎？

白蓮教屬於佛教異端，南宋僧人茅子元在高宗建炎年間創立。它是一種結合了佛教彌陀淨土宗和摩尼教相關教義而形成的民間宗教。佛教主張一切皆苦，世人只有生前修行成佛，死後才能不下地獄，而修行又苦又難，很難成功。彌陀淨土宗給世人提供了一個容易修成正果的簡便方法，它認為世人只要常念「阿彌陀佛」名號，死後阿彌陀佛便會將其「接引」到一個美好的世界，免除下地獄之苦。

白蓮教創立之初，便吸收了這樣的理念，加上白蓮教生徒可以不出家，在家修行，可以娶妻生子，所以它很快在社會上傳播開來。白蓮教富有組織性，它有教主、健全的教規、自己的成文經典。摩尼教為波斯人摩尼所創，在其教義中有「明暗二宗」之說，它認為光明最終會戰勝黑暗，將人們引向一個大明安樂的天國。元代的白蓮教融合了「彌勒下生，解救眾生」的觀念和摩尼教的「明暗二宗」說，分布於全國各地，信徒眾多。在元代末年，社會黑暗，民不聊生，韓山童等人就藉機宣稱「彌勒佛降生，明王出世」，利用白蓮教組織和發動了元末農民大起義。

57 白蓮教是如何興起和衰落的？

白蓮教是北宋至近代流傳的民間宗教。淵源於佛教的淨土宗，相傳淨土宗始祖東晉和尚慧遠（生於三三四年）在廬山東林寺與劉遺民等結白蓮社共同念佛，後世信徒皆以之為楷模。北宋時淨土念佛結社盛行，多稱白蓮社或蓮社，主持者既有僧侶之外，也有在家信徒。南宋紹興年間（一一三一—一一六二年），吳郡崑山（今江蘇崑山）僧人茅子元（法名慈照）在流行的淨土結社的基礎上創建新教門，稱白蓮宗。到了元代，該教滲入了其他宗教觀念，主要是彌勒下生說，逐漸轉為崇奉彌勒佛，改稱白蓮教。元、明、清三代在民間流行，農民軍往往藉白蓮教的名義起義。

元朝統一中國後，白蓮教受到朝廷承認，進入短暫的全盛時期，廬山東林寺和澱山湖白蓮堂是當時白蓮教的兩個中心。白蓮教以「普化在家清信之士」為號召，形成一大批有家室的職業教徒，稱白蓮道人。因為他們「在家出家」，不剃髮，不穿僧衣，又被稱為不剃染道人或有髮僧。元代由白蓮道人組成的堂庵遍布南北各地，聚徒多者千百，少者數十，規模堪與佛寺道觀相比。白蓮教的堂庵中供奉阿彌陀佛、觀音、大勢至（合稱彌陀三聖）等佛像，上為皇家祝福祈壽，下為地方主辦佛事，也有一些修路築橋之類的善舉。堂庵大多擁有田地資產，主持者往往父死子繼，世代相傳，因此堂庵的財產實際上是主持者世傳的家產。

在元代，由於教內各階層人群所處的地位不同，追求目標也就發生了明顯的分歧。一派以茅子元正宗流裔自居，在宗教學說及其實踐上，繼承茅子元的衣鉢，政治上和元統治者合作；另一派則完全背叛茅子元倡教宗旨，與下層民衆運動相契合，走上了反抗元政權的道路。元順帝至正十一年（一三五一），元朝政府强徵民夫堵塞黃河失口，引發了全國規模的白蓮教大起義。起義軍以「彌勒下生，明王出世」相號召，受到不堪元朝統治的廣大民衆的積極回應，迅速席捲全國。至正二十八年八月，明軍攻入大都（今北京）推翻了元王朝。朱元璋深知白蓮教造反的意義，在自詡「大明王」登基稱帝之後，立即頒布取締白蓮教的禁令，白蓮教從此勢落。白蓮教的經卷繁多，主要有《金鎖洪陽大策》、《玄娘聖母經》、《鎮國定世三陽曆》、《彌勒頌》和《應劫經》等。

【豆知識】

元末的明教和後來的明朝有什麼關係？

明教原稱摩尼教，是波斯人摩尼所創，唐延載元年（六九四）傳入中國，因其崇拜光明，所以又稱明教。明教本來只是少數學者所注意的一個古代外來宗教，這個宗教如今也已湮滅。然而，自上世紀七十年代，武俠小說大師金庸把其引入《倚天屠龍記》，作為這部風靡中國海峽兩岸和東南亞的小說的主角後，明教這個默默無聞的教派便引起了千萬讀者的無比興趣，成為他們茶餘飯後的話題。金庸在書的最末一章終結全書的故事時，寫道：「自此中原英雄傾心歸附明教，張無忌號令到處，無不凜遵。明教數百年來，一直為人所不齒，被目為妖魔淫邪，經此一番天翻地覆的大變，竟成為中原群雄之首，克成大漢子孫中興的大業。其後朱元璋雖起異心，迭施奸謀而登帝位，但助他打下江山的都是明教中人，是以國號不得不稱一個『明』字。明朝自洪武元年戊申至崇禎十七年甲申，二百七十七年的天下，均從明教而來。」

明教崇拜的摩尼光佛

此間，張無忌是小說《倚天屠龍記》中男主角，而朱元璋則是確有其人的歷史人物。小說中把朱元璋一夥說成是明教徒，言其江山是明教中人打下的，故其國號不得不稱一個「明」字。金庸的這一說法，當源自著名的歷史學家吳晗。吳晗在一九四一年發表過一篇很出名的文章《明教與大明帝國》，其中就認為明朝與明教有著密切的關係。但從近年學者的研究結果看來，與其說朱元璋一夥是明教徒，不如說他與白蓮教等其他祕密教派更有密切關係。較為折衷的觀點是：宗教的教義禮儀都是互相滲透，互相吸收的，而民間宗教更是如此。

明教對於那些受到壓迫和剝削的人具有很大的號召力，因為明教主張迎接明王出世，改變現狀，相信不久以後人們會過上好日子。元朝末年，明教正是利用這一點在廣大窮困農民間進行傳教，準備武裝起義。至正十一年（一三五一），元朝徵發農民十五萬人修黃河。韓山童派人預先在河道中埋下一隻眼的石人，上面刻有「石人一隻眼，挑動黃河天下反」字樣。石人挖出後，人心不穩。韓山童認為時機成熟，聯繫劉福通等人準備起事，推舉韓山童為明王。事情洩露，韓山童被殺，其妻楊氏帶著兒子韓林兒逃脱。劉福通力戰突圍，後攻取潁州等地。

各地聞風而動，接連起義，掀起了元末農民起義的高潮。劉福通擁立韓林兒為小明王，建立龍鳳政權。朱元璋所在的郭子興部，在郭子興死後其子郭天敘受劉福通節制，所以朱元璋其實是小明王的部將。後來朱元璋勢力强大，命廖永忠迎小明王到自己的軍中，途中小明王在坐船時落水，就這樣不明不白地死掉了。

朱元璋定國號為「大明」，是承繼小明王而來，「國號大明，承林兒小明號也」，據説這是劉基的主意。朱元璋手下的將領，大都是明教的教徒，因此朱元璋定國號為大明自然順理成章，而且這樣還意味著朱元璋就是明王降世，其他人都不具有合法性，社會上再也不應出現其他的明王了，這也有助於穩定人心。另外，明字代表著光明，分開是日、月二字，是十分吉祥的詞彙，代表了大明王朝的神聖。值得注意的是，在朱元璋登基之後不久，為防止祕密教會危害自己的統治，他下旨禁止一切邪教，包括白蓮教、彌勒教、明教等。但如果說朱元璋便是明教徒，大明帝國是明教徒打出來的，明朝國號源自明教——則尚缺乏足夠的證據，多為望文生義之說。

58 「回回」一詞跟回教、回族有關嗎？

「回回」這一名詞早在北宋時期就已經出現，當時指的是西北地方的回鶻人和中亞突厥人，也用於伊斯蘭教教徒穆斯林的稱呼。從元代開始，「回回」一詞被用來專指信奉伊斯蘭教的中國西北地方和中西亞的人。元朝境內，回回人的來源主要有三類：一類是蒙古王國三次西征所俘獲的中亞、波斯、阿拉伯等地的工匠和平民；二類是被蒙古人強徵來用作滅夏、金、宋先鋒的回回軍人；三類是來中國做生意而僑居中國的回回商人。回回人多能工巧匠，他們多被元朝政府編入工局，從事手工業生產，像他們生產的「納失失」（波斯語音譯，指織金錦緞），是縫製蒙古貴族衣服的主要原料。回回商人活躍於東西方「絲綢之路」上，元朝的大一統和政府對商人的優惠政策，方便了貿易的往來，使來中國做生意定居的回回商人愈來愈多。

元代回回屬於色目人的一種，在經濟、政治上具有很高的地位，僅次於蒙古人，許多回回人在元朝政府裡擔任高官。元代是中華大家庭多民族形成的重要時期，回回人對多民族文化的交流融合做出了很大貢獻，他們帶來了伊斯蘭教地區的天文曆法、醫學衛生、紡織建築、軍事音樂等方面的科學文化知識。元朝政府特立回回司天臺，回回曆也是元朝通行的曆法之一，回回的醫術和藥物常有奇效，被稱為「西域奇術」。元代設立回回砲手軍匠萬戶府製造回回砲，也有設立專管回回樂的機關；回回人長期居住在中國，接觸漢族文化，他們學習漢語，讀儒家經典，效仿漢族人取名字，受漢文化影響愈來愈深。之後，他們中間陸續出現了許多的學者、作家和藝術家，像薩都剌、高克恭、丁鶴年等。回回人和中原地區的人們雜居在一起，逐漸融合，但他們依舊世代保持著伊斯蘭教的宗教習俗，和其他民族有相當區別，中國的回族就是在這個時期開始形成。

【豆知識】

伊斯蘭教在元代是如何傳播的？

早在唐代，伊斯蘭教即在中國的東南沿海一代流行。元朝西征的過程中，伊斯蘭教徒大批遷入漢地，伊斯蘭教徒被稱為木速魯蠻或木速蠻。在元代，伊斯蘭教主要在回回人中間流行，漢文的歷史書籍則常常稱他們為回回人。

伊斯蘭教對於回回民族的形成，有如像粘合劑一般的作用，不同來歷的回回人因為同一的宗教信仰，增強了彼此的認同感。回回民族的許多生活方式、禮儀也受了伊斯蘭教經典《古蘭經》的影響。宗教信仰上，元朝政府實行比較寬鬆的政策，允許伊斯蘭教自由發展，在中央設立回回哈的司，領頭叫大師，在地方也設立各地的回回大師，這些大師們掌管本教的宗教事務，主持各種典禮儀式。伊斯蘭教也有自己的法規，成為伊斯蘭教法。回回人進入中原生活之後，和中原地區的人們通婚，中原婦女若是嫁給回回族人，則要改信伊斯蘭教。元代的貴族成員有些也信仰伊斯蘭教。

清真寺是回回人進行宗教活動的場所，在元代以前，清真寺主要分布在中國的東南沿海地區，元代建立後，清真寺在北方紛紛興起，根據現在的河北定縣在元代至正八年《重建禮拜記》中的記載：「今近而京城，遠而諸路，其寺萬餘，俱西向以行拜天之禮。」元朝的大都、杭州、揚州、泉州、開封，以及內蒙等地，都有清真寺的建立，這種現象反映了元代伊斯蘭教和清真寺在全國的蓬勃發展。

59 藏傳佛教為什麼有黃教和紅教之分？

藏傳佛教是一個十分複雜的綜合體系，內部各派都有相當長時間的傳承和源流。常見的教派名稱有寧瑪派、噶當派、薩迦派、噶舉派、格魯派等。其中格魯派也就是我們今天所稱的黃教，是以噶當派為基礎，再經過改革而成立的；寧瑪派又稱「紅教」，因為其僧人頭戴的僧帽為紅色。這些教派的形成從十一世紀中葉開始，到十五世紀初基本上才算是完成——這個延續了三百多年的過程中，有一大半時間是在蒙古人統治原吐蕃地區時度過的。

紅教（即寧瑪派）是藏區佛教中最古老的一個教派。「寧瑪」的藏語意就是「古」或者「舊的」，這個教派據說創始人是八世紀的蓮花生大師，傳習的主要是西藏佛教前弘期的密教教法。開始時他們並沒有獨立的寺廟，一直到十一世紀各地紛紛建立教派時，這派僧人才在素爾波切·釋迦生等人的推動宣導下，建立了一批寺廟，追認蓮花生作為本派祖師，傳習祕咒，修習伏藏，開展一些活動。然而，他們當時仍無自己的名稱，後來其他教派見其仍遵循舊密咒，就稱之為「寧瑪」。該派僧人重密教輕顯教，組織相對渙散，廣泛分布於各地，自有傳授系統，內容也有差別。該派到十六、十七世紀才出現了幾座比較大的寺廟，但是在歐洲比利時、希臘、法國部分地區也均有傳播。

格魯派（即黃教）是在原噶當派的基礎上成立的，噶當派以阿底峽大師為其奠基人，實際創建者是阿底峽的弟子仲敦巴（一〇〇五—一〇六四），以熱振寺為根本道場，在後來形成教典、教授、教誡三派。十五世紀初，宗教改革

藏傳佛教格魯派哲蚌寺

大師宗喀巴（一四一七—一四七八）提倡改革，為別於舊教，乃將衣帽染黃，即一般所稱之黃教，又稱格魯派或「新噶當派」，原來屬於噶當派的寺院都併入格魯派，兩派也自然合併。宗喀巴針對當時戒律鬆弛的狀態有所見解，如一些教派僧侶與地方土豪勾結，並仗勢橫行欺壓民衆。他主張尊經重教，嚴守戒律，同時廣泛吸取各派教法的長處，將顯密二教的教義加以整理，强調顯密兼修和先顯後密的修行程式。格魯派的幾大道場在現代都是僧侶衆多的著名寺院，如哲蚌寺、甘丹寺、色拉寺、扎什倫布寺等，青海的塔爾寺和甘肅的拉卜楞寺也是格魯派的寺院。

格魯派中為人熟知的是「轉世活佛制度」，「活佛」是漢地的說法，藏語中這個詞為「朱畢古」，意為「轉世者」或「化身」。明世宗嘉靖年間，轉世靈童制度在哲蚌寺正式成為制度固定下來，後由宗喀巴的兩大弟子根敦珠巴、克主的後世傳承者分別演變而成的達賴、班禪兩大系統，世世有轉世靈童，並且逐漸介入政治——就更為漢地民衆所熟知了。

【豆知識】

達賴和班禪的傳承系統是如何建立起來的？

達賴和班禪作為藏傳佛教的兩大領袖，都各有自己的一套代代相傳的世系。如此系統地傳承，讓人誤以為是從一開始就有明確的傳承辦法，但實際上卻不是這樣。

達賴和班禪的稱號都來自於後世帝王的封賜，而他們的起源始祖都和上文所說的格魯派創始人宗喀巴大師有關。明萬曆六年（一五七八），哲蚌寺主鎖南嘉措被蒙古土默特部俺答汗晉封為「聖識一切瓦齊爾達喇達賴喇嘛」，成為達賴三世，由此向前追認追溯，根敦珠巴即為達賴一世，根敦嘉措為達賴二世，而根敦珠巴正是宗喀巴大師的弟子。類似地，清順治二年（一六四五），扎什倫布寺寺主羅桑卻吉堅贊被蒙古和碩特部顧實汗贈以「班禪博克多」稱號，卻吉堅贊為班禪四世，由此向前追認，克主・格雷貝桑為班禪一世，而這位克主也是宗喀巴的弟子。

最早開始封贈這兩個稱號的，是蒙古各部的可汗，而達賴、班禪的稱號真正為漢地人所熟知，要等到清朝的順治帝和康熙帝分別對達賴五世、班禪五世進行封贈之後。順治十年（一六五三），五世達賴阿旺・羅桑嘉措受順治帝冊封為「西天大善自在佛所領天下釋教普通瓦赤喇怛喇達賴喇嘛」，成為藏蒙地區佛教各派的總首領。康熙五十二年（一七一三），康熙帝又冊封班禪五世羅桑益希為「班禪額爾德尼」，從此達賴與班禪成為並立的兩大活佛轉世系統。格魯派也在清政府的扶持下成為西藏地方的實際執政教派，其教義逐漸傳播到青海、甘肅、蒙古等地，和漢地民眾接觸，並且熟悉起來。達賴五世時所擴建的布達拉宮，作為歷代喇嘛的駐地更是聞名於中外。

【八】生活大小事

60 為什麼蒙古人特別懼怕雷電？

打雷和閃電，自古以來讓不少民族產生了懼怕的心理。但是北方遊牧的蒙古民族則尤其懼怕雷電。他們把打雷和閃電看作是上天發怒、展示天威。甚至在行軍的時候，如果遇上了雷電，將嚇得不得不中斷行動，稱之為「天叫」。如果是在野地裡遇上了雷電，就捂著耳朵，屈身貼地，來躲避雷電。而如果在帳幕中雷響大作，他們會將陌生人驅趕出帳外，自己就躲避在帳內，直到雷聲停息。

蒙古人對雷電感到特別恐懼是有一定原因的，因為雷電經常能擊死牛羊等牲畜。尤其是在乾燥的草原上，雷電引發的火災，成為經常遇見、又難以避免的天然災害。為了防止得罪上天，使得天威震怒，蒙古人夏天的時候，都不在河裡洗澡，也不浣衣，不造氈子，不採野

蕈。春夏兩季人們也不在白天於河中洗手、入水，或者用金銀等器皿打水，也不在原野上晾曬洗過的衣服。他們認為這些行為舉動都將招來雷鳴和閃電。

如果有人不守規矩，觸犯了禁忌，在河中洗衣服和帳外晾曬，就會受到鞭打和驅逐。甚至他們還認為，如果把馬奶潑灑在地上，閃電就很可能會打在牲畜，尤其是馬的身上。如果灑了酒，則會打在馬身上或是人家裡。因此，蒙古人禁止把奶、飲料或者食物潑灑、傾倒在地上。遭受雷擊的牲畜和幕帳，都必須丟棄不用。如果有人遭受雷擊，家人或同族的人就要從該地遷走，並且三年不得進入大汗的斡耳朵（蒙古語，意為宮帳或宮殿）。

【豆知識】

雷電該如何預防？

當下雨天時，打雷閃電大作，雲與大地之間產生了雷電釋放，雷電的巨大能量從雲中傳到地面，會對人的活動造成許多影響。甚至有可能傷害人體，如：直接雷擊、接觸電壓、旁側閃擊和跨步電壓等。直接雷擊是閃電直接襲擊到人體，從而中電受傷或者死亡。接觸高壓是指當雷電電流通過建築物、樹木、金屬構築物等傳導下來時，人一旦不小心觸摸到這些物體，就會發生觸電事故。旁側閃擊是指由於人體的電阻很小，雷電電流若經過人體通導，將使人遭受電擊。跨步電壓是指當雷電從雲中釋放到大地，會產生一個電位場。人的兩腳站的地點電位不同，這種電位差在人的兩腳間就產生電壓，也就有電流通過人的下肢。並且，若兩腿之間的距離愈大，跨步電壓也就愈大。

在雷電發生時，我們應儘量不要到室外活動，大多數雷擊死亡的事故都發生在戶外。如果是躲避不及，在室外遇到雷雨天氣，可以採取以下幾種防護措施。

第一、在室外請不要靠近鐵塔、煙囪、電線杆等高大物體，更不要躲在大樹下或者到孤立的棚子和小屋裡避雨。這是為了減少、避免受到接觸電壓和旁側閃擊或跨步電壓的傷害。

第二、當雷電發生時，如果在室外無處可躲藏，可以躲在與避雷裝置頂成四十五度夾角的圓錐範圍內，這是一個避雷針安全保護的區域，但不要靠近這些建築物或構築物。在荒郊野外時，不要站在高處，不要在開闊地區騎車和騎馬奔跑，也不要撐著雨傘，拿著鐵鍬和鋤頭等金屬物品。要尋找地勢低的地方，站在乾燥的、有絕緣功能的物體上，蹲下且兩腳併攏，使兩腿之間不會產生電位差。

第三、不要接觸任何金屬的東西，像電線、鋼管、鐵軌等導電的物體。身上最好也不要有金屬物件。不要幾個人走在一起或牽著手跑，彼此之間要保持一定的距離。不要到江河湖泊等水面附近活動。因為水體的導電性良好，有人統計過，人在水中與水邊被雷電擊死、擊傷事故發生的機率特別高。

第四、若在室內發生雷雨時，在房間內一定要關閉好門窗，儘量遠離門窗、陽臺和外牆壁。不要靠近，更不要觸摸任何金屬管線，如水管、暖氣管、煤氣等。同時，雷雨時不要洗澡，尤其是不要使用太陽能熱水器。不要使用任何家用電器，拔掉所有電源。

61 元代的蒙古人流行哪種髮型和服飾？

受蒙古高原沙漠綠地、寒冷氣候和遊牧狩獵等生活環境的影響，元代蒙古族人的服飾、容貌審美與其他民族有一定的區別。據當時的傳教士記載，蒙古男性兩眼、兩顴骨之間較寬，眼小腰細，鬍子不留長；婦女則是驚人的肥胖，鼻子愈小則被視為愈美麗。

留三搭頭，戴棲鷹冠是元代男子的主要髮型和冠飾。蒙古民族認為，人的腦袋是智慧之源，因此至高無上，而對髮型、冠飾極為講究。據《蒙古祕史》記載，乞顏氏的祖靈神是白海青，所以他們的髮型和冠飾可能以海東青為式，以示對圖騰的崇敬。男性髮型極具特色，各種文獻的記載也就很多。《蒙韃備錄》說上至成吉思汗，下至普通百姓，都是剃婆焦，類

元代蒙古貴族男女服飾圖

似中國小孩子留三搭頭。更具體地說，首先剃去頭頂上的髮，之後將顱前髮剪短，自然垂於額前，形似劉海。至於兩邊頭髮，則成辮結環，懸垂於兩肩。關於帽笠，成年男子戴尖頂或圓頂棲鷹冠，若是貴族的冠飾還要講究質地，夏天用上等錦緞，冬天用狐、貂皮製作，並配以金玉頂珠。貴婦人則戴顧姑冠（又稱罟罟冠），這是一種以樹皮或類似的材料搭建成一個高高的空圓柱形架，外面再用貴重的絲織物包裝。在圓柱形架頂端的中央插束一尺多高的羽毛或細長的棒，並鑲滿了寶石。

長袍是蒙古人最常穿的衣服，依據氣候、經濟能力，分別選用粗麻布、天鵝絨或織錦等製成。這種長袍從上端到底部都是開襟的，在胸部折疊起來；左邊扣一個釦子，右邊扣三個釦子，在左邊開口直至腰部。與長袍一同配備的是繫腰，這也象徵著權威。普通牧民用羊牛皮做腰帶，富有階層則用金銀繫腰。

為了適應狩獵遊牧生活，蒙古人多是穿皮靴和氈靴，樣式有翹尖靴子和尖頭靴子，其結構由靴幼、靴幫、夾條和靴底組成，到後來種類已發展為鵝頂靴、鴿嘴靴、雲頭靴、翁靴、高麗式靴等。他們還講究的是，穿在靴子裡的高筒襪子，在冬季穿氈襪子和皮襪子，其他季節則穿棉襪子或布襪子，並在襪子的上邊鑲有美麗圖案的靴邊兒。

【豆知識】

南宋人眼中的蒙古是什麼樣子？

在蒙古和南宋正式交兵以前，南宋政府曾多次派使臣北上蒙古，主要是瞭解對方的政治軍事和內政情況，為以後的外交政策提供依據，這些使臣在出使記錄中也對當時的蒙古人社會、生活及風俗等內容有所描述，以下是記錄「南宋人眼中的蒙古」幾種主要的書籍：

《蒙韃備錄》：南宋趙珙撰。此書原題「宋孟珙撰」，但後人發現有誤，王國維《蒙韃備錄箋證》已辨正。宋寧宗嘉定十四年（一二二一），趙珙奉其上司賈涉之命，往河北蒙古軍前議事，到了燕京，看見總領蒙古大軍攻金的木華黎國王。他將自己出使期間的見聞著錄成書。全書分立國、韃主始起、國號年號、太子諸王、諸將功臣、任相、軍政、馬政、糧食、征伐、官制、風俗、軍裝器械、奉使、祭祀、婦女、燕聚舞樂共十七目，為研究當時蒙古國和幽燕一帶的歷史提供了許多有價值的史料。

《黑韃事略》：南宋彭大雅撰寫，並由同代人徐霆作疏的一部關於蒙古的見聞錄。宋人稱蒙古為黑韃靼，以別於漠南的白韃靼（即汪古部），故名。彭、徐兩人分別在一二三二年和一二三五至一二三六年間隨奉使前往蒙古。彭大雅是書狀官，先寫下了書稿，徐霆隨使歸來將自己的見聞記錄與彭大雅書稿互相參照，以彭稿為定本，把自己的不同記載作為疏（注釋）寫在各個有關事項之下，於是將資料結合成該書。《黑韃事略》內容豐富，介紹了蒙古國的主要人物、地理氣候、放牧和圍獵的方式、語言文字、曆法、筮占、官制和習慣法、風俗習慣、差發賦稅、貿易賈販、軍隊、武器、作戰方法、行軍陣勢，以及所屬各投下狀況、被征服各國的名稱。其中有些部分，記載得特別詳細，有很高的史料價值。是研究十三世紀前半期蒙古史的珍貴資料。現存最早的版本為嘉靖二十一年（一五四二）抄宋刻本，通行諸本中則以王國維一九二五年的箋證本為佳。

62 元代時，只透過帽子就能區分蒙古女子已婚未婚？

從現代的流傳下來的許多詩文或者圖畫中，我們可以發現許多蒙古族女子都頭頂一種圓筒型的帽子，上面有各種各樣的裝飾。這種帽子就叫做罟罟冠。蒙古的貴族婦女，多數戴罟罟冠，意思是已婚婦女戴的帽子。

罟罟冠這種帽子的形狀非常奇特，據時人記載，帽子是用鐵絲結成，形如竹夫人，有三尺多長，用紅青色的錦繡或者珠寶金玉裝飾，上面又有裝飾紅青色條絨或者翠花的木杖或竹杖，下面則用野雞羽毛裝飾。頂端是四方形，像建築物的一根圓柱的柱頭那樣。裡面是空的。她們把頭髮從腦後挽到頭頂上，束成一個髮髻，把兜帽戴在頭上，把髮髻塞在兜帽裡面，再把頭飾戴在兜帽上，然後再把兜帽繫在下巴上。如果她們騎在馬上，遠遠地看上去，就像頭戴鋼盔手持長矛的勇士：因為頭飾看起來就像一頂鋼盔，而頭飾上的一束羽毛或細棒則像一支長矛。

罟罟冠很容易成為區分女子貴賤和已婚未婚的標誌。據柏郎嘉賓的《柏郎嘉賓蒙古行紀》記載，未婚婦女的冠是這樣的：「在她們的頭上，有一個以樹枝或樹皮製成的圓的頭飾。這種頭飾有四十五英吋高，其頂端呈正方形。從底部到頂端，其周圍逐漸加粗，在其頂端，有一根用金、銀、木條或甚至一根羽毛製成的長而細的棍棒。這種頭飾縫在一頂帽子上，這頂帽子下垂至肩。這種帽子和頭飾覆以粗麻布、天鵝絨或織錦。若是不戴這種頭飾，她們就不走到男人們面前去，因此，根據這種頭飾可以把她們與其他婦女區別開來。」而如果不透過帽子，要把結過婚的婦女和年輕姑娘做區別是非常難的，因為通常

頭戴「罟罟冠」的忽必烈皇后畫像

她們穿著與男人一樣的衣服。

【豆知識】

蒙古人流行什麼髮型？

據《蒙韃備錄．風俗》記載，古代蒙古族的髮型，當官的要不是紮辮子，就是打紗練椎，而庶民則是留著一種叫做「椎髻」的髮型。這是全部剃去頭頂及後腦勺的髮，只在前額正中及兩側留下三片頭髮，如漢族小孩三搭頭的樣式。前頭為馬鬃式，左右繒辮，為之練垂式，或稱為練椎、椎髻，蒙語為「失必勒格爾」。蒙古族成年男子注重留鬍鬚，並多將頭髮中部剃去，只留額前的一綹，並修剪成桃狀。其餘則編為二辮，卷成三、四環垂於兩耳後；也有單獨成一辮垂於腦後的髮型。宋元時人稱此為「婆焦」。

具體樣式，鄭所南《心史．大義略敘》記載云：「去頂上一彎頭髮，留當前髮，剪短散垂，卻析兩旁髮綰髻懸加左右衣襖上，曰『不狼兒』。言左右垂髻礙於回視，不能狼顧。或合辮為一，直拖垂衣背。」對此，西方傳教士的《柏郎嘉賓蒙古行紀》也有詳細記載。在頭頂上，元朝人把頭髮剃光，並剃出一塊光禿的圓頂。再把兩個耳朵後面的頭髮剃去三指寬，把剃去的地方與圓頂連起來。在前額上，也把頭髮剃去二指寬。書有云：「在這剃去二

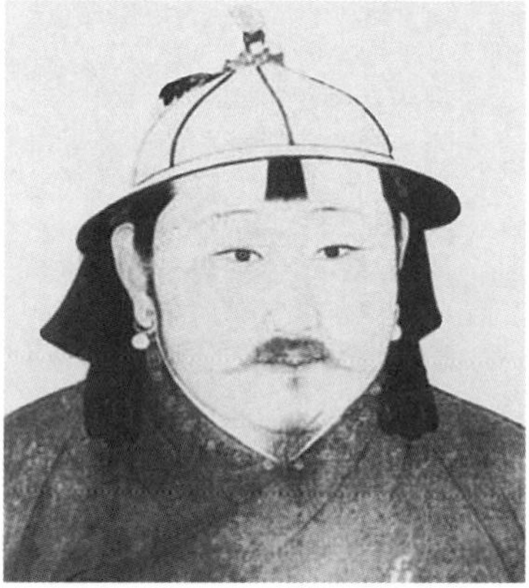

元代男子髮型

指寬的地方和光禿圓頂之間的頭髮，他們就允許它生長，直至長到他們的眉毛那裡；由於他們從前額兩邊剪去的頭髮較多，而在前額中央剪去的頭髮較少，中央的頭髮於是較長；其餘的頭髮，他們讓它生長，像婦女那樣，他們把它編成兩條辮子，每個耳朵後面一條。」

據清王國維考證，「上至成吉思汗，下及國人，皆剃婆焦，如中國小兒留三搭頭。在囟門者，稍長，則剪之；在兩下者，總小角垂於肩上」。據《大元新話》記載，當時的蒙古人髮式有大開門、一字門額、花鉢焦、大圓額、小圓額等多種名目。

63 元代的婚禮是如何進行?

元朝建立後，政府對婚姻制度十分重視，曾由禮部擬定了婚聘定式，也就相當於我們今天的婚姻法，頒布全國施行。元朝政府頒布的婚聘定式，是根據漢族人舊有的體例，按照朱熹《家禮》內婚禮，並參照古代的一些儀式制定的。婚禮儀式分為議婚、納采、納幣、親迎、婦見舅姑、廟見、婿見婦之父母等幾項程序。

議婚，也就是結親雙方商議婚事。兩家聯姻，男家首先要派媒人前往女方家說和，等到女方家同意，才能納采。前提是結婚當事人和主婚人沒有期年之喪，才可議婚。

納采，就是女方同意議婚之後，男方家庭在清晨寫好婚書禱告祖先之後，帶著婚書去女方家求婚。如果女方接收了求婚書，並且回書同意結親，才可以進行納幣儀式。

納幣，就是男女雙方締結婚約之後，男方攜帶禮品陳設在女方門外，請媒人前去通報。女方家人出門迎接，男方把禮品帶進去。先是飲酒和接受禮品，再商定婚期。男方家庭一般是將表禮（衣料）、頭面（首飾）和羊酒（美酒佳餚），作為定禮給女方家庭。

親迎，就是在婚前一天，女方家派人前來布置新房。次日，男方家長在祠堂為新郎舉行醮禮。之後，新郎乘馬帶車或轎前往女方家迎親。女方家看見新郎到來，也要同樣在祠堂為新娘舉行醮禮，並請新郎入奠。根據當時的風俗，新娘到新郎家後，腳是不能直接與地面接觸的，所以要鋪設薦子在院內，傳薦而入。

新婦拜見高堂。成親後的第二天，新婦要拜見公婆，新婦娘家饋贈男方父母禮品，男方宴請女家。

廟見，就是結婚後的第三天，男方帶新婦到祠堂見禮，或跪拜先祖的遺像、牌位。婚後，女婿到妻子的娘家拜見岳父、岳母以及親友，也就相當於今天一些地方的回門。根據元朝婚禮定式的規定，如果訂婚後，無故五年之內不成親，或者結婚後丈夫逃亡不還，可以離婚，不用歸還聘禮。至元八年之後，同姓之間是不允許通婚的。

【豆知識】

「拜天地」的習俗是怎麼來的？

拜天地又稱「拜高堂」、「拜花堂」。這種儀式是從古代人祭天、祭地的儀式發展演變而來的。中國古代思想家把世界上的事物概括分為天、地、人三類。天、地、人又被稱為三才。因為結婚是成家的象徵，男女雙方正式脫離父母的教養，開始了獨立生活。所以舉行拜天地儀式，即表示結束，也意味了嶄新的開始。拜天地主要包括以下程序：

一拜天地，主要是感謝天地的生養，為人類的生長繁衍提供了取之不盡、用之不竭的豐饒物產。同時，古人相信天上地下都有神祇，拜天地也是請求神靈能夠賜予，並保佑他們婚姻美滿、生活幸福。

二拜高堂，主要是感謝父母或者祖父母的教養。透過拜謝父母，要牢記父母的生育和教養之恩。同時新娘拜見公婆，也算是正式加入、或被接納為這個家庭的其中一員。公婆將她看作女兒一樣，而新婦也要視若父母，膝下盡孝。

三拜是夫妻對拜。夫妻是建立新的家庭的基本要素，提倡夫妻互敬互愛。從此開始新的生活中，相互照顧、相互扶持，齊心協力去追求美好幸福的生活。

在不同的時代和地區，拜天地的程序也有所不同。在某些地方，還加入了拜月老的程序，以感謝月下老人賜予他們美滿又幸福的姻緣。而在文化大革命期間，中國某些地方的新人為感謝共產黨帶來解放後的幸福生活，在結婚儀式中，甚至還加入了拜毛主席的內容。

婚姻中的拜天地起源於唐代，宋代以後風靡全國。北宋時，新婚日先拜家廟，行合巹（結婚）禮，次日五更，用一桌，盛鏡臺鏡子於其上，望上展拜，稱為「新婦展拜」。到了南宋，則改在新婚當天拜高堂。拜天地至今在中華文化，還是結婚儀式中的一項重要禮儀活動。不過在現代的婚禮中，多以鞠躬代替跪拜了。

64 為什麼媒人也被稱為「紅娘」？

紅娘是元雜劇《西廂記》中對故事情節發展，有穿針引線的作用的重要配角，也是塑造非常成功的一個角色。她是崔鶯鶯的侍女，本來是被崔夫人派去監視崔鶯鶯的。她眼見老婦人為了自己的利益，背信棄義，從而造成了鶯鶯和張生的痛苦，於是就挺身而出，為他們傳書遞簡。一方面她給張生出謀劃策，以獲取崔鶯鶯的芳心，一方面她又引導了崔鶯鶯一步步走向了反抗的道路。在為張生傳遞情書給鶯鶯之時，她深知鶯鶯的性格。鶯鶯內心雖然十分愛慕張生，但是表面上不敢承認，而作出一番假正經模樣。因此，紅娘不是直接將簡帖交給鶯鶯，而是將它放在了妝盒上等她自己看，自己則在一旁偷看。當崔鶯鶯因動情而紅了臉龐，假裝生氣而訓斥紅娘時，機智的紅娘並沒有屈服，而是據理力爭。通過曉之以情，動之以理，加上抓住了鶯鶯生怕老婦人發現的心理弱點，最終說服了崔鶯鶯接收張生之約，成功完成了張生之托。

當崔母發現鶯鶯和張生之間的戀情而拷問她時，她毫無懼色，巧言應變，又利用崔母怕家醜外揚的弱點，做了針鋒相對、以理服人的反擊。她一一指出老婦人之過，並推論出造成目前局面的「非是張生、小姐、紅娘之罪，乃夫人之過也」，巧妙地揭穿了崔母的虛假面目，迫使崔夫人不得不偃旗息鼓，接受既成事實，同意二人的婚事，最終促成了二人的美滿結合。因此，張生曾將紅娘稱為「擎天柱」，著實當之無愧。

紅娘為人機智、勇敢、坦率而又真誠，富有正義感和同情心，在舞臺上出現後，獲得了廣大人民、群衆發自內心的喜愛。於是紅娘的形象也從與藝術舞臺走進了人們的生活。後來，紅娘成了那些為男女之間穿針引線，搭築鵲橋之人的代名詞。

【豆知識】

「牽紅線」的由來是什麼？

相信大家對西方的愛神丘比特很熟悉，對祂將相愛的人一箭穿心印象深刻。在中國歷史上，也有一位專管婚姻的神，祂就是月下老人。傳說祂鶴髮童顏，一手挽著紅線，一手持著拐杖，上面懸掛著婚姻簿。紅線是用來將有情人繫在一起、用來繫夫妻的腳的，不管男女雙方貧賤富貴的差異、或者年齡的懸殊，雙方是仇人抑或相隔天涯海角，只要用這些紅線綁在他們的腳上，他們就一定會和好，並且結成夫妻。婚姻簿則相當於一個婚姻登記冊，是用非常奇怪的文字寫成的，凡人不識。一旦註冊，就是根據前世所修練和注定的緣分，結成現世姻緣。

關於月下老人最早的記載，在唐人李復言的《續幽怪錄·訂婚店》中曾這麼記載，唐代的韋固有次曾經遇見月下老人。月老指著盲婦懷抱裡的小女孩說是他將來的妻子，韋固不相信，就派家奴去刺殺那個小女孩。家奴向小女孩刺了一刀，就逃跑了。十四年後，韋固結成了一門如意親事。新婚之夜，韋固發現新娘的眉間有一個疤痕，詢問得知，十四年前曾被人行刺。各種細節對證後，發現正是當年韋固派人刺殺的那個小女孩。韋固驚訝不已！

這件事傳開後，當地人為了紀念月下老人，將他出現的南店改成「訂婚店」。後來月下老人就成了婚姻之神，牽紅線也常常是做媒的代稱。直到現在，中國仍不少地方保存有月老祠，香火旺盛。

65 蘇南民謠中的「黃婆」是個什麼人物？

清朝人秦榮光一首竹枝詞：「烏泥涇廟祀黃婆，標布三林出數多。衣食我民真眾母，千秋報賽奏弦歌。」

這裡的「黃婆」不是別人，就是元代紡織技術革新家黃道婆。

今位於上海的黃道婆祠堂，高掛著「衣被天下」的匾額

黃道婆（一二四五—一三三〇年），又名黃婆、黃母。松江府烏泥涇鎮（今上海市華涇鎮）人。出身貧苦，少年受封建家庭壓迫流落崖州（今海南島），以道觀為家，勞動、生活在黎族姐妹中，並學會運用製棉工具和織崖州被的方法。元代元貞年間（一二九五—一二九六）重返故鄉，在松江府以東的烏泥涇鎮，教人製棉，傳授和推廣「捍（攪車，即軋棉機）、彈（彈棉弓）、紡（紡車）、織（織機）之具和「錯紗配色，綜線挈花」等織造技術。她所織的被褥巾帶，「其上折枝團鳳棋局字樣，粲然若寫」。

由於烏泥涇和松江一帶人民迅速掌握了先進的織造技術，一時「烏泥涇被不脛而走，廣傳於大江南北」。當時的太倉、上海等縣都加以仿效。棉紡織品五光十色，呈現了空前盛況。黃道婆去世以後，松江府曾成為全國最大的棉紡織中心。松江布有「衣被天下」的美稱。黃道婆於一三三〇年卒。松江人民為感念她的恩德，在順帝至元二年（一三三六），為她立祠，歲時享祀。後因戰亂，祠被毀。至正二十二年（一三六二）鄉人張守中重建並請王逢作詩紀念。明熹宗天啓六年（一六二六）張之象塑其像於寧國寺。清嘉慶年間，上海城內渡鶴樓西北小巷，立有小廟。黃道婆墓在上海縣華涇鎮北面的東灣村，於一九五七年重新修建並立有石碑。上海的南市區曾有先棉祠，建黃道婆禪院。上海豫園內，有清咸豐時作為布業公所的跋織亭，供奉黃道婆為始祖。

在黃道婆的故鄉烏泥涇，至今還傳頌著「黃婆婆，黃婆婆，教我紗，教我布，二隻筒子二匹布」的歌謠。

【豆知識】

中國古代都流行什麼服飾？

中國古代各種衣裳、冠帽、鞋　等服裝，其結構、款式上在各個朝代有較為鮮明的特徵。殷商時期，服飾開始形成其固有的等級制度。周代是中國冠服制度逐漸完善的時期，有祭祀服、朝會服、弔喪服、從戎服、婚禮服等，上下相連的身衣和衣褲式的胡服大行其道。漢初，服飾大多以四季節氣而為服色之別，如春青、夏赤、秋黃、冬皂。冠制的確立也是在這個時期實現的。以往華夏族之冠，主要從於禮制，男子成年時皆行冠禮。漢代的冠，則主要是從屬於服制，是身分、官職以至官階的表徵。婦女日常之服為上衣、下裙。

魏晉南北朝大體沿襲自舊制，同時流行褶裝和鮮卑服裝，且多戴平巾幘和鮮卑帽。唐代男子在日常生活中都傳常服，包括圓領缺袍、幞頭、革帶、長靴。北周時出現的「品色衣」，成為此後中國官服的一大特色，官員自一品到九品，服色以紫、緋、綠、青為等差。隋唐時期婦女的日常服飾是衫、襖、裙，多上身著襦、襖、衫，而下身束裙子，將鞋頭作鳳形。宋代服裝大體沿襲唐制。明代要求衣冠恢復唐制，不過對於皇帝冠服、文武百姓的服飾，在樣式、級別等方面更有嚴格的規定。此時的衣衫已出現用鈕扣的樣式。

清代改著滿裝，官員在袍外的朝褂多為石青色，故不用品色之服。官服等級差別主要反映在冠上的頂子、花翎和補服上所繡的禽鳥和獸類。男子服飾以長袍馬褂為主，此風在康熙後期最為流行。滿族婦女以長袍為主，漢族婦女則仍以上衣下裙為時尚。晚清時，隨著西方文化的傳入，西方縫紉方式開始流行起來，尤其是女性的時裝，由於縫紉精緻，款式合乎時代潮流，影響甚大。風行於上世紀二〇年代的旗袍，脫胎於清代滿族婦女服裝，是由漢族婦女在穿著中吸收西洋服裝樣式，不斷改進而定型的。

66 元代社會中也有假幣嗎?

從元世祖中統元年製造中統元寶交鈔，到元順帝至正十年發行至正交鈔，可見紙幣在元代，始終被當作政府公開發行的主要流通貨幣。為維護它的良好信譽和合法性，當時統治者採取了一些措施，但紙幣最終還是淪為了一文不值的廢紙，原因之一就是偽鈔的氾濫。

偽造紙幣在當時不是個別現象，據史料記載，燕京、江西鉛山、安徽徽州、浙江杭州、廣東沿海等地均有偽鈔製造者。地點一般選擇在僧舍、海船等為人們所忽視的地方。參與人員有豪門望族、奸猾巨賈，他們倚仗政治靠山，或憑藉自己的經濟實力雕造鈔板，大肆印行。這批人所印行的偽鈔數量之多、流播之廣，是其他不法人員無法企及的。也有一部分政府官員知法犯法，利用手中職權私下印行，例如正一品官的中書省右丞相搠思監，曾盜用鈔板，委派心腹和親戚印造偽鈔。連像這樣權勢顯赫的朝廷命官都參予其事，可見當時造偽的風氣是何等猖獗與嚴重。

當時主要有兩種製造偽鈔的辦法。第一種是私自雕造鈔板、印章，大規模印造。《元典章》對此多有記載。這種手段簡易，而且可以在短期內印造大量偽鈔，因而它備受造偽者的青睞。第二種是採取挑、剜、補、湊、描改造真鈔，以真作偽。當時紙幣的取材主要是粗糙

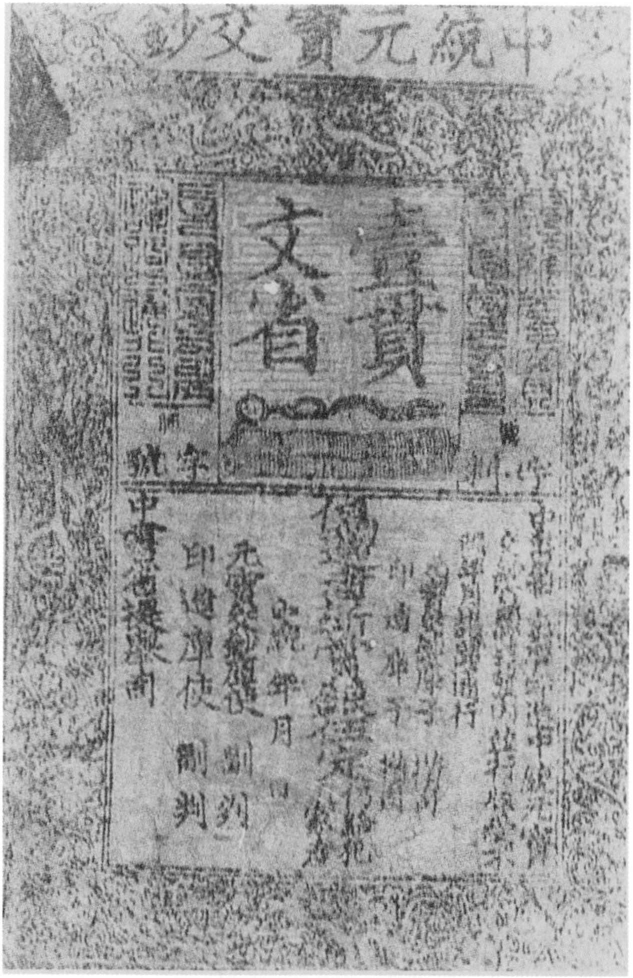

元代紙幣

的桑皮紙，印在上面的字跡，經過長期的使用磨損，易於脱落，使字跡變得模糊不清，難以辨認，這給造偽者有機可乘。他們費盡心思，將鈔面上的文字，用尖細的工具或挑、或剜、或拼湊粘補、或描改，將小額面值的紙幣改成大額面值的紙幣。例如將至元鈔的「元」字描改為「正」字，或將「元」字剜掉，另寫一「正」字粘補上，從而得到至正鈔。這些辦法操作複雜、費時長，又易於被識破，所以有經濟頭腦的偽造者在衡量工時、製造成本的情況下，都不予採用這種辦法。

儘管政府制定了周詳的法律條文，打擊力度也很大，但由於普通百姓鑒偽能力不强，官方印鈔防偽技術低劣，加之暴利所誘，不法分子甘冒犯險，導致偽鈔橫行，嚴重破壞了當時社會經濟秩序。

【豆知識】

中國貨幣是怎麼演變的？

中國的貨幣部近歷史悠久而且種類繁多，形成了獨具一格的貨幣文化。在中國的商代，已經開始以貝殼作為貨幣使用。春秋戰國時期，各地區因文化差異而使用不同的貨幣，如楚國蟻鼻錢、黃河流域的布幣、齊燕的刀幣和三晉兩周的圜的環錢。秦滅六國後，將方孔半兩錢作為法定貨幣，結束了古代中國貨幣形狀各異、重量懸殊的雜亂狀態。秦代半兩錢確立下來的這種圓形方孔的形式，被一直延續到民國初期。西漢的銅錢著要有半兩、三銖、五銖這三種。到漢武帝的時候，收回了郡國鑄幣權，由中央統一鑄造五銖錢，從此確定了由中央政府對錢幣鑄造、發行的統一管理。唐高祖一反秦漢舊制，統一鑄造「開元通寶」錢，此後中國銅錢不再用錢文標重量，都以通寶、元寶相稱。在北宋年間出現了世界上最早的紙幣——交子，其後陸續出現的還有別的紙幣——會子和關子，而且占愈來愈重要的地位。在元代，由於銅礦來源不足，政府大量印製發行紙幣，紙幣在流通中成了主要的貨幣，白銀的流通量也很大，銅錢的地位減弱。但紙幣發行過多，導致通貨膨脹，物價飛漲，人們紛紛棄之如敝屣。白銀在明清兩代成為了法定的貨幣，大交易多用銀，小交易用鈔或錢。從宋元到明清，整個中國貨幣制度逐漸發展成為以白銀為法定主幣，銅錢為輔幣，紙幣為補充的貨幣體系。

【九】飲食保健大揭密

67 世界上最早有系統地論述飲食養生的著作，是在何時出現？

隨著社會的發展，人們的生活節奏也日漸加快，生存壓力也逐步加大，人們的健康問題於是成為關注的焦點。隨之而來，營養學成為新寵，營養師成為一種新興的職業。

營養保健學的觀念，其實在中國具有悠久的歷史，古籍中稱之為「食療」、「食補」，歷代帝王往往都很注重自身的醫藥養生，食療是其中很重要的組成之一，宮廷中有專司飲食的職官和機構。不只是中國，朝鮮半島的韓國也是如此。曾風靡國內外的韓劇《大長今》即是以此作為題材。

在我們的日常生活中，經常會聽到人們談及食療和藥療的問題。人們普遍認為，對於人（特別是對於病人），食療的功效比藥療的功效要好的多。在中國古代，人們對於食療問題就

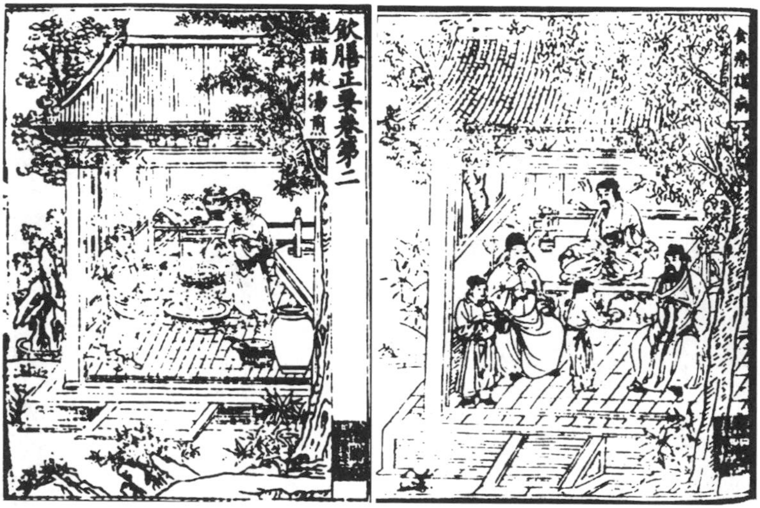

《飲膳正要》插圖

已經引起注意，就元代而言，統治者對食療也相當重視，設立飲食太醫，掌管宮中的飲食起居。正是在元朝政府的重視下，加上長時期以來中醫理論和養生學理論的發展，元代出現了一批食療學專家，並產生了相關性的理論著作。值得注意的是，中國現存最早的古代營養保健學專著《飲膳正要》即產生於元代。

元代飲食家、飲食太醫忽思慧所撰寫的《飲膳正要》，是中國飲食學歷史上也是世界上最早出現，系統地論述飲食養生的一部著作。忽思慧負責元朝皇帝的飲食調配，他對各種食物的營養滋補功效認識極為深入，對養生學、飲食衛生學深有研究。在這樣的基礎上，他「將累朝親侍進用奇珍異饌、湯膏煎造，及諸家本草、名醫方術，並日所用穀肉果菜，取其性味補益者，集成一書，名曰

《飲膳正要》」。可見，此書是忽思慧結合自己的食療實踐，並且吸收前代的醫療成果編撰而成。

此外，除了《飲膳正要》，元代其他有關營養學的著作，還有政府主持編撰的日用百科全書《居家必用事類全集》，對國內外各少數民族的食物多有記述，如「回回飲食」、「女真食饌」、「高麗糕點」等美味佳餚。倪雲林編寫的《雲林堂飲食制度集》詳細記載了菜肴、點心、飲料和調料的取材、加工、烹調製作法和營養價值。賈銘所著的《飲食須知》著重論述了各種飲食的功用及適宜禁忌，側重於食物養生。

【豆知識】

歷代養生理論是什麼？

幾千年的養生實踐，中國古人創造了燦爛輝煌的養生文化，總結出許多存養元氣、保健身體、促進健康的長壽的養生理論及方法，包括安心之道、暢氣之方、養形之法、用藥之道、起居之規、飲食之理、清賞之要等等。以下將列舉數例。

三國時期的名醫華陀認為「人體欲得勞動，血脈流通，病不得生」，主張「運動養生」使人延年益壽。他觀察了許多長壽動物的生活規律，創建了「五禽戲」，模仿虎的撲動前肢、鹿的轉頭伸頸、熊的伏倒站起、猿的腳尖縱跳、鳥的展翅飛翔等。這是一套使全身肌肉、關節都能得到舒展的醫療體操，開啓中國歷史中經由運動養生的先河。唐代的大醫藥家「藥王」孫思邈通曉養生之術，才能年過百歲而視聽不衰，他創立的「食療養生」，指出飲食五穀是補養人體的基礎物質，在飲食的滋養下，五臟六腑藏洩交替，虛實更作，維持著人體正常的氣血活動，這就是「食能排邪而安臟腑，悅神爽志，以滋血氣」。因此即使人沒有生病，也必須注重調節飲食，食不欲雜，慎五味，莫有偏嗜。而若有病時，則要先用食療，食療不癒，而後用藥。金末元初著名醫學家李杲講究「調理養生」，他認為人的養生除了運動、食療、保養之外，調理也不可少。脾胃是人的重要器官，脾胃若健康運作，則人體消化吸收正常，身體自然強健。為此，他創立了許多名方，諸如「補中益氣丸」、「香砂六君丸」、「參苓白朮丸」等，這些名方調理脾胃效果極佳。明代張景岳提倡「滋補養生」。人體之陽猶如天之紅日，不可受到損耗，而人的體弱多病，十之八九是陰虛徵狀。他擅長温補，治療虛損頗為獨到。同時主張陰陽平衡，故倡導補陽的時候，也必須輔以滋陰之品，才能達到氣血調和的功效。張景岳從理論到實踐，提高了養生防病的效果。

68 《飲膳正要》的內容是什麼？

《飲膳正要》一書，是元代宮廷飲膳太醫忽思慧積累十多年，運用主管宮廷飲食、藥物補益的經驗、智慧撰寫而成，吸收總結了歷代有關飲食營養、烹調技術、食用藥物、名醫食療用方等，對阿拉伯藥用食物方面也多有記述。該書寫於一三三〇年，共分三卷，詳細介紹了三百一十四種飲食品種的烹調過程、不良食忌、醫療價值。每卷內皆附有大量插圖，圖文並茂增加了生動性。

第一卷含三皇聖紀、養生避忌、妊娠食忌、乳母食忌、飲酒避忌、聚珍異饌等六大部分，介紹了在食物養生上，應該避免的問題、方法，並講述了九十四種膳食的做法及其對人體的好處。在「養生宜忌」收集了前代養生箴言近六十則，如「夜不可多食」、「節嗜欲、戒喜怒」、「凡熱食有汗，勿當風」等。

第二卷含諸般湯煎、諸水、神仙服食、食療諸病等四大部分。講述了五十六種湯茶類食物的滋補作用和六十一種食物的保健價值。有趣的是，神仙服食介紹了茯苓、枸杞、蓮子、胡麻等對人體有滋補作用的藥材，並特別提到用各種藥物配成一種藥枕的醫療保健作用，堪稱是中國最早介紹藥枕的經典。

第三卷有米穀品、獸品、禽部、魚品、果品、菜品、料物性味等七個部分，介紹了飛禽走獸、瓜果蔬菜的味道、性質及對人體的滋補治療作用。此外，全書也強調飲食衛生，主張不吃不乾淨或變質食物，防止病從口入，並在醫學上率先使用了「食物中毒」這一術語，列舉了許多行之有效的解毒方法。

《飲膳正要》繼承了中國醫學傳統中，食、養、醫三者結合的理念，對每一種食品都介紹了它們的養生療病功效。書中介紹了大量的各個民族的食品，像回族的「回回飲食」，維吾爾的「畏兀兒茶飯」，印度的「八兒不湯」等，也從飲食的角度反映了元朝多民族交流融合的歷史現象。

【豆知識】

元代的食療學取得了哪些成就？

除了上面提及的《飲膳正要》外，在元代還產生了一些食療學論著。例如元政府主持編寫的《居家必用事類全集》，這是一部面向尋常百姓日常生活的飲食衛生的書，該書按照天干的順序分為十集，相當於一部百科全書，內容涉及居家、出行、養身、耕種、飲食等方面，書中最早最詳細地記載了麵醬和生黃醬的製作方法，介紹了很多民族的食譜，像「蒙古飲食類」、「回回食品類」、「女真食品類」，諸如此類。除此之外，此書還記載了中西方之間的飲食交流，像茶葉帶到歐洲的記載等，可以作為研究中外交流的寶貴資料。倪雲林的《雲林堂飲食制度集》，意在把飲食這門學問介紹給世人，書中記載了菜肴、點心、飲料、調料的製作過程詳細介紹，並點出它們的營養價值。賈銘的《飲食須知》貫穿著他本人以食養生的觀念，全書共八卷，分為水火、穀類、菜類、果類、味類、魚類、禽類、獸類等三百二十五種食物，介紹了這些飲食的價值及其食用中應該注意的問題。

這些食療學論著，在在表明了古代的中國人們對養生的重視，他們努力探討食物養生，並有論著產生，這些成果極大地豐富了中國食療學這一醫學分支的理論寶庫。

69 元代的宮廷宴飲是什麼？

蒙古皇帝很重視宴饗，元代著名學者王惲將當時國朝大事分為征伐、搜狩、宴饗三種。凡新皇帝即位、冊立皇后和太子及各種大型節假日，都會在大明殿大擺筵席。大汗坐北朝南，皇后坐在他左邊。在大汗面前有一個大酒海，蒙古語稱為「禿速兒格」，這是蒙古帝王貴族宮帳門口盛酒等飲料及置杯皿的器具，是為宮殿宴會而特設的。它為木質銀裹漆甕，高一丈七尺，可貯酒五十餘石。皇子和其他皇親國戚在右邊，座位比較低，他們的頭和皇帝的腳成水平線，以示誠服。其他諸王、那顏（即當時的千戶首領）等人的座位就更低了，而大部分貴族則坐在大殿地氈上進餐。宴饗有固定的程式和規則，首先宣讀一段成吉思汗的札札撒（蒙語，義為法令、法度），站在

詐馬宴始於元代，是一種分食全牛或全羊的習俗，後發展爲奢華的宮廷宴。

左階拿拍板的侍從抑揚頓挫念一聲「斡脫」（意思是請喝、請用），站在右階拿酒觴隨即附和一聲「打弼」。這種禮俗，在《馬可波羅遊記》中有記述，即當皇帝傳呼飲酒時，龐大的樂隊起鼓奏樂，其他在場的人都匍匐在地上，等到陛下飲完後停止音樂，其他人起身，高高舉起酒杯飲用。

宮廷美食有蒙古八珍，是指醍醐，這是從牛乳中反復提煉出來的精華；麆沆，即麋（獐）的幼羔；野駝蹄，與魚翅、熊掌齊名；駝乳糜，是用駝乳調和的粥，對治療痞疾有很好的療效作用；鹿唇，又有犴達犴唇，也是一種珍奇野味；天鵝炙，即烤天鵝；紫玉漿，指西域葡萄酒；玄玉漿，即馬奶。這八種都是元代珍貴的食品和飲料，由宮廷專職御用廚師特製，有時是作為皇帝獎賞給大臣、貴族的一種賜品，類似於清代的「滿漢全席」。

當然，最能代表元代飲食習慣的當推「肥羊法酒」了。法酒，是元代獨具特色的葡萄酒和哈剌基酒（一種透明無色，茴香味且不甜的蒸餾酒）。肥羊，製作方法多樣，是他們的拿手好戲，經過名廚們的烹炒調製，香美可口。以元代整隻羊的做法為例，一是將整隻羊煮熟；二是燒烤，把羊放入一個被燒得通紅的三尺高的爐子裡，鋪上柳條後再用土密封，待燜烤熟後食用，別有一番風味。

【豆知識】

「滿漢全席」有哪些山珍海味？

滿漢全席起興於清代，是集滿族與漢族菜點之精華而形成的歷史上最著名的中華大宴。滿漢全席原是官場中，舉辦宴會時滿人和漢人合坐的一種全席。滿漢全席上菜一般至少一百零八種（南菜五十四道和北菜五十四道），分三天吃完。菜式有鹹有甜，有葷有素，取材廣泛，用料精細，山珍海味無所不包。滿漢全席菜點精美，禮儀講究，形成了引人注目的獨特風格。

入席前，先上二對相，茶水和手碟；檯面上有四鮮果、四乾果、四看果和四蜜餞；入席後先上冷盤然後熱炒菜、大菜，甜菜依次上桌。滿漢全席，分為六宴，均以清宮著名大宴命名。彙集滿漢眾多名饌，擇取時鮮海味，搜尋山珍異獸。全席有冷葷熱肴一百九十六品，點心茶食一百二十四品，共計肴饌三百二十品。不只餐點包羅萬象，所用的餐具也十分講究。使用全套粉彩萬壽餐具，配以銀器，富貴華麗，用餐環境古雅莊重。席間專請名師奏古樂伴宴，沿典雅遺風，禮儀嚴謹莊重，承傳統美德，侍膳奉敬效宮廷之周，令客人留連忘返。全席食畢，可使您領略中華烹飪之博精，飲食文化之淵源，盡享萬物之靈之至尊。

70 元代有賣假藥的庸醫嗎？

在《感天動地竇娥冤》雜劇中，有一個賽盧醫，自稱是太醫出身。「盧醫」即古代名醫扁鵲，其家在盧國，故又有此名。取名「賽盧醫」，即有勝過扁鵲之意，但實際上是「死的醫不活，活的醫死了」，一生不知醫死了多少人，也不怕人告發。他不但為人看病，還「在山陽縣南門開著生藥局」。張驢兒就是從藥鋪中，不費吹灰之力買來毒藥想毒死蔡婆婆，結果最後卻毒死了自己的父親。元代社會真的有如此多庸醫遍行天下，草菅人命嗎？

元代的醫學，就整體水準來說，比起以前有了明顯的進步，針灸技術有了新的發展，尤其是回回醫術的傳入，對中醫產生了許多助益。然而，社會上真正出色的良醫並不多，濫竽充數甚至藉醫為名、騙人錢財的庸醫隨處可見，如一些所謂的「福醫」，不研習醫經，也不知曉脈理，而僅是憑運氣替人治病。眾多的江湖郎中則當眾略施小技、亂賣藥餌，目的就是貪人錢財。儘管當時有禁令發布：賣假藥者當按法律處以死刑，但據當時監察御史的呈文可知，在中書省、樞密院等政府部門前，一些不畏公法假醫賣藥之徒，大肆吹捧療效，兜售藥丸。這些庸醫、江湖醫生隨意診治，謀財害命，屢禁不絕，儼然成為元代一大公害。

中藥鋪所出售的藥物中，有一部分藥材含有一定毒性，但在治療某些疾病時是必需使用的。至元五年的聖旨中提到有些藥鋪「將有毒藥物如烏頭、附子、巴豆、砒霜之類，尋常發賣與人，其間或有非違，殺傷人命」。因此，政府對有毒藥材買賣做了明細的規定：毒藥採集後只許賣給藥鋪，藥鋪只能賣給醫生，買賣時要有見證人，且登記備案。如果因毒藥買賣致人死命的話，買賣雙方都要處死。假如藥鋪將毒藥賣給不是醫生的閒雜人等，即使不曾傷害人命，一經舉報，買賣雙方都要受到杖責，罰元鈔百兩。即便如此，一些庸醫還是持續地經營店鋪，無視政府的公文，掛牌賣毒藥。

【豆知識】

元代民眾都怎麼治病的？

元代民眾普遍的治病方式，一般有以下幾種：請醫生看病、自行採藥、拜佛求神祈禱上天救治、請巫醫施行巫術或道士施行法術。

在元代多數人的心目中，以上幾種治療方式是並行不悖的。疾病患者往往在求醫的同時，也在祈禱上天、神祇援救，或求助於巫術、道士，也有先用一種方式治療，無效時再改用其他方法。

如果讓醫生看病，主要是用傳統中醫的望、聞、問、切方式來確診，然後配合藥物、針

元代壁畫「醫眼圖」

灸來救治。當時也有回回醫生用丸散膏丹等藥方，或是一些外科手術來治病。對於很多窮苦人家來說，請醫看病是不敢奢望的，如此一來，一些日常的醫療知識就變成了救命靈藥。日用百科全書《事林廣記》大行其道，它所提供的關於各類疾病的症狀、治療用藥方法、各類藥物的加工及用途等醫療知識，為普通百姓大開方便之門。而拜神求佛，祈求上蒼保佑無疑是當時人們的慣用手段，這在文學作品中有很多事例可以證明。與之類似的是求助於巫覡施行巫朿，或是道士施行法術之後，再賜予丹丸。在人們心目中，得病都是鬼神作祟，只有通過巫覡與鬼神溝通，供奉祭品取得鬼神的諒解才能根除疾病。但實際上，這種不切實際的信念和做法，常常導致病情的一再拖延、惡化。

71 葡萄酒是如何進入中國歷史的？

「葡萄」一詞，源自於中古波斯語的音譯。漢籍最早對葡萄和葡萄酒加以記載者首推司馬遷《史記》，寫道：「（大宛）左右以蒲陶（即葡萄）為酒，富人藏酒至萬餘石，久者數十歲不敗」。可見，西域早在漢代就已開始種植葡萄並釀製葡萄酒，而西域本地文字最早對酒進行記載的歷史可追溯到魏晉時期。到了元代，內地的葡萄種植和葡萄酒釀造得到了長足發展，種植範圍遠遠超過太原、南京兩地。大都的皇家園囿、江蘇的私家園林、鎮江路、內蒙古宣寧等地均有確切文獻記載有葡萄的種植，而且還出現了專業種植戶。相對而言，南方地區葡萄的種植主要限於池旁或庭院，很少有在耕地上進行大面積種植，種植的目的主要出於觀賞或遮陰，而不是為了釀酒。北方的一些地區則不同，如平陽、宣寧一帶種植葡萄已成為農業生產的一個重要方面，大面積種植是為釀造葡萄酒提供原料，這與西域地區的情況十分相似。

元代青花酒尊

元代釀造葡萄酒的辦法與前代不同。以前中原地區釀造葡萄酒，都繼承了麴蘗釀酒而來，取葡萄汁同麴一起混合，再用糯米飯醞釀。元代則是把葡萄搗碎入甕，利用葡萄皮上帶著的天然酵母菌，自然發酵成葡萄酒。元人熊夢祥在《析津志輯佚》「物産」類有詳備的記述，哈剌火州（今新疆吐魯番）釀造葡萄酒的方法是：「醞之時，取葡萄帶青者。其醞也，在三、五間磚石甃砌乾淨地上，作甃瓷缺嵌入地中，欲其低凹以聚。其甕可容數石者，然後取青葡萄，不以數計，堆積如山，鋪開，用人以足揉踐之使平，卻以大木壓之，覆以羊皮並氈毯之類，欲其重厚，別無曲蘗。壓後出閉其門，十日半月後窺見原壓低下，此其驗也。方入室，衆力下氈木，搬開而觀，則酒已盈甕矣。」這種方法後來在中原等地普遍採用。

元代西域葡萄酒的主要作用大致有三種：其一是用於宴請賓朋，如南宋小皇帝一行到大都，忽必烈連續設宴款待；其二是作為貢品奉獻皇室宮廷；其三是作為本地區重要的稅收和商品。

【豆知識】

中國古代的釀酒工藝是如何演進的？

酒的發明，歷來有猿猴、杜康、儀狄、黃帝、神農造酒之說幾種。考古資料中酒的出現，可以追溯到新石器時代中期以前。大漢口遺址出土的高柄陶酒杯、濾酒缸，仰韶遺址發掘的細頸壺等酒具的出現，都是酒的歷史證明。

夏代時，釀酒技術有了進一步的發展，出現了兩位釀酒大師。一是夏禹時期的儀狄，釀酒甘美，二是七代君主少康，發明了秫酒。商代時，釀酒業發達，以致於在商代中晚期，掀起了一個飲酒高潮，當時的酒精飲料有酒、醴合鬯。西州建立了一整套的機構，對釀酒、製酒、用酒進行嚴格的管理，有五齊、三酒之說。「三酒」即事酒、昔酒、清酒，是西周時期王宮內酒的分類。事酒是專門為祭祀而準備的酒，臨時釀造，故釀造期較短，釀成之後立刻使用。昔酒則是經過貯藏的酒。清酒是經過過濾、澄清等步驟，釀成最高檔的酒。魏晉南北朝是中國酒業發展的一個重要階段，主要有四個特點：一是用曲不用藥；二是釀酒工藝大為進步，釀成的酒酒精度數大大提高了；三是酒名大量出現，酒的種類迅速增多；四是酒的用途也更為豐富，藥用養生的價值為人所熟識。唐宋時期的釀造技術，在理論和實踐上都有很大的突破，出現了《北山酒經》，這是繼《齊民要術》之後最有價值的釀酒著作。

燒酒的推廣是元酒的一大貢獻，《本草綱目》卷二十五記載「燒酒非古法也，自元時始創其法」。但目前較為普遍的看法是，燒酒始自宋代，推廣在元代。明清時代，中國釀酒已經形成了南酒、北酒兩大體系。南酒主要是以紹興酒為首的黃酒系統，以江、浙、皖最為有名；北酒雖然也有米酒，但以燒酒為盛，以京、冀、晉、魯、豫、陝等產地為佳。

72 葡萄酒在中國哪個朝代最流行？

元代是中國古代葡萄酒的極盛時期。成吉思汗建國後，中亞畏兀兒首領亦都護首先歸附。畏兀兒，就是今日新疆維吾爾族的祖先，當時生活在以哈剌和州（今新疆吐魯番）和別失八里（今新疆吉木薩爾）為中心的地區。哈剌和州，在當時也是盛產葡萄酒的地方。後來蒙古西征，征服了中亞的大片地區。耶律楚材，隨著蒙古的西征，在河中（阿母河和錫爾河之間，今屬烏茲別克）等地經常喝到葡萄酒。因此，在蒙古宮廷中，便有來自中亞的葡萄酒，並且得到了貴族的青睞。歐洲傳教士魯不魯乞在蒙哥汗的宮廷中曾見過葡萄酒；葡萄牙人柏郎嘉賓受教皇英諾森四世的委託，出使蒙古，並於西元一二四六年時，在定宗貴由的金帳之中，也飲過葡萄酒。南宋使臣到草原時，《黑韃事略》有所記載：「又兩次金帳中送葡萄酒，盛以玻璃瓶，一瓶可得十餘小盞，其色如南方柿漆，味甚甜。聞多飲亦醉，但無緣多飲耳。回回國貢來。」南宋使臣之所以特別記載葡萄酒，是因為當時江淮以南並無此物。所謂「回回國」，指的是原來在河中地區的花剌子模國，西征時已為蒙古所滅，此處是沿襲了舊稱。忽必烈率大軍入主中原，於今北京建都後，就向京城內外的酒家索取葡萄酒。據《元典章》所載：「大都酒使司於葡萄酒三十分取一，至元十年抽分酒戶，白英十分取一。」可

位於中國江西的李渡燒酒作坊遺址

以看出，元初北京酒戶就已經大量生產葡萄酒了。

元代葡萄酒的主要產地應是和林以及山西的平陽、太原。值得注意的是，元代的揚州也出產優質的葡萄酒，名列江南同類之首。進入元代，葡萄酒與馬奶酒並列為宮廷的主要用酒，葡萄酒還在民間公開發售。就在元朝時，葡萄酒深入千家萬戶之中，成為人們設宴聚會、迎賓饋禮以及日常品飲中不可或缺的飲料。許有壬《和明初蒲萄酒韻》詩云：「漢家西域一朝開，萬斛珠璣作酒材。真味不知辭曲蘗，歷年無敗冠尊。殊方尤物宜充賦，何處春江更潑醅。」薩都拉《傷思曲哀燕將軍》詩云：「宮棉袍，氈帳高，將軍夜酌涼葡萄。葡萄力重醉不醒，美人猶在珊瑚枕。」這些當時的詠詩唱詞，把元人崇尚葡萄酒的歷史景象，都生動地描繪出來。

元朝的葡萄酒業的繁榮，還表現在葡萄酒品種和產地的多樣化上，以及對葡萄酒的藥理功能、保健功能的認識上。元代蒙古族營養學家忽思慧，曾任官中的飲膳太醫，管理宮庭的飲膳烹調，著有《飲膳正要》，對各種營養性食物和補益藥品以及飲食衛生、食物中毒等，皆有深入的研究。他在《飲膳正要》一書中認為：「葡萄酒有益氣調中，耐饑強志」之功，並認為「葡萄酒有數等，出哈喇火者最烈，西番者次之，平陽、太原者又次之。」忽思慧是掌宮廷飲膳的，他對酒的評定分級，其權威和影響不下於現代有關協會舉行的名酒評比。「哈喇火」是維吾爾族語，即今吐魯番；「西番」在宋代以後，都用來泛稱甘青一帶的各少數民族；「平陽」是指今山西臨汾一帶。所以，按照忽思慧的評定，在當時的各種葡萄酒中，吐魯番產的酒為第一名，甘肅一帶產的為第二名，山西臨汾、太原產的酒為第三名。

【豆知識】

元朝時中國人飲用酒的種類增加了哪些？

元代的酒，比起前代來要豐富得多。就其使用的原料來劃分，就有馬奶酒、果料酒和糧食酒幾大類。

馬奶酒又被稱為「忽迷思」，最好的「忽迷思」需經過數次發酵提純，使馬奶在皮袋之中變成甘美的酒類飲料，這種酒只有大汗宮中才有。蒙古族崛起以後，馬奶酒便受到了高度重視。自成吉思汗時代開始，就把馬奶酒視為國酒，釀造方法也得到了改善，酒的品質有較大幅度的提高。尤其是諸王汗帳所擁有的馬奶酒，更屬絶代精品，凡飲之者無不嘖嘖稱奇。當時還設有「挏馬官」，其職責無疑是管理馬奶酒的製造。西元一二七一年，忽必烈建立元朝，定都大都（今北京）之後，飲食起居雖然一改草原遺風，但馬奶酒卻保存了下來，成為華夏酒品中不可缺少的一種。義大利人馬可波羅在《馬可波羅遊記》中詳細地記載了元世祖忽必烈用金碗暢飲馬奶酒的情景。元朝皇帝不僅自己飲馬奶酒，還常用它來賞賜臣下。奶酒便成為蒙古族接待上賓的必備佳釀。就連皇帝太廟祭祀也用馬奶酒，表示不忘本、遵循傳統。除皇室之外，元代飲用馬奶酒的普通百姓也愈來愈多。由於馬奶酒的酒精濃度極低，可以作為止渴飲料，所以出門在外者，往往用皮囊攜帶，以供旅途之用。

米酒，則是元朝北方農區的佳釀，據《馬可波羅遊記》描述：「沒有什麼比它更令人心滿意足的了。溫熱之後，比其他任何酒類都更容易使人沉醉。」元朝是中國歷史上，燒酒（蒸餾白酒）真正興起並盛行的朝代。那時，蒙古族人稱燒酒為「哈喇基酒」，並描述它「其清如水，味極濃烈」。所以忽思慧認為的「哈喇火者最烈」，所指應該是蒸餾葡萄酒。

【十】書畫樣樣通

73 元代畫家黃公望的作品竟成了乾隆皇帝的一大笑柄？

在中國藝術史上，堪稱與王羲之《蘭亭序》相媲美的《富春山居圖》於一七四五年被徵入宮。乾隆皇帝見後愛不釋手，欣然賦詩題詞，加蓋玉璽。然而，就在次年，一名地方官員又進獻了一幅《富春山居圖》，乾隆帝認定他所題詩的那幅是真跡，後來者才是臨摹品，只是高度模擬罷了，但又不忍心丟棄，便將它歸入內府收藏。直到上世紀七十年代，經過專家的反覆鑒定，被乾隆打入「冷宮」達二百餘年的「偽品」竟才是真跡。

《富春山居圖》的作者是黃公望，江蘇常熟人，元代著名的書畫家，與吳鎮、倪瓚、王蒙合稱元四家。他曾做過地方小官，後來受到上司貪贓枉法逼死人命案的牽連，蒙冤入獄。出獄後杜絕了仕宦進取的幻想，投入信奉全真教，自號大癡道人，隱居江湖，一度以算命來

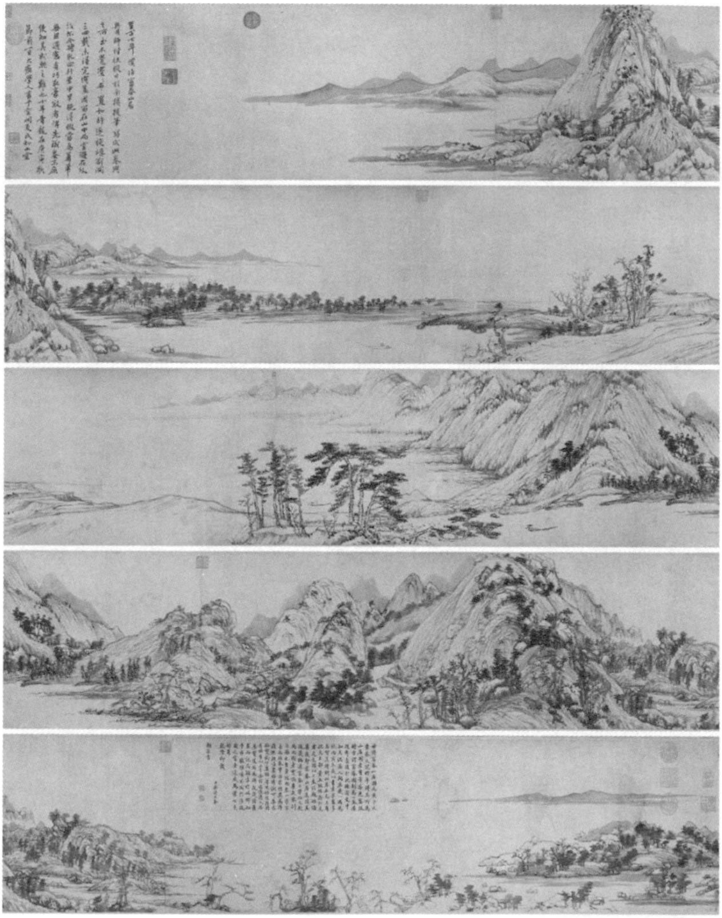

黃公望〈富春山居圖〉

混日子。五十歲後開始學畫山水，師法趙孟頫、董源、巨然等，晚年自成一家。《富春山居圖》是他在七十多歲以後隱居富春江時創作的，歷時七年的苦心經營才終告完成。描繪的是富春江兩岸初秋景色，畫中的峰巒曠野、叢林村舍、漁舟小橋，或雄渾蒼茫，或高潔飄逸，生動地展示了江南的優美風光。《富春山居圖》運筆俐落，雖出於董源、巨然一派，但比董、巨之作更為簡約，也更詳盡地表現了山水樹石的靈氣和神韻。筆法既有濕筆披麻，另施長短乾筆擦染，層次豐足，在坡峰之間還用了近似米點的筆法，濃淡迷濛的橫點，彰顯了筆力。黃公望極注意層次感，前山後山的關係，改變了傳統屏風似的排列，而是由近而遠地自然消失。他並不誇張虛境和實境的對比，而是在虛實之間用微妙的過渡層次加以渲染。

這幅圖在清代初年被吳正志收藏，吳正志後傳其子吳洪浴，吳洪浴愛之如命，臨死前命令家人將它燒毀陪葬，幸好被侄子吳真度從火中搶出，但已被燒成兩段，因而被後人稱之為《剩山圖》。現在此圖的主要部分藏於國立故宮博物院，剩餘部分藏於中國浙江博物館，成為鎮館之寶。

【豆知識】

中國山水畫是如何演變的？

中國山水畫，又簡稱「山水」，是以山川自然景觀為主要描寫對象的中國畫。最早形成於魏晉南北朝時期，但尚未從人物畫之中完全分離。隋唐時代開始獨立，於五代、北宋時趨於成熟，成為中國畫的重要畫科。傳統上按畫法風格分為青綠山水、金碧山水、水墨山水、淺絳山水、小青綠山水、沒骨山水等。中國山水畫是中華民族情思中最為厚重的沉澱。包含了遊山玩水的大陸文化意識，以山為德、水為性的內在修為意識，以及咫尺天涯的視覺意識，都是在山水畫演繹的中軸主線之中。從山水畫作品，我們特別能看見中國畫的意境、格調、氣韻和色調。少有畫科能像山水畫一樣，給欣賞者更多的情感和平靜。被宋徽宗題名為《展子虔遊春圖》是青綠山水的開山之作。這幅畫師承了東晉名畫家顧愷之，在六朝墨勾色暈法的基礎上，創造了勾線填色的重彩青綠法，開創李氏父子（初唐李思訓及其子李昭道）青綠山水一派。這幅畫作的問世，象徵著山水畫已然成為一個獨立的畫科。中國山水畫自唐而元，歷經三度變法，時經八百餘年，形成了以禪、道為立境，以詩義為喻示，以三遠為空間，以皴擦（筆法的豐富表現形式）為筆墨，以自然為觀照，以心源為師法的一個完整的表述系統。可以說，自元四家後（黃公望、倪瓚、王蒙、吳鎮）至民國初年，這一運動已變為集成與守成，在長達五百餘年的歲月中，幾乎再無質變。

74 夫妻與兒子均善書畫，被元皇帝引以為傲的書畫世家是哪一家？

元仁宗用玉軸精裝管道昇（元代女文人及畫家）、丈夫趙孟頫及子趙雍的書法作品，蓋上御印藏於祕書監，讓後世知道元代有一家三口均擅長書法的奇事。

趙孟頫，宋太祖趙匡胤的十一世孫，與歐陽詢、顏真卿、柳公權並稱為楷書四大家。他一生經歷宋元的更迭，當元世祖忽必烈接見他時，驚呼為「神仙中人」，極為讚賞他的才貌。元仁宗歷數趙孟頫的優點有七點：「帝王苗裔，一也；狀貌昳麗，二也；博學多聞知，三也；操履純正，四也；文詞高古，五也；書書絕倫，六也；旁通佛老之旨，造詣玄微，七也。」就書法師承而言，趙孟頫一生主要精力放在王字之上，尤其是對王羲之的《蘭亭序》和王獻之的《洛神賦》致力最深，心摹手追，刻意臨寫，體會其神韻，終於在四十六歲以後，形成了以二王為風範而又有自己鮮明特點的「趙體」。這種風格是「勻淨平順」，但前後還是有變化。至大年間以前，趙字的基調是結構嚴謹，骨肉勻亭，輕靈婉轉，珠圓玉潤，如書法作品《赤壁賦》、《紈扇賦》等。此後趙書風格日趨剛健挺拔，姿媚中含遒勁（雄健、有力的筆勁），甚至反以遒勁為主調，如《蘭亭十三跋》、《湖州妙嚴寺記》等。至晚年，他的筆力更顯深沉紮實，蒼勁老到。

趙孟頫《秋郊飲馬圖》〔部分〕

趙孟頫的書畫作品流傳下來的很多，僅碑刻石就超過百種，這是歷代書畫家無法比擬的。趙體影響極為深遠，明清多數有成就的書法家，例如董其昌、祝允明、文徵明、唐寅等，都受他的影響。

在繪畫方面，趙孟頫的成就也很高，被譽為「元人冠冕」，開一代新風。他尤精於山水、人物、花鳥、竹石、鞍馬，或工或寫，或賦色或水墨，都得心應手，運用自如。《秋郊飲馬圖》中群馬或飲水、或賓士、或撕咬，形態生動，筆法渾厚，設色典麗。

夫人管道昇，與他是同鄉。自幼聰敏過人，又能書善詞，繪畫則精於墨竹、梅、蘭，傳世作品有《水竹圖卷》、《秋深帖》、《山樓繡佛圖》、《長明庵圖》等。次子趙雍擅長山水畫，尤精於人物、鞍馬。書法善行草、篆書，傳世作品有《蘭竹圖》、《溪山漁隱》等。

【豆知識】

中國歷史上著名的文學世家有哪些？

在中國古代，一門風雅，代有才人的現象是常常出現在史籍經典裡面，如文學史上有名的「三曹」、「三蘇」、「三袁」等。曹操對文學、書法、音樂等都有深入而精湛的修養，文學成就主要表現在詩歌上，如為人所熟知的《步出夏門行》、《對酒》、《短歌行》等等；長子曹丕的《燕歌行》是現存最早的一首完整的七言詩，所著之《典論．論文》在中國文學批評史上占有非常重要的地位；次子曹植的「七步詩」也堪稱文學傑作，他是建安文學的集大成者，對於後世的影響很大。南朝梁武帝蕭衍世「竟陵八友」之一，創作詩歌頗多。在他的影響和帶動下，蕭氏家族能寫詩、善作文者輩出，長子蕭統、次子蕭綜、三子蕭綱、六子蕭綸、七子蕭繹、八子蕭紀，孫子蕭詧都有詩文傳世，而且大部分在文學史上享有一定的聲名。其中蕭統召集身邊的才學之士，共同編撰出一部文學總集——《文選》，這是中國現存第一部完好保存的文章總集，不少作品因此得以保存至今日。「三蘇」指北宋散文家蘇洵和他的兒子蘇軾、蘇徹，三人同列「唐宋八大家」。其中蘇洵和蘇徹主要是以散文著稱，而蘇軾不但在散文創作上成果豐碩，在詩、詞、書、畫等各領域中都有重要地位。文學世家在明清更為顯見，如公安三袁、吳江沈氏、汾湖葉氏等等。

75 著名書法家趙孟頫是宋代皇室後裔嗎？

趙孟頫（一二五四至一三二二）是中國文化史上一位影響極大的人物，他在書法繪畫方面取得的成就，已成為宋元藝術史的巔峰代表，書法方面楷書的「歐顏柳趙」四大家，趙孟頫是最後一位大師，繪畫方面他則是「元四家」的先驅，被稱為「元人冠冕」，其藝壇領袖的地位在元代得到公認。

但是趙孟頫的一項特殊身分——南宋皇室後裔，以及他後來到元朝政府做官的經歷，卻使得他飽受批評譏諷，甚至其藝術成就也受到懷疑和貶低。那麼，趙孟頫真的是南宋皇室後裔嗎？而且南宋皇帝衆多的後裔中，為什麼唯獨他受到的批評最集中？

一般人說趙孟頫是皇室後裔，其常見依據是《元史．趙孟頫傳》，開頭就說：「趙孟頫，字子昂，宋太祖子秦王德芳之後也。」這樣看來追認遠祖是沒有問題的，趙孟頫確實不是普通姓趙的老百姓，而是和趙匡胤有著遙遠的血緣傳承關係。但是我們也知道，中國古代皇帝的家族巨大，到立國二、三百年後更是有數萬的「天潢貴胄」都可以稱自己是開國始祖的後代。在宋朝也存在同樣的問題，能進入正式皇家宗正寺譜錄，享受皇親待遇的畢竟只是少數，而且愈到後面人數愈多，能獲得照顧的人數比率也愈低，只有那些確實和當朝皇帝的

趙孟頫《紅衣羅漢圖》

小分支有較親近的關係。也就是說，沒有因為外部婚姻沖淡的家族，才能得到法律上的承認。

然而在趙孟頫是否為享受國家福利待遇的「真皇親」這個問題上，卻是大有疑問的。根據趙氏學生楊載在趙孟頫去世後兩個月所撰寫的《大元故翰林學士承旨榮祿大夫知制誥兼修國史趙公行狀》（相當於今天追悼會上的「某某同志生平」），趙孟頫的親生父親趙與旹，本來是和南宋孝宗皇帝家族距離很遠的「宗室疏屬」，屬於「蘭溪房」，家境十分清寒但是勤奮好學。有一次陪一位族兄去拜訪和自己是遠房親戚關係的高貴老夫人，這位老夫人是真正的皇親，孝宗皇帝的侄孫趙希永的妻子，她的丈夫去世早，那段時間又正好死了兒子，見趙與旹長相清秀聰明又禮節恭謹，十分喜愛，便要求把他過繼為自己的兒子，經過向朝廷有關部門申請，皇帝本人親自「下內降准之」（可見改宗這件事相當嚴肅重大，要皇帝親筆批示），於是趙與旹一下子成了享有合法地位、五服之內的真皇親，趙孟頫出生時便享有了這種殊榮，而且趙與旹成為真皇親後仕途亨通，一直做到浙西安撫使兼臨安知府，他熱愛藝術，書法繪畫均有不凡造詣，又好收集古董文物，少年趙孟頫在這種高雅環境中接受薰陶，自然打下了很好的藝術功底。關於這些，在他後來寫的回憶父親教育的文章中都有提到。

也正是這個命運偶然賜予的真皇親身分，上天在給趙孟頫以藝術天分的同時，也讓他背上了皇親「受國家俸祿厚養，國家危亡須盡節」的義務負擔，趙孟頫本人在一二七六年南宋滅亡的十三年後，北上大都擔任元朝政府官職，而此前與他同時享有真皇親身分的幾位「孟」字輩皇室後裔英勇抗元犧牲，也就難怪後人會批評他「氣節有虧」。他成名後「樹大招風」，本屬偶然得之的皇親身分，自然也變成最為別人詬病之處。

【豆知識】

中國楷書四大家是哪四位？

愛好書法的人都知道古代有「楷書四大家」的說法，這是對書法史上以楷書著稱的四位書法家的合稱。他們分別是：唐朝歐陽詢、顏真卿、柳公權三位、加上元朝的趙孟頫。前文中已經介紹過趙孟頫，因此以下簡單介紹其餘三位著名書法家。

歐陽詢（五五七－六四一年），字信本，潭州臨湘（今湖南長沙）人。他的書法成就以楷書為最高，筆力險峻，結構獨異，後人稱為「歐體」。代表作有《九成宮醴泉銘碑》，該碑仍在今陝西省麟游縣九成宮遺址。

顏真卿（七〇九－七八五年），字清臣，京兆萬年（今陝西西安）人。在書法史上，他是繼二王之後影響最大的書法家，其書初學自張旭和初唐四家，之後廣收博取，世稱「顏體為書法大變」，他反初唐書風，行以篆籀之筆，化瘦硬為豐腴雄渾，結體寬博，氣勢恢弘，同時骨力遒勁、氣概凜然，其代表作品《多寶塔碑》，今存於陝西西安碑林。

柳公權（七七八年－八六五年），字誠懸，唐朝京兆華原（今陝西耀縣）人，世稱「柳少師」。後世以「顏柳」並稱他與顏真卿，成為歷代書法的楷模。他的書法結體遒勁，而且字字嚴謹，一絲不苟。在字的特色上，以瘦勁著稱，所寫楷書，體勢勁媚，骨力遒健，以行書和楷書最為精妙。其代表作《玄祕塔碑》，今存陝西西安碑林。

76 元代書法界為什麼會有「宗法晉唐」的口號？

「宗」就是尊崇、信仰的意思。「法」則是指效法、學習。因此，「宗法晉唐」就是指推崇和效法晉代、唐代的書法，而其中主要是指晉代的王羲之、王獻之和唐代的顏真卿、柳公權等人的書法。

魏晉南北朝時期，政治約束力相對薄弱，學術思想異常活躍，在書法上也出現了非常興盛的景況。隨著東晉時期，草、行、篆、真體書法的定型，產生了一位書法藝術的集大成者王羲之。他將大書法家鍾繇的書體，進一步改進並且使之日趨規範化，用筆也更加豐富，而且從形式上看也較為生動、漂亮，從而奠定了他在書法史上不可動搖的領軍地位。以王羲之、王獻之等為代表的為晉書法，也成為後來書法家們取法的源頭。

唐代國運昌盛，封建經濟日益繁榮，書法藝術也隨之有了較大進步，社會上湧現了一批書法家。尤其唐太宗喜好書法，祝種收集歷史上著名的書帖，君臣一起賞玩和學習。唐代曾設置書學博士，在對官員的選拔、提拔和調用時，書法的造詣都是非常重要的條件。在這種情況下，學習書法的風氣非常盛行。由於唐代距離魏晉不遠，所以他們能夠看到大量的魏晉遺跡。唐代以後，由於戰火四起，將經典焚毀，保存不力，魏晉名跡日益稀少，後人不得不

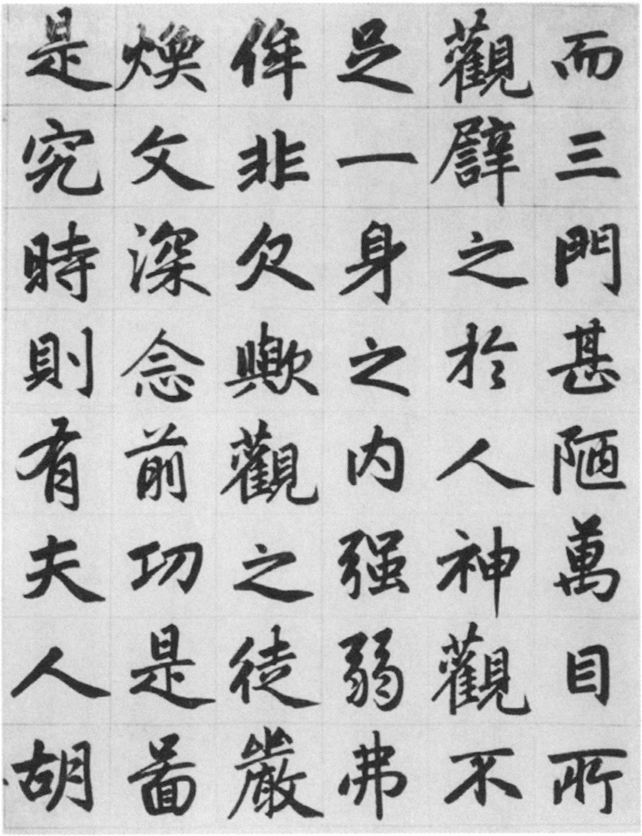

趙孟頫書法作品《玄妙觀重修三門記》

透過唐人墨跡去探尋魏晉筆法和風韻。因而，唐代書法就成為追尋魏晉風流的必經之路。所以晉唐之後，書法家大多都是從唐法入手，才上溯到魏晉。

最早明確提出宗法晉唐的是南宋末年的趙孟堅。他崇尚晉人風韻，著有《論書法》。他認為晉人風韻很難學習，比較可行的方法是先從唐人學習作為入門，即為由唐進入晉的道路。他說：「學書不如學晉，人皆能言之。夫豈知晉不易學，學唐尚不失規矩，學晉不從唐入，多見其不自量也。」宋代的蘇軾、黃庭堅、蔡襄等大書法家也非常注意向唐人和晉人學習。

從元代開始，晉唐書法由趙孟頫的提倡，宗法晉唐成了學習書法的一種時代風氣。他認為：「右軍字勢，古法一變，其雄秀之氣，出於自然。故古今以為師法。齊梁間人，結字非不古，而乏俊氣。此又存乎其人。然古法終不可失也。」由於推崇晉人，使他的風格總體而言，趨於流暢柔美、圓潤飽滿。趙孟頫臨寫和創作的《洛神賦》、《蘭亭序》、《千字文》，學習二王（王羲之、王獻之）都達到了以假亂真的地步。此外，除了師法晉人之外，他還師法李邕、顏真卿、柳公權等唐代著名書法家。在有效的保證藝術審美功能的前提之下，他能把各家統一在二王書風中，但又能有所區別。

趙孟頫不但在元朝是一位書法領袖和復古追晉的旗幟標竿，而且到了明清時期也有很大的影響力。清朝乾隆皇帝特別喜歡趙字，所以朝野上下一度學習趙體蔚然成風。直到近現代，趙體字還是有很多學習和臨摹者。人們將他的字和唐朝的歐陽詢、顏真卿、柳公權並稱為「楷書四大家」，人稱「趙體」。

宗法晉唐，一方面有效的維護和保持了中國書法藝術的「道統」，保證了書法一束的傳承與持續性。另一方面，過於拘泥晉唐書法，卻也限制了元代書法藝術的創造性。

【豆知識】

趙孟頫說的「復古」是什麼意思？

趙孟頫（一二五四—一三二二），字子昂，號松雪道人，諡文敏。他的事蹟和經歷我們在前文已經有提及，這裡主要介紹一下他在藝術方面的「復古」論及其實踐。

在書法理論上，趙孟頫明確地提出要復二王之古，也就是要追晉代王羲之、王獻之父子的書法神韻。趙孟頫早年書法學宋高宗（思陵體），從青年起就開始刻意追仿二王，小楷師法王羲之《黃庭經》和王獻之《洛神賦》，王羲之的《蘭亭序》在北宋的摹本有著名的《定武蘭亭》，趙孟頫有幸得到其中若干幅真跡，長其鑑賞臨帖體會，深得精髓。而王獻之《洛神賦十三行》真跡也曾為趙孟頫所收藏，他自稱「屢嘗細觀」，曾下苦功臨《洛神賦》凡數百本，所以深得其風致。晚年趙孟頫書法學習李邕，字體峭拔雄渾，莊重有力，和一般人批評他字體「柔熟軟媚」完全不同，這也可見趙孟頫實際上是在「復古」中不斷創新汲取的，最後形成自己的風格，但趙孟頫復古也是有選擇的，例如他不贊成一般學書法者一開始就學顏真卿，認為「顏體乃書家大變」，初學者功力不到消化不了，反而會養成臃腫無力的毛病。

在繪畫理論方面，趙孟頫提出了作畫貴有「古意」的觀點：「作畫貴有古意。若無古意，雖工無益。今人但知用筆纖細，傅色濃艷，便自為能手，殊不知古意既虧，百病橫生，豈可觀也？吾所作畫，似乎簡率，然識者知其近古，故以為佳。此可為知者道，不為不知者說也。」這裡的「今人但知用筆纖細」說的是受南宋的院體畫風影響的一類畫家，從他自己論述和他的話中我們可以看出，趙孟頫所提出的「古」，實際上是托古改制的古，也就是以「古」為門面，進而創造新意。「古」指北宋以上，與南宋的「今」相對立，這裡的「古意」並不是要回到唐人的畫風、技術、細節，而是吸取唐人精神氣質的一種，或是超然恬淡、或是雄渾大氣的境界。

總而言之，無論是「復古」還是「古意」，其實都不是要單純回歸古人的思維模式之下，而是在新形勢下，吸收古人的精華，重新創造出一套具有新的精神品質的藝術象徵體系，藉以改革南宋以來日趨繁瑣，但缺乏生命力的書畫藝術。這也可以看成是趙孟頫作為藝術家，對於南宋衰亡教訓的一種反思和重建。也難怪，一些海外藝術史研究者把趙孟頫稱為蒙古統治下「藝術家的英雄」。

77 中國繪畫史上的「元四家」是指哪四人呢？

「元四家」是元代山水畫的四位代表畫家的合稱。主要有二說：一說是指趙孟頫、吳鎮、黃公望、王蒙四人，見於明代王世貞《藝苑言附錄》。二說是指黃公望、王蒙、倪瓚、吳鎮四人，見於明代董其昌《容臺別集．畫旨》。第二說流行較為廣泛。此外，也有將趙孟頫、高克恭、黃公望、吳鎮、倪瓚、王蒙合稱為「元六家」的說法。畫風雖各有特點，但主要都從五代董源、北宋巨然的基礎上發展而來，重筆墨，尚意趣，並結合書法詩文，是元代山水畫的主流，對明清兩代影響很大。以下簡單介紹這些人物。

黃公望（一二六九—一三五四），常熟人，年輕時作過小官，因別人的事牽連入獄。出獄後改名「一峰」，並當了道士，開始畫畫。五十歲後隱居杭州，專心於山水畫創作。黃公望得到舅舅趙孟頫的傳授，融合宋代各大家之所長，到了晚年，又「臥青心，望白雲」，深入到大自然中觀察體悟，形成自己「氣清質實，骨蒼神腴」的藝術風格。他的代表性作品《富春山居圖》，花了七年時間完成，高三十三公分，橫長三百九十六點六公分。將富春江兩岸數百里精萃收聚於筆下。畫家中鋒、側鋒兼施，尖筆、禿筆並用，長短幹筆皴擦，濕筆披麻，渾成一體。

王蒙《葛稚川移居圖》

吳鎮（一二八〇—一三五四），浙江嘉興人，博學多識，性情孤傲，隱居鄉里，在杭州以賣卜為生。他的畫師承巨然，善用濕墨，充分發揮水墨畫的特性。他的畫風沉鬱蒼莽。傳世作品有《嘉禾八景圖》、《水村圖》等。

倪瓚（一三〇一—一三七四）是無錫人，家境富足。朱元璋起義後，他棄家出走。「扁舟蓑笠，往來湖泖之間」達二十年之久。他的畫主要表現太湖一帶風光，取平遠法構圖，簡略曠遠。他善用側鋒淡墨，乾筆皴擦，作品筆墨精粹，意境幽遠。代表作品有《漁莊秋霽圖》、《紫芝山房圖》、《江岸望山圖》。倪瓚主張繪畫不過「逸筆草草，不求形似」，「聊以自娛」，多為文人畫家所稱道。

王蒙（一三〇八—一三八五），湖州人，生活於元末明初，明初曾任泰安知州，後被牽連入獄而死。他從小向外祖父趙孟頫學畫，長大後與黃公望、倪瓚多有交往。他作畫喜用焦墨渴筆，點細碎苔點，畫面繁密充實。他善畫江南林木豐茂的景色，濕潤華滋，意境幽遠。代表作品有《青卞隱居圖》、《夏日山居圖》、《春山讀書圖》等。

【豆知識】

董其昌為何將繪畫分為「南北宗」呢？

董其昌（一五五五—一六三六年），字玄宰，號思白，又號香光居士，漢族，華亭（今上海松江）人。「華亭派」的主要代表。明萬曆十六年（一五八八年）進士，官至禮部尚書，卒諡文敏。

董其昌精於書畫鑒賞，收藏很多名家作品，在書畫理論方面論著頗多，其「南北宗」的畫論對晚明以後的畫壇影響深遠。工書法，自謂於率易中得之，對後世書法影響很大。其書畫創作講求追摹古人，但並不泥古不化，而在筆墨的運用上，則追求先熟後生的效果，拙中帶秀，體現出文人創作中平淡天真的個性。另外，加上他當時顯赫的政治地位，其書畫風格名重當世，並成為明代藝壇的主流。著有《畫禪室隨筆》、《容臺集》、《畫旨》等文集。

董其昌劃分「南北宗」是中國書畫史上，一種影響頗大的理論學說。他把李思訓和王維視為「青綠」和「水墨」兩種子畫法風格的始祖，並從此倡中國山水畫分「南北宗」之說。另外，據莫是龍在《畫說》中說道：「禪家有南北二宗，於唐時分，畫家亦有南北二宗，亦於唐時分。」清代方薰認為：「畫分南北宗，亦本禪宗『南頓』、『北漸』之義，頓者概性，漸者成於行也。」南北宗原是指佛教史上的宗派，所謂「南頓」、「北漸」把「頓悟」和「漸識」（苦功修練）作為彼此的主要區別。這種劃分法，標榜了「南宗畫」即文人畫出於「頓悟」，因而被視為「高越絶倫」，「有手工士氣」；同時，以為「北宗畫」只能從「漸識」，也就是從勤習苦練中產生，受到輕視和貶低。方薰也認為，頓悟取決於性靈，漸者成於力行。前者重在靈機領悟，後者重在功夫。南宗王維時，始用宣紙，變勾勒之法其傳荊、關、董、巨、二米以及元之四家等。北宗則李思訓父子，風骨奇峭，後傳至宋之趙伯駒，以及馬遠、夏珪、戴文進、吳小仙。

78 文人畫就是文人畫的畫嗎？

中國傳統畫作裡有一類很有名的作品統稱為「文人畫」，涉及的範圍包括山水、花鳥、人物等方面。那麼顧名思義，文人畫是否就是「文人」的畫作呢？這個問題並不是這麼簡單的。首先，「文人」這個稱呼就很籠統，不同時期所指稱的人群，範圍、差別都很大；其次，即使是在某個固定歷史時期，也並不是只要有了當時公認的「文人」身分，所作的畫自然就能成為「文人畫」。

關於文人畫的內涵，近代著名歷史學家陳寅恪之兄，陳衡恪解釋文人畫時說：「不在畫裡考究藝術上的功夫，而必須在畫外看出許多文人之感想。」最為關鍵的，即是在「畫外」看出很多「文人的感想」，而非在畫作本身上講究藝術功夫的精細、或技法的純熟。實際上，那種有章法招式，繪畫技法熟練成型，乃至成為固定套路的作畫方式，正是文人畫作者所力圖避免的，甚至要竭力抵制。比如在文人畫興盛的元代，他們作畫時要特別抵制的就是那種精巧細緻的「院體畫」，元代文藝界領袖趙孟頫，在繪畫方面最强調的是「古意」，認為從南宋院體工匠畫師純熟技藝發展起來的元初畫風「全無古意」，這種對「古意」的認同，實際上就是强調繪畫的精神成分，也是精神品質的高下，而非技法的熟練與否。如此一來，決定了某幅作品能否具有「文人畫」的資格。

那麼，這個文人的感想究竟有哪些具體內涵呢？如上文所述，我們可以同樣推測，並不是文人所想的內容都能自然地能成為畫作的表達對象，而是有一些特定的主題、形象來寄託這些感想。另外，在表達上也有一些相似點，例如文人畫的山水常有突出石頭的奇特造型，流水的從容清澈；花鳥畫中則將梅、蘭、竹、菊等具有「君子之風」的植物作為主題，在畫作本身中也特別强調其「神」，而且通常有題跋說明創作用意；人物畫則更明顯地常常以陶淵明、嚴子陵等人的隱逸故事為主題，表達一種遠離塵俗，超然恬淡的胸懷。儘管不同時代表達方式或有細小差異，但在這些重大主題及其意涵上卻是一致的。

文人畫强調精神性的這種特徵形成於宋代，有蘇東坡論「士夫畫」為其代表。然而，文人畫集中出現並成為潮流，卻是在元代。元代的蒙古族統治者雖然起初以武力奪取天下，但是後繼者們卻對藝術（尤其是繪畫）表達出特別的興趣。這段時期，一方面是大部分南宋院體畫家北上吸收北方畫風特點，形成藝術風格更為純熟的宮廷畫風，在元朝廷和後宮皆大受歡迎；另一方面，很多不願為蒙古權貴服務的南方文人，則將自己的胸懷排遣在畫作之中。他們主張「逸筆草草」、「不求形似」、「聊寫胸中逸氣」等，並將詩、書、畫、印四者結合在一起，一幅畫上除了繪畫形象本身外，還有自己或友人所題的詩，鑒賞者評鑒用印等，這也構成了文人畫的完善形式，一直到了明清也是如此。我們今天看到的很多傳統畫作上，布上許多的題跋印章——這在開始時大多是有意而作，著重在表彰發揚作者的創作胸臆，而並非獵奇式的收藏標記。

【豆知識】

中國國畫有哪些主要類別？

中國國畫是世界美術中一個具有完整理論體系和獨特表現風格的美學表現整體，在長期發展中，古人也對衆多繪畫作品按其主題和創作方式等進行了不同分類，傳統的分類主要有以下幾種：

唐代張彥遠《歷代名畫記》中分為六門，即人物、屋宇、山水、鞍馬、鬼神、花鳥等。

北宋《宣和畫譜》分為十門，即道釋門、人物門、宮室門、番族門、龍魚門、山水門、畜獸門、花鳥門、墨竹門、蔬菜門等。

南宋鄧椿《畫繼》分八類（門），即仙佛鬼神、人物傳寫、山水林石、花竹翎毛、畜獸蟲魚、屋木舟車、蔬果藥草、小景雜畫等。

元末陶宗儀《輟耕錄》所分「畫家十三科」是：「佛菩薩相、玉帝君王道相、金剛鬼神羅漢聖僧、風雲龍虎、宿世人物、全境山林、花竹翎毛、野騾走獸、人間動物、界畫樓臺、一切旁生、耕種機織、雕青嵌綠。」

從以上分類我們可以看出，傳統繪畫分類主要是依據表現主題進行的。一直到元末明初的陶宗儀，則把「雕青嵌綠」這種技術手段也作為分類依據。而到了近代，以基於表達工具的主要表現方式作為分類依據則更為常見，如我們經常聽說的水墨畫，寫意畫，工筆畫，白描畫等就是這樣分類的，其中水墨畫更因為和西洋油畫迴然不同的風格，而被當作國畫的代表形式，這恰恰是因為中國「國畫」的名稱，是近代西洋油畫傳入後才形成的，與之色彩對立最明顯的水墨畫，就自然成為最容易區分開的國畫代表。

79 畫家王冕做過官嗎？

中國古代著名諷刺小說《儒林外史》的開頭一章，簡要描述了元朝末年浙江文人王冕的生活經歷及其志趣追求。有研究者認為，作者吳敬梓之所以有意把王冕的故事放在全書卷首，是由於他對王冕的隱逸生活方式和淡然態度表示欽佩，也是全書的主旨所在。那麼歷史中的王冕究竟是怎樣一位人物，他真的是「視富貴若浮雲」的隱士嗎？

王冕（一二八七—一三五九）元代著名畫家、詩人，字元章，號煮石山農、放牛翁、會稽外史、梅花屋主等。浙江諸暨人。王冕出身農家，幼為人放牛，家貧但好學如癡，讀書不倦。常在夜間至寺院的長明燈下讀書，學識於是漸深。他

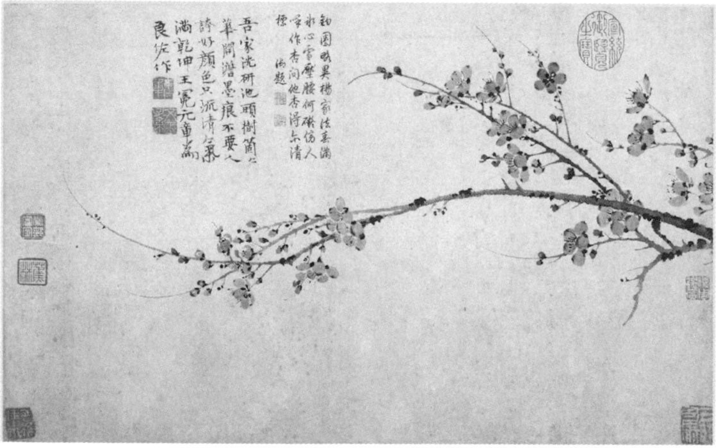

王冕《墨梅圖》

的好學精神感動了當時一個會稽的讀書人韓性，最後韓性收他為學生，教他讀書、畫畫。

與小說中描述的不同，王冕青年時期曾一度熱衷於功名，多次參加元朝政府組織的科舉考試，但考進士屢試不中，這也許與當時的科舉考試給予江南人士的名額太少有關（尤其是與科舉繁盛的南宋相比），畢竟元朝政府是在科舉停擺多年之後，才又在元仁宗延祐二年（一三一五）重開科舉的。

於是他滿懷憤鬱，燒毀了詩書文章，流浪江湖，並永絶仕途。他曾到過杭州、金陵，又渡長江，過淮河，最後經徐州、濟南到大都（今北京市），達居庸關。數千里的遠遊，使他又擴大了視野、開寬了胸懷，同時對社會現實和統治階級也有了較清楚的認識。在北京時，元朝丞相泰不華推薦他任學館教職，他預感到元朝政權處於風雨飄搖之中，所以沒有接受，乃隻身南歸以賣畫為生。

【豆知識】

沒有科舉的日子裡，元代人做官有哪幾種途徑？

中國歷史上的選官制度源遠流長，自從春秋戰國時代的貴族政治崩解後，秦朝的短暫統治強調軍功和對法令的熟悉，給一般人開放了從政的道路。但是到了漢朝以後，察舉徵辟制開始成為選官的重要方式，但對人們影響最大的還是隋朝開創、唐朝廣大的科舉選官制度，而到宋代科舉選官達到一個新的高潮。不過，南宋覆亡後有幾十年科舉的停廢時期。在這期間，政府仍然需要大量的行政官員，這些官員的產生主要來源於以下幾個途徑：

其一，是由皇帝的宿衛部隊出身，例如著名的貼身侍衛隊「怯薛軍」中，就是軍隊和文職系統高級幹部的主要來源。

其二，是所謂「大根腳」出身，即由幾個著名的蒙古軍事貴族家庭出身的子弟直接擔任官職，或者由這些家族的人保舉推薦。

其三，是老老實實地由吏員即具體事務官逐步積累資歷，最後可轉為具有行政決定權的官員，但這是一條漫長曲折的道路，且品級被限制在低級官員之中，往往是苦熬十幾、幾十年，最後除授的仍只是七、八品的小官。

除了以上這些形式外，還有一種不定期的選官制，即元朝皇帝的「求賢」。比如忽必烈在平定南宋後，就曾多次拍朝廷大員「馳赴江南求賢」。有一些地方高級官員有時也被授予這項職權，但這種求賢屬於不定期的偶然選派，地方官限於時間精力，也不可能一一切實尋訪，每次也就是幾個人到十多人而已，不能成為一般士子可以期待的做官之徒。由此看來，相比南宋科舉的錄取數量和巨大的參考人數（科舉末期每年在兩萬人以上），元初科舉停廢期間的大量江南士子確實是愁苦滿懷無處訴，也難怪會有那麼多的才子出現在繪畫及曲劇創作等，原先非主流的行業裡了。

【十一】雜劇戲曲一探究竟

80 元曲是由宋詞演變而來的嗎？

提及中國的古典文學成就，人們首先就會說起唐詩、宋詞和元曲。宋詞被稱為「詩餘」，意思是由詩演變而來的。曲也曾被稱為「詞餘」，那麼元曲是從宋詞演變過來的嗎？

元曲吸收和借鑒了宋詞中的一些元素，甚至包括了很多宋詞詞調和詞章。北曲的緣起可以追溯到北宋時期北方民間普遍流行的曲子，更早甚至可以追溯到唐五代時期的敦煌曲子詞。就這個層面而言，詞、曲有時是同源的。詞由於士大夫的介入，逐漸雅化，從音律到文辭都比較規整和高雅，而民間流行的曲子則一直保持著自然樸素的面貌。

但是元曲有時即使採用宋詞詞調，風格也與宋詞大相徑庭。元曲風格淺近平俗，除了內容詼諧、運用口語、不避俚俗等特點之外，也常常加入一些襯字。曲子多為民間傳唱，他們會根據自己的審美傾向對詞進行一些加工改造。例如在格律上突破歌詞的規範，增添襯字、不拘平仄、放鬆韻轍、加密韻腳，以及改變音樂旋律等。所以，我們可以看到元曲中有許多與宋人詞調同名，但是在格律上，二者又是完全不同。

元曲又不僅僅受詞的影響，它還深受來自北方的民族音樂曲調的影響。北方民族的歌舞曲對漢族人而言，顯得新奇有趣，帶有奇特的審美價值。他們常常將蕃曲曲調納入曲中，稍作改變，加以運用。女真、蒙古等民族的流行曲調，就有很多先後被納入北曲。

除了宋詞之外，唱賺、鼓子詞、諸宮調、院本、南戲以及北方少數民族的歌曲和民間樂曲，也都是元曲興起的原因。元曲是音樂、文學、習俗等各種因素演變而成的。因此，並不能決斷地說元曲就是由宋詞演變而來。

【豆知識】

什麼是曲牌？

曲牌就是曲調的名稱。每支曲牌都有屬於自己的專有名稱。例如【水仙子】、【人團圓】等。他們都屬於一定的宮調，例如【小桃紅】屬於【越調】，【夜行船】屬於【雙調】。有的曲牌屬於兩個或者多個宮調，例如【耍孩兒】分別屬於【中呂宮】、【雙調】和【般涉調】。

在音樂上，曲牌規定了一支曲子的旋律，演唱者必須以之為依據來演唱。同時，在曲辭上，曲牌也規定了一支曲子的格律，包括句數、字數、韻腳和平仄等。填詞的時候必須以音樂上的特點為依據。

北曲曲牌主要有四個來源。其一，北方各民族的俚曲俗謠，如東平唱【木蘭花慢】，陝西唱【陽關三疊】等。其二，少數民族歌曲。主要是武夫馬上所唱，後來流傳到中原，在民間傳唱。其三，直接沿用的唐宋大麯、諸宮調和詞牌名稱，如【秦樓月】、【八聲甘州】等。但是多數有所改變，或者採用單片，或者改變格律。其四，借用佛曲、道曲等。

北曲曲牌有的只能用作小令，如中呂【山坡羊】；有的只能用於套曲，如正宮的【端正好】、【滾繡球】；有的則可兼用，如越調的【天淨沙】、雙調的【折桂令】等。

81 雜劇與南戲、傳奇有何不同？

戲曲愛好者可能會有過這樣的經歷：在看戲劇演出介紹時，常常會標明戲劇的性質，有的標明是雜劇，有的介紹則是傳奇或者南戲、北曲之類的，那麼，這幾種戲曲名詞所指的戲曲是相同的嗎？

元曲其實包括劇曲與散曲兩種性質不同的文體。劇曲又可分為雜劇、戲文（即南戲）和院本（流行各地的傳統小戲）等三種體裁。是以曲為主，結合念白、動作來表演人物與故事的表演藝術。關於戲曲的演出，有的演員隸屬於教坊司，主要是在宮中表演；也有一些民間劇團，在城鄉巡迴演出，如城市中的勾欄和瓦舍。散曲是繼宋詞之後出現的合樂可歌的詩體文學，沒有賓白、科介，只用於清唱，又稱「清曲」、「詞餘」。

雜劇的名稱在晚唐時已經出現，到了宋代逐漸發展成熟。元雜劇是北方演唱的戲曲形式，金末元初產生於中國北方。劇本體裁一般分為一本四折，每折用同一宮調的幾個曲牌組成套曲，必要時加楔子。腳色有正末、正旦、淨等。每劇一般由正末或正旦一種腳色唱到底。雜劇的創作和演出初期主要以大都為中心，後來又在江南杭州等地流傳。明中葉以後，雜劇開始衰落。一般說的元曲，指的就是元雜劇。

南戲是「南曲戲文」的簡稱，它是在宋雜劇的基礎上，結合唱賺、宋詞及民歌等綜合而成的戲曲形式，在宋元時期流行於南方，用南方的語言和戲曲來演唱，與北方的雜劇和院本相對。南戲被認為是中國戲劇最早的成熟形式。根據明朝徐渭的《南詞敘錄》記載，最早的南戲戲目是北宋永嘉人創作的《趙貞女》和《王魁》。南宋時期，南戲風靡一時，但是到了元代，雜劇盛行，南戲多在民間流行。到了元朝末年，雜劇衰落，南戲又重新流行起來。南戲的形式靈活多變，篇幅長短不拘，音樂用一個宮調的曲牌，且每個角色都可以演唱。

進入元朝以後，南戲從江浙傳到了江西和安徽，形成了海鹽腔、余姚腔、崑山腔和弋陽腔等四大聲腔。題材上偏重於表現愛情和家庭故事，深受人民的喜愛。南戲在元末再度興盛後產生了許多作家和作品，其中元末高明創作的《琵琶記》被稱為「南戲之祖」。明朝成化、弘治以後，南戲進一步發展演變為傳奇。南戲為明清傳奇的發展奠定了基礎。

傳奇是明清時期以演唱南曲為主的一種戲曲形式，結構大致與南戲相同，但更為緊湊、整齊，情節也更為複雜，人物形象的刻畫更為細緻。每本傳奇一般分為四、五十齣不等。明朝嘉靖到清朝乾隆年間最為流行。演出全本，一般要兩三天才能演完。乾隆以後，全本演出減少，單齣演出較多。明清傳奇家有七百多人，作品近二千種。《牡丹亭》、《清忠譜》、《桃花扇》、《長生殿》為其代表作。

【豆知識】

南戲所謂「荊劉拜殺」是什麼？

南戲劇本今知有一百七十種左右，但全本流傳者僅有《小孫屠》、《張協狀元》、《宦門子弟錯立身》（合稱《永樂大典戲文三種》）、《牧羊記》、《拜月亭》、《荊釵記》、《白兔記》、《殺狗記》、《琵琶記》等，多經明人改編。其中《荊釵記》、《白兔記》、《拜月亭》、《殺狗記》合稱「荊劉拜殺」。

《荊釵記》是元人柯丹丘所作，寫貧困的書生王十朋以荊釵為聘禮，與錢玉蓮結為婚姻。王十朋考中狀元後，因為拒絕了丞相欲招其為婿，而被貶官朝陽簽判。富豪孫汝權欲謀娶錢玉蓮，暗中把王十朋給妻子的家書改成了休妻之書。錢玉蓮被迫投江自殺，被福建安撫錢載和所救，收為義女。這時候又誤聞王十朋病故的消息。五年後，王十朋改官道上，與錢玉蓮相逢，以荊釵為憑，夫妻團圓。

《白兔記》全名《劉知遠白兔記》，是元人根據民間傳說而作。劉知遠因為家裡貧困而投軍，妻子李三娘在家受盡了折磨，生下兒子托人交給劉知遠撫養。十多年後，其子射獵，追白兔而得見其母，於是一家團圓。

《拜月亭》南戲全名為《王瑞蘭閨怨拜月亭》或《蔣世隆拜月亭》，為元人施惠作。描述金與蒙古戰爭時期，書生蔣世隆與妹妹瑞蓮失散，少女王瑞蘭也與其母失散。蔣世隆與瑞蘭相遇，結為夫妻，瑞蓮則與瑞蘭母親結伴而行。瑞蘭父親在旅店遇見瑞蘭，因嫌門不當、戶不對，而強帶瑞蘭回家，要拆散二人。路上又遇到了其母及瑞蓮。瑞蘭回家後，思念世隆，焚香拜月，傾訴有緣，被瑞蓮發現。後來，蔣世隆中了狀元，與瑞蘭重逢結合。而蔣瑞蓮則與武狀元、世隆的結拜兄弟成婚。

《殺狗記》南戲全名是《楊德賢婦殺狗勸夫》。寫哥哥孫華與市井無賴交往，其弟孫榮苦苦規勸，而孫華不但不聽，還聽從無賴教唆，將孫榮驅逐出門。孫華的妻子楊氏殺死了一隻狗，去頭尾後裹了人的衣服冒充屍體放在家門口。孫華知道了大怒，請平素相交的狐朋狗友埋屍體，他們非但不理，反而去告官。孫榮自認殺人，捨命救兄，楊氏遂向官府說明原委。孫華改過自新，兄弟和好如初。

82 戲曲中的包公形象也是大黑臉嗎？

包公是宋朝人，姓包名拯，字希仁，曾做過天章閣待制和龍圖閣學士。他以不畏權貴、嚴格公正執法著稱，享有「包青天」的美名，是中國民間公平正義的化身，最後逐漸演變成白天斷陽間案、夜間斷陰間案的神話人物。傳說中的包公最輝煌的功績是審出了發生在宮中的一件大案——狸貓換太子案，替宋仁宗皇帝找回了自己的親生母親，這在小說《三俠五義》中得到了大肆渲染。

元雜劇中以包公為主要人物的劇本有近十種之多，主要以有關他的歷史傳說和民間故事為題材，創造出一個剛正不阿、充滿智慧和幽默的包公形象，其中最有特色的是戲曲《包待制陳州糶米》。

劇本描述的是北宋初年，陳州地方連續三年大旱，田地顆粒不收，民不聊生。朝廷決定派官員去開倉賣米，以每石米五兩銀子的價格賣給民眾。當朝權貴劉衙內乘機派出兒子劉得中和女婿楊金吾掌管賣米的事情，告知可在米裡摻上泥土和糠秕，並將官價暗地提高到每石米十兩白銀，授予皇帝賜給的紫金錘以防止民眾作亂。兩人到達陳州後，遵照劉衙內的口諭執行，引起民眾大怒，老農張𢢃古被活活打死。老漢臨死前囑咐他兒子小𢢃古去找鐵面無私的包公申冤。包公假扮一鄉下老農暗察民情，結果被楊金吾他們兩人吊在槐樹上。正要被拷打之際，包公侍從趕來搭救。在公堂上，包公鐵面無私，歷數兩人罪行，下令將楊金吾推出市曹斬首，吩咐小懒古用紫金錘打死劉得中，親手為父報仇。等到劉衙內手持皇帝「只赦活的，不赦死的」的特赦書到來時，小懒古反而藉此免罪了。包公趁便下令將劉衙內也一併處罪，民眾拍手稱快。

傳說中的包拯家世清貧，命運坎坷，生下來就是「黑漆漆、亮油油」的，被父母遺棄，幸蒙兄嫂將他撫養成人，並聘請家庭教師來輔導。而事實上，包拯的年幼時代，深受父母喜愛。包拯長大後也極為孝順父母，因此在他二十九歲中進士後，竟辭官還鄉，頤養雙親，以終天年。

【豆知識】

中國歷史上的清官還有誰？

在中國古代社會，民間把好官稱為清官，在正式的文章典章史籍中，對好官一般不稱為清官，而叫作「循吏」、「良吏」、「廉吏」等等，《史記》中就有一些記載。歷史史時雖然記載了很多貪官，但歷朝清官也是普通老百姓念茲在茲的人物。如春秋戰國時期，魏國人西門豹利用「河伯娶媳婦」事件來智懲三老、廷椽和巫婆，破除迷信，並修建漳河十二渠，治理水患，發展農業生展，成為當地百姓供奉的對象。唐代狄仁傑始終保持著體恤百姓、不畏權勢的本色，被人稱為「唐室砥柱」在擔任掌管刑法的大理丞時，到任一年就處理了先前遺留下來的一萬多件案子，後人依據這些題材編出了一本《大唐狄仁傑斷案傳奇》。宋代包拯的清廉也是有目共睹的。他任知端州三年，卸職時竟然連一塊端硯都沒有帶走。他還制定了一條家訓：「後世子孫仕宦，有犯贓濫者，不得放歸本家；亡歿之後，不得葬於大塋之中。不從吾志，非吾子孫。」

明代海瑞為匡正時弊，嚴肅法紀，主持制定了貪污滿「八十貫絞」等嚴刑。他一聲居官清廉、剛正不阿，在南京任職吏部尚書就被民眾拿他的畫像當門神。關於他的傳說故事，民間更廣為流傳。後來經文人墨客加工整理，編成了長篇公案小說《海瑞罷官》、《海瑞上疏》等等。清代湯斌官至內閣學士、禮部尚書等等，一生幾乎所有精力都集中在河務還有漕運的治理之上，為百姓興利除害、賑災救濟，一直到他過世竟然僅留下遺俸銀八兩，連買棺材的錢都不夠，真正可謂是一代清官。

83 為什麼元雜劇通常是「一本四折」？

元雜劇通常採用的是一本四折的結構方式，主要是用來講述一個完整的故事。前一折的情節與後一折的情節緊密相關，因此元雜劇的「折」相當於現代戲劇中的一場或一幕。同時由於一折戲由一個套曲組成，因此一折也有一個套曲的意思。

關於「折」的來歷，有人認為是源自於原來的演出本，本即「折」，演員把唱詞和念白抄記在小冊子上，相當於劇本。一套曲抄錄在左右兩頁紙上，合起來就是一折，故一本為一折。

元雜劇一本四折的體制，顯得短小精悍，全劇嚴謹、緊湊而不至於像南戲和傳奇那樣拖沓散漫。同時，它也與元雜劇中「一人主唱」的形式密切相關。由於不同的腳色行當，每個演員不可能兼有各種技能，而司職專唱的演員在當時戲班中又是有限的，所以元雜劇普遍採取了一人主唱的形式。這從宋金諸宮調和鑼鼓雜戲時期，已然成為了約定俗成的形式。據焦循《劇說》記載，到了金章宗朝，董解元唱作《西廂》彈詞：「則有白有曲，專以一人搊彈並念唱之。」、「至元人造曲，則歌舞合作一人，使勾欄舞者自司歌唱。」元雜劇實行的「一人主唱」到底的形式，決定了元雜劇情節要較短，一般為「四折一楔子」。因為，由於演員

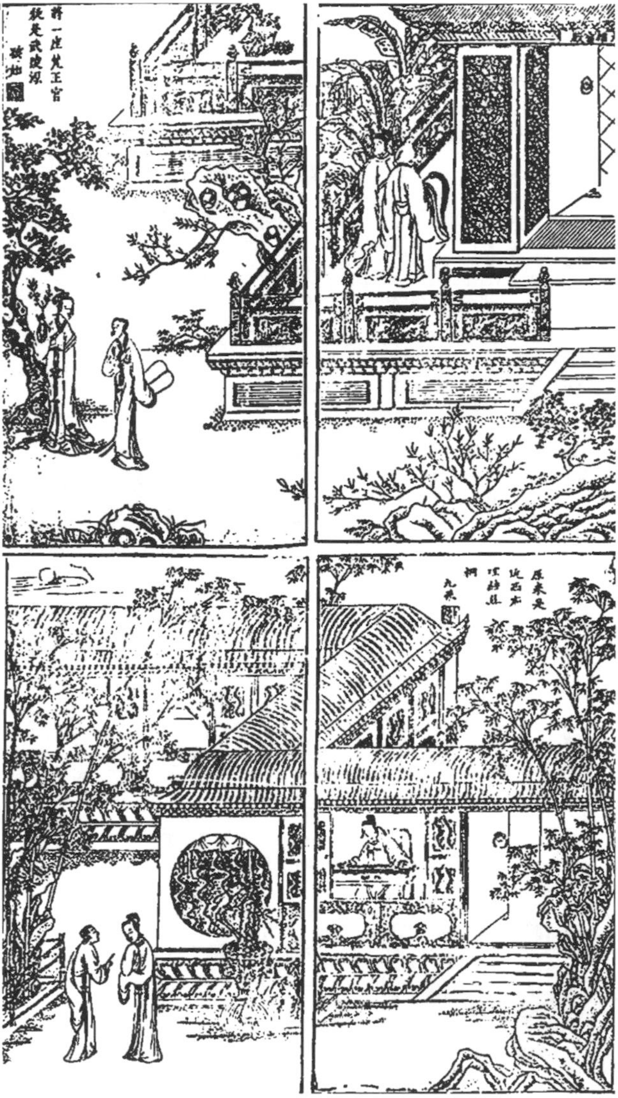

《西廂記》插圖

一人主唱，是不能長時間演唱。如果一人單唱，氣力也容易消耗。

此外，對於元雜劇普遍實行「四折一楔子」，很多人看法不一，如認為是受到了傳統詩歌的「起承轉合」體制的影響，受到了宋雜劇四段體制的影響，適應事物發生、發展、轉變、結局的發展階段性等。一人主唱的表演形式有利於刻畫和突出劇中的主要任務，使情節的發展不脫離主要人物，又可淋漓盡致地將主要人物的心理狀態表現出來，突顯他們的性格特徵。

一本四折，由於篇幅短小，也限制了故事情節的充分展開。加上由於元雜劇「一人主唱」比較單調，可能造成冷場，有時候也採用一些補救方法，如正式劇碼開演前上演一些滑稽逗趣的表演等。或者在中間穿插一些技藝表演，讓主唱演員獲得休息。元代中期以後，一些雜劇開始突破「一人主唱」的體制，如武漢臣的《生金閣》雜劇四折分別由正末、正旦主唱，所以不再稱「賓白」，而改稱「說白」、「道白」了。紀君祥的《趙氏孤兒》為五折，張時起的《賽花月鞦韆記》為六折，而王實甫的《西廂記》更是將幾本雜劇合為一本來演一個故事，五本二十折為一劇。

【豆知識】

元代雜劇最興盛的是哪些城市？

至元年間，元雜劇出現了全盛局面。根據鐘嗣成的《錄鬼簿》記載，當時元曲大家輩出，名著紛呈，民間的演出也非常火紅，其中尤其以大都、真定、東平、平陽等地劇作家最為集中，雜劇興盛。

大都：忽必烈於一二六四年遷都至此後，大都成為了當時的政治、文化和商業中心，也迅速刺激了戲曲演出事業的蓬勃發展。為了滿足娛樂需求，至元二十二年（一二八五），元朝政府從江南遷來八百家樂工到京師，壯大了藝人隊伍。當時朝廷曾專設宴樂機構「教坊司」掌管宮廷演劇。馬可波羅曾記載宮廷中樂工與演員演出雜劇的情形。不但宮廷演出事業繁榮，民間雜劇團體也非常活躍，當時大都出現了許多雜劇創作和演出團體——書會。著名的玉京書會和元貞書會就是活躍在大都。

真定：今河北正定縣。由於元和南宋聯合滅金，原來汴梁、鄭州等地的中原人民遷入真定，促進了當地經濟文化事業的大發展。當時的真定豪商大賈雲集，演出團體眾多，雜劇創作也非常繁榮。

東平：東平臨近孔子故里，向來既是禮樂之邦，也是弦歌之地。金國滅亡後，許多士人遷徙到東平居住，他們中間許多人熟諳禮樂。東平的儒戶、樂工的集中，為文化的發展奠定了基礎。元朝宮廷太常樂人最初的主要來源就是東平。

平陽：今山西臨汾。平陽文化發達，也是自金朝就開始了。當地民風喜好歌舞娛樂，加上物產富饒，雜劇隨之繁榮起來。至今山西還保存有許多金元時期的戲曲文物和圖案。

此外，開封和洛陽也是雜劇興盛之地。這個時期雜劇在全國的興起，既滿足了廣大人民的文化需求，也促進了元雜劇事業本身的發展與繁榮。各地不同的風俗民情，方言曲調，也大大豐富了雜劇的演唱風格，促進了地方劇種的形成和繁榮。

84 雜劇的「蒜酪味」與「蛤蜊味」是什麼意思？

古代常常用「味」來評價文學作品的風格，如南北朝人鐘嶸的「滋味說」，唐人司空圖的「酸鹹說」，宋人歐陽修的「橄欖說」等等。元明人集成了前人以飲食味覺來比擬文學作品的做法，用「蒜酪味」和「蛤蜊味」來比喻元雜劇的風格，形象具體而生動。

元代著名的曲論家鐘嗣成在其所著的《錄鬼簿序》中由於緬懷那些已經故去的、職位不振、高才博藝的藝術家，而為他們作傳，雖然恐怕因為雜劇低俗，不為正統士人看起，但是「吾黨且啖蛤蜊，別與知味者道」。蛤蜊是東南沿海，主要是漢族百姓喜歡的海產品，它體積小，但是味道清純，便被用來比喻元雜劇的天然輕靈、不造作、不呆板的風格。元人王舉之散曲《【雙調】折桂令‧贈胡存善》對這種風格有很好的概括描述：「問蛤蜊風致何如？秀出乾坤，功在詩書。云葉輕盈，靈華纖膩，人物清瘦。采燕趙天然麗語，拾姚盧肘後明珠。」蛤蜊味的元雜劇具有濃郁的平民風格，它不同於傳統的雅文學，而是反映了山野小民的欣賞趣味，在散曲中表現尤其明顯。

明代人何良俊《曲論》中在評價道高明《琵琶記》時候說，好的戲曲「須要有蒜酪味，而此曲全無」，正好像王公大人之席，駝峰、熊掌、肥腯等好的事物堆積，而缺少野菜、竹筍、蔥蒜等，「所欠者，風味耳」！這裡的蒜酪指的是大蒜和乳酪。我們知道，大蒜的味道是辛辣刺鼻，而乳酪的味道則是香甜濃醇的。這兩種食物都是北方人，尤其遊牧民族常用的食品。作者用大蒜和乳酪來比喻元雜劇的文學風格，來說明一種活潑辛辣而真醇優美的藝術風格。而且，元雜劇中確實有不少這樣風格的人物塑造，如關漢卿《救風塵》中的趙盼兒，性格潑辣，唱詞也粗野帶著對現實醜惡的辛辣諷刺，讓人覺得痛快、過癮，一如大蒜拌麵。這種野性的表現，其實也就是中下層勞動人民真實性情的體現，他不同於才子佳人、帝王將相的花前月下、綢繆婉轉，但是質樸豪放，真情流露，容易引起廣大勞動人民的共鳴。

【豆知識】

元雜劇的音樂體制是什麼？

曲的發展，經歷由「小令」到「合調」，再到「套子」，最後形成了四個套子或者五個套子的「雜劇」。

「小令」就是「小調」，「合調」是兩個或者三個不同的調子合在一起。用調子合起來，可以充分表達思想情感。合調除了意義要貫串之外，韻也要貫串到底。不能一調一韻，而要採用兩調、三調同用一韻。押韻可以通協，音調鏗鏘爽利，便於演唱抒情。

「套子」是三個調子以上的合調，多則可以達到三、四十個調子。與普通的合調不同的是，普通合調是抒情，而套子是敘事。從小令到套子，都屬於「散曲」。如果在套子的基礎上再進一步擴展，用四個套子連在一起，就是「雜劇」了。雜劇中的套子，成為折，即「第一折」、「第二折」等。在第一折的前面，或者其他折的中間，常常會放一些小的段子，稱為「楔子」。「楔子」若長則使用一個合調，若短則用一個小令，或者小令也不用。雜劇中的楔子與各折，都夾有「説白」與「做」。「做」也叫做「科」。

此外，還有「襯子」。「襯子」不受曲譜拘束，使曲詞顯得更加自由。

元雜劇是聯曲體的音樂結構，有著較為嚴格的曲律，主要包括宮調與曲調。

宮調是由音響的高低組成的調式。元雜劇所用的宮調有幾百種，他們都分屬十三個宮調：黃鐘、正宮、大石、仙呂、中呂、南呂、商調、越調、雙調、羽調、道宮、般涉、小石等。除去相互出入重合者，實際為九個宮調。宮調的作用主要為了限制樂器管色的高低，即調門的高低。每個宮調有著不同的聲情，它規定了調式和曲調的基本感情色彩。劇作家便根據劇情的不同來安排相應的宮調。

曲調就是曲的調名，一部分來自詞調，一部分來自大麯、唱賺、諸宮調等。還有一部分來自民間。每支曲調都有一定的句式、字數、平仄、韻腳等，規定這些格律的稱之為曲譜。

85 「貨郎兒」是什麼時候發展成熟的？

貨郎兒，原本是生活中賣貨郎的叫賣聲，經過長期的歌唱，不斷加工，到元代的時候已經發展成為說唱藝人專用的一種形式，後來被雜劇吸收進了套曲。

南宋周密《武林舊事》載：「叫聲，自京師起撰。因市井諸色歌吟，賣物之聲，采合

南宋李嵩所繪的〈貨郎圖〉

宮調而成也。」宋元以來，有一種來往於城鄉販賣日用雜貨，尤其是婦女針線以及兒童零食、玩具的挑擔小商販，被稱作貨郎兒。他們沿街搖著蛇皮鼓，唱著物品的名字以招攬顧客。所唱的調式不斷被加工和定型，被稱作《貨郎兒》或《貨郎太平歌》。到元代，發展成了一種成熟的說唱藝術「貨郎兒」。在《元典章》中，就有禁唱「貨郎兒」的記載，反映了當時貨郎兒流傳之廣泛。

元代楊顯之《臨江驛瀟湘秋夜雨》雜劇第四折、無名氏散曲《金殿喜重逢》中都有「貨郎兒」。在貨郎兒中間插入其他曲牌腔調，就成了【轉調貨郎兒】。現在流傳下來的最完整的是《風雨象生貨郎擔》。在這部元無名氏創作的雜劇《風雨像生貨郎旦》中，已經演變成了【九轉貨郎兒】。第四折張三姑通過賣唱【貨郎兒】，敘述李彥和一家被害得家破人亡的經過。因故事曲折，情節複雜，除了一段【貨郎兒】本調外，連用了八個穿插其他不同曲牌的【貨郎兒】組合成套，構成北曲少見的轉調集曲的結構形式。

由於貨郎起源於民間，比較樸素與粗糙，採用九支長短句式的轉調，形成了貨郎曲調的套數，就是同一曲調的變奏，每支曲調的句式有一點差異。它的構成與賺詞、諸宮調以同一宮調的幾個不同調子聯成一套的情形不同，也不是像諸宮調聯合許多套曲構成整體，所以還是民間流行的小型講唱文學。《風雨像生貨郎旦》從開頭到九轉都是用【貨郎兒】開始，以後中間是變奏。如【二轉】插入了【賣花聲】，【六轉】插入了【四邊靜】、【普天樂】，結尾又回到了【貨郎兒】。這種轉調，可以形成更為複雜的音樂結構形式，從而便於劇中人物敘述曲折複雜的故事情節。

【豆知識】

什麼是「蓮花落」？

蓮花落是一種流行於北京、天津、河北、山東等地的説唱藝術，又稱「蓮花樂」。它起源自唐五代時的「散花樂」。《續傳燈錄》中已有「一日，聞丐者唱蓮花樂」的記載。蓮花落最早是僧侶化緣時候唱的宣傳佛教教義的警世歌曲。後來，隨著大量僧侶還俗和走街串巷化緣，開始流行民間。其中丐者乞討時所唱，多以因果報應為內容，便於勸人行善施捨，也有助於教化人心，與人為善。

元代以後，民間多稱為「蓮花落」，俗稱「落子」。清代張燾《津門雜記》記載云：「北方之唱蓮花落者，謂之落子，即如南之花鼓戲也。」蓮花落的曲調比較簡單，只有上下句。演出形式有單曲、彩唱兩種。單曲由一人演唱故事，唱詞採用敘述體；彩唱是由歌者二、三人，分飾為旦、醜兩種角色，分包趕角，略如戲曲，比較偏重插科打諢。

蓮花落常用的板眼有「慢三眼」、「垛板」、「散板」等。蓮花落常常以竹板擊節，無須其他樂器伴奏。唱腔為段落體，每段開頭和結尾用唱腔，中間用韻白或道白敘述故事情節，尤以摹擬人物言行見長。連話落的表演一般般繪聲繪色，形象生動，引人入勝。蓮花落有時候常常在尾句唱腔用抖「包袱」形式結束，有點像今天的相聲結尾，寓教於樂。

86 道教歌曲為什麼不叫「道歌」、「道曲」而叫「道情」？

道情是道士們布道、化緣時候唱的一種歌曲，後來逐漸發展為民間說唱。它起源於唐代道士在道觀內所唱的「經韻」，後來吸收和借鑒了曲子詞、曲牌等曲藝體式特徵，演變成了在民間傳唱的「道歌」。道情是道士宣傳道教和描寫自己生活體驗的一種說唱文學，可說可唱，以唱為主。用漁鼓和簡板作伴奏，可以一人說唱，也可以多人同時說唱。據中國藝術研究院曲藝研究所編寫的《說唱藝術簡史》記載：「晉北說唱道情：別名坐腔。形成期：元代初葉。形成地：山西。」

唐代已經有道教樂曲在民間傳唱，南宋時候已經有道情表演的記載。周密《武林舊事》卷七云：「後苑小廝兒三十人，打息氣唱道情。」但是道情的盛行則是在元代，元雜劇和元散曲中都有衆多的關於道情曲的記載。這是因為除了元代戲曲大發展、大繁榮的因素之外，還和元代道教，尤其全真教的盛行密切相關。在元代出現了許多神仙道化劇，「唱些道情曲兒，也好驚醒世人咱」。（元范子安《竹葉舟》第四折）元代散曲中，比較常見的道情曲子有，多出自【中呂】宮和【仙呂】宮。如今常見道情曲調有【耍孩兒】、【西江月】、【步步嬌】等。

山西永樂宮元代壁畫中的道教神仙

為什麼道教歌曲並不被稱為「道歌」、「道曲」，而是稱為「道情」呢？對此，元代人燕南芝庵在《論曲》中記載：「三教所尚：道家唱情，僧家唱性，儒家唱理。」明人朱權所著的《太和正音譜》也解釋說，因為道家唱的是飛天、遊覽太虛仙境，俯仰八方，沖淡無為，傲視古今，得道樂道的情感，所以稱為「道情」。

道情的作者和貨郎兒、蓮花落的作者相似，多為下層流浪藝人和遊方道士，身分低微卑賤，創作貼近勞動人民的生活，曲調通俗質樸，具有强烈的俗文學色彩。道情風格特點是灑脫豪放，這也和道士逍遙豁達的生活密切相關。作為一種韻文文學體裁，道情的唱詞和念白都是要押韻的，但是相比那些粗俗的貨郎調和蓮花落而言，則顯得文雅許多。道情對元代雜劇和散曲中生動活潑、質樸自然風格的形成，有良好的催化作用。現代道情則已成了一種民間曲藝形式，鮮少有道教色彩。

【豆知識】

道情是怎麼唱的？

道情在宋元明清的中國社會，由於其豐富的曲目和通俗化的說唱，成為民眾喜聞樂見的藝術形式。道情說唱旨在勸化世人，是道教民間化的產物，是對道教教義思想的通俗演繹。在元代雜劇中有道情說唱的曲目，明代小說中也有關於道情說唱的描寫。

道情有歌曲道情、說唱道情、戲曲道情、皮影道情等四大類共一百一十餘種。「道情」一般由引子和正文組成。引子多是由四句詩構成，內容常常是道家看破紅塵的表白。有些引子和正文的內容有著緊密的連繫。在正文的演唱過程中，表現為有說有唱，邊說邊唱。說的是散白形式，唱的是韻體形式。常用一些詞調和曲調。

道情說唱被視為方外之音，內容多為道教勸世之倫理說教，說唱者主要是雲遊道士和民間藝人。當時社會上的道情說唱者，多是生活於社會下層人。《呂洞賓三醉岳陽樓》第四折道情曲唱道：「一頓饑，一頓飽，氈毯羊皮破衲襖。半頭磚，一把草，橫眠側臥，惹得旁人笑。」韓湘子《醉鄉奉》道情也說：「打漁鼓高歌興添，采靈芝快樂無厭。大叫高呼，前遮後掩。騰雲駕霧，霎時間遊遍九天。一任旁人笑我顛。」

道情也有合唱形式。主唱領唱，全體合唱，一唱三歎，娓娓動聽。道情唱腔高亢悠揚，有時氣勢恢宏，如大江奔流；有時委婉纏綿，令人感慨至深。道情表演一般有樂調和器樂伴奏。在開頭就要彈奏一下以便開場。道情表演的主要樂器是漁鼓與簡板。近代以來則增加了絲竹樂器和打擊樂器，豐富了音樂表現。

87 元曲中「腳色」與「角色」的意思完全一樣嗎？

「腳色」或「角色」常用來指戲曲中妝扮的舞臺形象，在最初它們的意思相同，都是指履歷，二者可以互換。宋代趙升《朝野類要》卷三「腳色」一條解釋道：「初入仕，必具鄉貫、戶頭、三代名銜、家口、年齡、出身履歷。」朱熹《答任行甫書》也說：「休致文字，不知要錄白繳申角色之類否？」這兩條記載中的「腳色」與「角色」二者含義相同，都是指代履歷。

「腳色」一詞被用作戲曲行當稱謂的時間不詳，但「腳色」最早作為傳統戲曲行當稱謂的記載是出現在元代人夏庭芝撰寫的《青樓集志》：「雜劇則有『旦末』……其餘供觀者，

元代壁畫元雜劇腳色圖

悉謂之『外腳』。」戲班演出不同的劇本，需要裝扮不同的人物形象，而這種人物形象，一般按照技藝特長，分為念、唱、做、打。腳色行當正是根據演員的技藝分工而確立的，以彌補戲班演員有限，根據技藝來扮演不同的人物形象。如果一個戲班具備了「生、旦、淨、末、醜、外、貼」等七個腳色，便可以扮演各類舞臺形象，也就是「角色」。

「腳色」與「角色」，二者含義相關，甚至有相通之處，但二者又是具有明顯區別的兩個概念。「腳色」指的是戲劇行當，是根據戲班演員的技藝工種而區別的；而「角色」則是指代劇中的各類人物形象。例如著名的戲劇《張協狀元》中，扮演張協和貧女的分別是「生」和「旦」，元雜劇《漢宮秋》中扮演漢元帝和王昭君的分別是「末」和「旦」，在這之間，張協、貧女、漢元帝、王昭君等人物形象分別是「角色」，而扮演他們的「生」、「旦」、「末」則是「腳色」。一個「腳色」可以扮演很多「角色」，反之則不能。

由此我們可知，儘管在現代漢語中，常取二者的共同義、不乏通用的例子。但是在元曲、乃至在整個戲曲行業中，腳色與角色是具有嚴格的區分的。

【豆知識】

「末旦淨醜雜」是什麼？

我們熟悉的是京劇中的生、旦、淨、末、醜這些腳色，但在元雜劇中，也有一套自己的腳色名詞。

正末，是元雜劇中的男主角，相當於南戲與傳奇中的「生」。明代朱權著的《太和正音譜》云：「正末，當場男子謂之末。末，指事也。俗謂之末泥。」次要的男角還有，沖末：正末的配角，相當於副末。外末，在劇中也扮演次要的男性角色。小末，在劇中扮演青少年男子。《梧桐雨》中，正末扮演唐玄宗。《趙氏孤兒》中的程嬰就是由外末扮演的。

正旦是元雜劇中的女主角，相當於南戲與傳奇中的旦。外旦是正旦的配角，相當於南戲與傳奇中的貼旦，地位僅次於主唱的正旦。小旦或旦兒在劇中扮演的是青年女子。搽旦在劇中扮演的是一些不正派或者邪惡的女子形象。因為這些角色扮演時臉部都搽抹成醜怪的模樣，因此叫搽旦。如《救風塵》中正旦扮趙盼兒，外旦扮宋引章。《碧桃花》中的夫人由貼旦扮演。

淨在雜劇中常常扮演的是奸詐凶狠的反面人物，如《趙氏孤兒》中的屠岸賈就是由淨來扮演的。也有一些社會地位低下的戲劇性人物由淨扮演。

醜是淨的配角，是從淨中分化出來的。如《金錢記》中王正、馬求，就是由一個淨、一個醜分別扮演的。此外，醜也扮演一些年少或者地位低下的喜劇人物。

雜在劇本中沒有注明角色，只是表明劇中的人物特徵，如卜兒（老婦人）、孤（官員）、都子（乞丐）等。由於元雜劇通常都是一本由一個角色主唱，由正末主唱的，就稱為末本；正旦主唱的就要旦本。其他角色只能念白。

從宋雜劇、金院本的腳色來看，淨、末是最早形成的兩個腳色，它是唐代參軍戲的「參軍」與「蒼鶻」演變而來的。

88 入選中國古代戲曲十大悲、喜劇的元人作品有哪些？

著名的戲曲研究專家、中國中山大學教授王季思先生領導的中國古典悲、喜劇編輯組，曾在徵求了各方學者意見後，評選出了中國十大古典悲劇和十大古典喜劇，產生了廣泛影響，被人們普遍承認和接受。

其中十大古典悲劇是元人關漢卿的雜劇《竇娥冤》、元人紀君祥的雜劇《趙氏孤兒》、元人馬致遠的雜劇《漢宮秋》、元末高明的南戲《琵琶記》、元末劉東升的雜劇《嬌紅記》、明人馮夢龍的傳奇《精忠旗》、清初李玉的傳奇《清忠譜》、清初孔尚任的傳奇《桃花扇》、清初洪昇的傳奇《長生殿》、清人方成培的傳奇《雷峰塔》。其中有五部屬於元人的作品。

十大古典喜劇是元人關漢卿的雜劇《救風塵》、元人王實甫的雜劇《西廂記》、元人鄭廷玉的雜劇《看錢奴》、元人白樸的雜劇《牆頭馬上》、元人康進之的雜劇《李逵負荊》、元人施君美根據《拜月亭》改變的傳奇《幽閨記》、明人吳炳的傳奇《綠牡丹》、明人康海的雜劇《中山狼》、明人高廉的傳奇《玉簪記》、清人李漁的傳奇《風箏誤》。其中六部屬於元人的作品。

元人的作品占了中國古代戲劇二十經典的大部分。一代有一代之主體文學，元末明初葉子奇《草木子》云：「傳世之盛，漢以文，晉以字，唐以詩，宋以理學；元之可傳，獨北樂府耳。」這裡的北樂府就是元曲。在元代的戲曲中，雜劇的成就最大，雜劇作家大約有二百多人，創作劇碼有六百餘種，目前存世的有一百五、六十種。雜劇作家在當時被稱為「才人」，他們的組織被稱為「書會」。著名的劇作家關漢卿、白樸等，都是大都的「玉京書會」的成員，而馬致遠則參加過「元貞書會」。

中國的表演藝術具有悠久的歷史，戲劇的基本成分，歌舞藝術在原始社會已經出現了，但是在宋金以前，中國真正的戲曲藝術還處在萌芽和醞釀時期，直到元代雜劇和南戲的出現，中國的戲曲藝術才真正成熟，並成為元代文學的代表。王國維《宋元戲曲考》云：「凡一代有一代之文學，楚之騷，漢之賦，六代之駢語，唐之詩，宋之詞，元之曲，皆所謂一代之文學，而後世莫能繼焉者也。」

【豆知識】

「書會」跟讀書會有關連嗎？

書會是指宋元時各種戲曲、曲藝作者的行會組織，多設立於杭州、大都等大城市。據記載，宋元時編寫戲曲劇本的作家的「同業性團體、行會組織」的「書會」眾多，現在有名可考的約有八個，他們分別是：九山書會、永嘉書會、古杭書會、武林書會、御京書會、玉京書會、元貞書會、昊門學究敬仙書會等。

在這些書會中，玉京書會和元貞書會兩個最為重要。它們的組織規模最大，成員名聲也非常顯赫，包括了關漢卿、馬致遠、白樸等元代最卓越的劇作家，作用和影響也是最大的。

玉京書會是元雜劇作家在大都建立的一個創作組織。據明初賈仲明《書〈錄鬼簿〉後》說鍾嗣成「載其前輩玉京書會燕趙才人、四方名公士夫，編撰當代時行傳奇、樂章、隱語、比詞源諸公卿士大夫，自金之解元董先生，並元初漢卿關已齋叟以下，前後凡百五十一人，編集於簿。」玉京就是大都，是元初雜劇演出和創作的中心。燕趙才人，包括當時集中在大都的北方雜劇作家。玉京書會的成員有關漢卿、白樸、楊顯之、趙公輔、岳伯川、趙子祥等等。關漢卿被稱為「總編修師首，撚雜劇班頭」，是書會的領袖人物。元貞書會與玉京書會同時，都在元大都活動。它也是影響非常大的一個雜劇組織，有名的成員包括馬致遠、李時中和藝人花李郎、紅字李二等。

書會裡的作家稱為才人，他們大都是淪落都市，謀生無路，才為勾欄、瓦舍等寫作唱詞、話本或雜劇。他們社會地位不高，比較熟悉下層人民的生活，同情他們的遭遇。和藝人結合，也提高了創作水準。如馬致遠與花李郎、紅字李二合寫了《黃粱夢》，孔文卿與楊駒兒合寫了《東窗事犯》，楊顯之善於為藝人的演出本加工。

【十二】名人名著真面目

89 《蒙古祕史》祕在何處？

我們現在了解、和研究蒙古早期歷史時，經常會聽到《蒙古祕史》（也叫做《元朝祕史》）這部書的名字。《蒙古祕史》是一部記述蒙古民族形成、發展、壯大之歷程的歷史典籍，是蒙古民族現存最早的歷史文學長卷。與中原王朝正史的最大區別，正是名字中的「祕」字。確實在元代，這部史書密藏在內廷中，普通人無緣得見，即使是蒙古的貴族因為特殊需求想要查閱、參考，也要經過複雜的程序，並經過皇帝的同意。因此，《蒙古祕史》可謂真正的「祕史」了。

這部奇書的命運，它的流傳和被接受的過程，也充滿傳奇性。它的蒙古語名為「脫卜察顏」，就是當時蒙古語「歷史」的意思。明初洪武年間，朝廷翰林譯員因其祕藏於元朝內廷，

於是題名為《忙豁侖·紐察·脫察安》（漢文題名為《元朝祕史》），它在蒙古族人入主中原的元代祕而不傳，又因為文字變化妨礙在本族中流傳。到明清兩代，雖然收入或列名於一些大型類書、叢書，但遠離民間。到清代中葉翻印出版時，它已成為一部高深的學問書了。

現在所看到的《蒙古祕史》是用五百六十三個漢字（譯音用字數目）拼寫的蒙古語本，全書十二卷，兩百八十二節。前五十八節記載的是鐵木真先人的譜錄，從二十二代傳說始祖說起，直到鐵木真的父親也速該、母親訶額倫。其中有許多關於蒙古氏族部落起源的優美傳說和實錄，歸結為「先祖之光」。

《祕史》第五十九節至兩百六十八節，是記述鐵木真「金色搖籃」、「汗父傾倒」的窘境、「日月為輪」的婚姻、「水幹石碎」的家境、「五箭訓子」的母育、「雛鷹被擒」的遭遇、「尋馬結義」的伴當；以及「婚禮之歌」、「三次遇難」、「破鏡重圓」、「巧遇英才」、「初得汗位」；包括歷次征戰、統一慶典的成長歷史，乃至於「札撒立法」、「鞏固汗權」、「戎馬生涯」，直至豬兒年（一二二七）病逝為止。

《祕史》第兩百六十九節之後，記述的是元太宗窩闊臺汗時期的歷史，以及二次西征、滅金；重申「怯薛」制度，以及制定賦稅、設立驛站等。最後一卷，即續集卷二以窩闊臺汗總結自己一生「四功四過」收尾。全書最後一節，即第兩百八十二節，是書後款識：鼠兒年（一二五二）七月，大聚會時寫於客魯漣河·闊迭額阿剌勒之地。

總而言之，《蒙古祕史》就是蒙古族這個狩獵遊牧民族起源、發生、創始的記述。它吸收遠古以來蒙古民間文化精粹，開蒙古書面文化先河，乃成為研究蒙古史、元史、世界中世紀史的經典文獻。這部書如同許多民族最初進入文字時代時，都要記錄自己的民族起源和史前世系一樣，《蒙古祕史》也是在中原文化影響下形成的蒙古語歷史文本。這也可以看出中原文化，尤其是它的史傳文化對本土多民族和異域民族的巨大影響力。這樣的層面而言，《蒙古祕史》是蒙古族充沛淋漓的創造精神、與中原史傳文學，交錯影響的綜合結果，從中可以體驗到多元文明相互撞擊、相互推動和相互融合的魅力。

【豆知識】

《蒙古祕史》的研究狀況如何？

《蒙古祕史》屬皇家祕典，是藏於「金匱石室」之聖書，自明代入《永樂大典》後得以珍藏。對於《祕史》的研究，明清兩代除乾隆年間蒙古族學者、詩人博明有所研究外，基本上是漢族學者文人將其評介於學術界。

明朝，已對《蒙古祕史》進行了初步評論利用。明天順五年（一四六一），李賢、彭時、呂原等人奉英宗旨編寫《大明一統志》這一巨著時，曾利用《蒙古祕史》的材料敘述蒙古地區的山川地理；史學家凌迪知在萬曆七年（一五七九）編撰《歷代帝王姓系統譜》時，其第五卷曾引《蒙古祕史》資料敘述蒙古帝王的世系和成吉思汗的簡介，並指出元朝的祖先是上天「蒼色人」與「慘白女」。

到了清代，不少漢族學者文人通過考據、訓詁、注疏、校勘等手段，對古人文獻進行研究。在這種情況下，《蒙古祕史》也同樣被當作重要文獻來對待，不少學者文人寫下了一批序文、跋言和考證文字，評介了《蒙古祕史》的內容、寫法、卷數、版本、流傳及其可補正史之不足的價值。

現當代，中國有巴爾虎人杜固爾扎布，於一九三九年與日本學者服部四郎合作，還原出版了《祕史》一卷本；一九四〇年，科爾沁人布和賀喜格在開魯創辦蒙文學會並漢譯《祕史》出版；一九四一年，鄂爾多斯人賀什格巴圖於呼和浩特出版《祕史》改寫本；同年，喀喇沁人阿拉坦敖其爾在張家口出版《祕史》還原本；一九七八年，中國蒙古學家道潤梯步的《新譯簡注〈蒙古祕史〉》，由內蒙古人民出版社出版；一九七九年，美籍喀喇沁人札奇斯欽《〈蒙古祕史〉新譯並注釋》在臺灣出版。

90 南宋末代宰相文天祥曾寫遺詩《過零丁洋》，零丁洋在哪裡呢？

「人生自古誰無死，留取丹心照汗青」是南宋末年民族英雄文天祥的著名詩句，也是中國歷史上最激動人心的壯語之一。這兩句詩出自《過零丁洋》，詩中還有「惶恐灘頭說惶恐，零丁洋裡嘆零丁」的句子，那麼，零丁洋、惶恐灘分別在今天的什麼地方呢？

零丁洋，又稱伶仃洋，在今天的珠江口海面。深圳與珠海之間的海面上有內伶仃島，香港南邊的海面上有外伶仃島，兩島之間的海面就是零丁洋。

一二七八年，在元兵鐵騎的衝擊之下，南宋的半壁江山已經危如累卵。這年五月，年僅十歲的宋端宗趙昰病死，陸秀夫等擁立七歲的趙昺為帝，年號祥興。同年十一月，宰相、信國公文天祥屯兵潮陽，當地的土匪陳懿、劉興危害百姓，文天祥攻殺劉興，驅逐走陳懿。十二月時，陳懿叛降元朝元帥張弘範，引元兵來攻，文天祥在海豐五坡嶺被俘，當時吞藥自殺不得，被押解到潮陽。

次年正月，張弘範攻打南宋最後的堡壘、朝廷的所在地崖山，脅迫文天祥通行。崖山在今天廣東新會的潭江口，從海豐去崖山，必須經過零丁洋。文天祥就是在船過零丁洋的時候，寫下了《過零丁洋》這篇千古絕唱。

到了崖山，張弘範請文天祥招降宋軍統帥張世傑，文天祥說：「我自救父母不得，乃教人背父母，可乎？」將此詩寫付張弘範，以明心志。根據《指南錄》中文天祥的自述，張弘範看到這首詩以後，「但稱『好人！好詩！』，竟不能逼。」不久，崖山慘敗，陸秀夫背負趙昺跳海而死，宋朝滅亡。元軍在崖山置酒大會，張弘範對文天祥說：「國亡，丞相忠孝盡矣，能改心以事宋者事皇上，將不失為宰相也。」文天祥「泫然出涕」，回答道：「國亡不能救，為人臣者死有餘罪，況敢逃其死而二其心乎。」張弘範請示元世祖忽必烈，元世祖說：「誰家無忠臣？」於是文天祥被送至大都，元朝屢次派人來勸降，文天祥始終不屈，三年後就義。

惶恐灘並不是文天祥被俘後經過的地方，它位於今天的江西省萬安縣，是贛江十八灘之一，水流湍急，形勢險惡。文天祥是江西吉安人，惶恐灘是他的家鄉名勝，被俘的前一年，他在江西兵敗，經惶恐灘退往福建，這裡也同樣是他的傷心之地。

史載，文天祥「體貌豐偉，美皙如玉，秀眉而長目，顧盼燁然」，一表人才，兼之文才出衆，舉進士第一，是宋理宗親點的狀元。《宋史》甚至認為，文天祥一人的作為，足以打破科舉制度不能選拔真材的質疑，後世更將他奉作民族精神的代表人物。

【豆知識】

古代抗擊異族侵略的英雄們留下了哪些膾炙人口的詩篇？

古有云：「詩言志」所以民族英雄們的詩篇最能震撼人心的，還不在於它們的文學成就，而在於其中體現出來的浩然之氣。相傳西漢的蘇武有《別妻》、《與李陵》等詩，由於不能確定為蘇武所作，暫且不論。此後，宋代的抗金英雄宗澤有《過潼關》、《華下》、《馬上口占》等詩，李綱的《伏讀三月六日內禪詔書及傳將士檄，慨王室之艱危，憫生靈之塗炭，悼前策之不從，恨奸回之誤國，聊以述懷》一望而知是傷時悲憤之作。至於南宋岳飛的《滿江紅》，毫無疑問是此類詩歌中的翹楚，此外他的《池州翠微亭》、《小重山》等詩詞也都是名篇。同為抗金將領也是著名詞人的辛棄疾詩詞作品繁多，文天祥除《過零丁洋》以外，《正氣歌》更是傳誦千古。下及明代，如于謙、戚繼光、袁崇煥、史可法、陳子龍、夏完淳、張煌言、鄭成功等等都有詩作傳世。到了近代，林則徐的「苟利國家生死以，豈因禍福避趨之」早已成名句，關天培、左宗棠等也都各有吟誦。這些民族英雄們吟出的家國輓歌，是永為歷史銘記的不朽篇章。

91 岳飛背刺「盡忠報國」的元代翻版出現在誰身上？

岳母刺背的故事家喻戶曉。到了元末，竟有一個以講史為生的說話人聚衆千餘人起義，起義軍的背上都刺有八字口號：「赤心護國，誓殺紅巾。」陶宗儀《南村輟耕錄》卷二十七記載了此人物的事蹟：「胡仲彬，乃杭州勾闌中演說野史者，其妹亦能之。時登省官之門，因得夤緣注授巡檢。至正十四年（一作十七年）七月內，招募遊食無藉之徒，文其背曰『赤心護國，誓殺紅巾』八字為號，將遂作亂。為乃叔首告，搜其書名簿，得三冊。才以一冊到官，餘火之，亦誅三百六十餘人。」

元代統治者曾下令嚴禁搬唱詞話，這裡的詞話就是指「說話」這類的說唱藝術。說話行當裡面很重要的一類是講史，它作為對民衆進行文化啓蒙的一種形式，在民間具有不小的號召力。統治階級自然警惕於其中宣傳民族鬥爭、亂世英雄等的「反動」內容。從仰賴市場為生的講史藝人的角度看，政府的禁令干擾了市場，剝奪了他們的謀生途徑，那麼他們就有可能鋌而走險。

明人沈德符《萬曆野獲編補遺》卷三「武臣刺背」條：「按刺背一事，始於宋岳少保（飛），元順帝末年，杭州巡檢胡仲彬舉兵，其徒皆文背曰『赤心報國，誓殺紅巾』。」這個江湖藝人胡仲彬居然做上了杭州巡檢，後來又能聚眾千餘人，可見他不僅熟悉官場操作，而且具有不凡的煽動力。當時正處於紅巾大起義之中，熟悉歷史上興廢爭戰之事的他迎合統治者，以「護國」和鎮壓「紅巾」為旗幟，利用無籍遊民，糾集力量，待機而起，想在亂哄哄的武力政治角逐中分一杯羹，成就亂世英雄，讓歷史上「樸刀杆棒」和「發跡變泰」的故事在現實中上演。

根據《宋史》卷三百六十八《王彥傳》，南宋時抗金的忠義八字軍曾在臉上刺字：「赤心報國，誓殺金賊」來推測，熟悉歷史的胡仲彬應是以此為範本，只是轉將把口號刺到了背後。

【豆知識】

宋元時期的「說話」是什麼意思？

說話就是講故事。有一則隋代的故事說楊素手下有一個擅長講故事的散官侯白，大臣們常讓他講故事取樂，有時從早講到晚才放他回去。有次，他剛出省門，就被楊素的兒子楊玄感攔截住，說：「侯秀才可以與玄感說一個好話。」《高力士外傳》裡說：「每日上皇與高公……或講經、論議、轉變、說話，雖不近文律，終冀悅聖情。」元和五年，元稹寫了一首名叫《酬翰林白學士代書一百韻》的詩，其中一句是：「光陰聽話移。」自注：「又嘗於新昌宅說一枝花話，自寅至巳，猶未畢詞也。」說的是聽說話聽得不覺時光飛逝。以上都是關於「說話」比較早的文獻記載。

說話作為一種技藝和職業，在宋元時期發展到極盛。耐得翁《都城紀勝》的「瓦舍眾伎」一條廣為文學研究者所徵引：「說話有四家，一者小說，謂之銀字兒，如煙粉、靈怪、傳奇。說公案，皆是樸刀杆棒及發跡變泰之事。說鐵騎兒，謂士馬金鼓之事。說經，謂演說佛書。說參請，謂賓主參禪悟道等事。講史書，講說前代書史文傳、興廢爭戰之事。最畏小說人，蓋小說者能以一朝一代故事，頃刻間提破。合生，與起令隨令相似，各占一事。」有此可知，說話四家分別為：小說、說經、講史、合生。最重要的是前三種。說話的文字記錄本是話本。根據羅燁《醉翁談錄．小說開闢》所言，小說話本的題材有靈怪、煙粉、奇傳、公案，兼樸刀、杆棒、妖術、神仙，名作如《碾玉觀音》、《錯斬崔寧》、《三現身包龍圖斷冤》等。講史話本又稱「平話」，講史不限於古代，「新話」講當今事，與「史書」相對。現存的宋人講史話本有《梁公九諫》、《五代史平話》、《宣和遺事》等，元人編刊者則有《全相平話五種》，包括《武王伐紂平話》、《七國春秋平話後集》、《秦併六國平話》、《前漢書平話續集》及《三國志平話》。說經話本演說佛書，流傳至今的宋元本僅有《大唐三藏取經詩話》。王國維說：「其稱詩話，非唐、宋士夫所謂詩話，以其中有詩有話，故得此名。」

92 朱熹注釋的「四書」是何時成為科舉考試的標準教材？

經學是中國古代的核心學文，簡單而言，它指的是對儒家傳統經典《易》、《書》、《詩》、《禮》、《春秋》、《論語》、《孟子》、《孝經》、《爾雅》等的研究。經學始於先秦，漢武帝「罷黜百家，獨尊儒術」之後，經學成為官學，在此後漫長的封建社會中，作為官方意識形態為統治者服務。

兩漢時期，經學的內容僅限於對《詩》、《書》、《易》、《禮》、《春秋》等「五經」的研究，國家設立學校，另博士官招收弟子傳授經學，弟子之中品學兼優的會被提拔作官。唐代繼承了隋朝開始的科舉考試制度，將經書作為科舉考試的科目，不過此時的經學對象為《易》、《書》、《詩》、《左傳》、《公羊傳》、《穀梁傳》、《周禮》、《儀禮》、《禮記》、等「九經」，即把《春秋》、《禮》各分為三。晚唐五代時期，《論語》、《孝經》、《爾雅》、等在國子監刻石中和「九經」一起刊刻。宋代理學興起，《孟子》受到重視而成為「經」，南宋把《易》、《書》、《詩》、《左傳》、《公羊傳》、《穀梁傳》、《周禮》、《儀禮》、《禮記》、《論語》、《孟子》、《孝經》、《爾雅》等十三部經典稱為「十三經」。

南宋理學家朱熹將《大學》、《中庸》兩篇從《禮記》中分離出來，將其與《論語》、《孟子》兩書單獨彙整在一起，統稱為「四書」。朱熹分別對它們注釋，稱為《四書章句集注》。理學作為儒學的一個新型態，繼承了傳統儒家理論，同時又有一些新的特點。像是它特別强調「人性」、「天理」、「格物致知」等理念。朱熹之所以對這四部書情有獨鍾，關鍵在於四部經典易於闡發理學的學說、理論。例如，《大學》被理學家程顥、程頤稱為「孔氏之遺書而初學入德之門也」，朱熹則整理出其中蘊含的「三綱領八條目」，「三綱領」指的是「明明德」、「親民」、「止於至善」，「八條目」指的是「格物」、「致知」、「誠意」、「正心」、「修身」、「齊家」、「治國」、「平天下」。《中庸》被理學家認為是孔門「心法」。朱熹建議了研讀四部經典的順序：「先讀《大學》，以定其規模；次讀《論語》，以立其根本；次讀《孟子》，以觀其發越；次讀《中庸》以求古人之微妙處。」宋代的理學適應了統治者的要求，因此，朱熹注釋的《四書》無問在官方還是民間都廣為流傳。元代以前的科舉考試科目，經書、詩、詞、賦並沒有甚麼高低之分。

元代統治者重視理學，在元仁宗延祐二年（一三一五）重開科舉考試時，即規定科舉考試科目從《大學》、《論語》、《孟子》、《中庸》「四書」中出題，答案以朱熹的注解為標準。從此，朱熹注解的《四書章句集注》成為國家科舉考試的標準教材，一方面，也奠定了「四書」在中國傳統經學上的核心地位，是四書的研究出現繁盛情況；另一方面，士人為了晉身仕途，學習「四書」，受儒家傳統倫理價值觀的薰陶，這樣便禁錮他們的思想，為統治者選拔中心順從的官員提供了條件。

【豆知識】

元代為何對理學如此推崇？

選擇一個强而有力的輿論工具來控制人民的思想，是封建社會統治階級追求的永恆目標，元代統治者也不例外。元代統治者將理學定為官學，因為元代統治者認識到理學的倫理在加强思想統治方面的巨大作用。元仁宗曾經說過這樣的話：「儒者可尚，以能維持三綱五常之道也。」

元代統治者對理學大力提倡可以從以下幾個典型事實得到很好的說明：趙復、竇默、碩堅三者皆是蒙古軍南下攻宋時的俘虜，三人因為通曉理學，就受到了元朝統治者的優待；忽必烈身邊有很多理學家作為參謀，如竇默、許衡、姚樞、張文謙、王恂等人，其中的許衡曾長期擔任國子祭酒，幫助統治者加强倫理綱常的教育；公元一三一三年，元仁宗以宋代理學家周敦頤、程顥、程頤、張載、邵雍、司馬光、朱熹、張栻、呂祖謙、元代的理學家許衡等十人「從祀」孔廟。將朱熹注的《四書》作為科舉考試的科目；一二八六年，元朝政府規定，農村學校學生入學，先讀《孝經》、《小學》，然後再讀《大學》、《論語》、《孟子》、經、史，其中的《小學》是朱熹編寫的一部理學著作。元代統治者對理學的提倡，使得「海內之士，非程朱之書不讀」，促進了理學（尤其是程朱理學）的發展。

93 被稱為「曲狀元」的是哪位劇作家？

元代出現了許多著名的戲曲大家，但是被稱為曲狀元的只有一人，他就是馬致遠。

馬致遠（約一二五〇—一三二一至一三二四間），號東籬，大都人。他曾任江浙行省官，有加入過書會，合編過雜劇。晚年退隱山林，詩酒自娛。他一生既經歷了動亂，也經歷了元朝相對穩定的時期。馬致遠年輕時，正逢元世祖忽必烈「通用漢法」，致力發展文化的時期。馬致遠也曾追慕功名，但並沒在仕途上找到出路。因而把滿腹才華獻給了雜劇事業。在馬致遠的前期，他創作了《薦福碑》、《青衫淚》、《漢宮秋》、《岳陽樓》等作品，譴責了官場黑暗，民族壓迫，也頌揚了真摯的愛情。元成宗即位後，他回到了大都，參加了元貞書會，與藝人花李郎等合撰《黃粱夢》。之後他繼續漂泊的生涯，先後到了江浙等地，經歷了官場生活，更加倍嚮往歸隱生活。五十多歲的時候，他決定退隱。這時期，創作了【雙調·夜行船】《秋思》、小令【越調·天淨沙】《秋思》以及隱士事蹟的雜劇《陳摶高臥》。流露出對世事的不滿和懷才不遇的情感，決心學習陳摶，絕意仕進，歸隱山林，試圖從神仙、隱士的生活中尋求歸宿，因此被人稱為「馬神仙」。

馬致遠創作有雜劇十五種，今存《漢宮秋》、《薦福碑》、《青衫淚》、《岳陽樓》、《任風子》、《陳摶高臥》等六種，以及與人合寫的《黃粱夢》一種。此外還有小令一百十五套，套數二十七套，其中七套是殘曲。

馬致遠擅長悲劇性的抒情，情調淒涼悲憤，文辭豪放有力，曲詞穩健、清亮，風格介於關漢卿和白樸之間。既有對當時社會的不滿，也有對仙道嚮往的思想流露。他的散曲善於吸取詩詞和民歌的有益成分，開闢了與詩詞不同的醇厚意境，提高了曲的格調。他的歎世之作，能將觀念和現實的矛盾明顯地表現出來，詠景之作往往能以凝練的筆法勾勒出開闊的意境，戀情之作也清新動人。他的語言風格，既有詩詞的典雅，也有口語的活潑與生動，成為元曲語言藝術的典範。

馬致遠對散曲的發展作出了傑出的貢獻，他的藝術才能在元明時期也受到了很高的評價。早在元朝，周德清《中原音韻》自序中將他與關漢卿、鄭光祖與白樸並稱為「元曲四大家」。明代的朱權更是把他列為「古今群英樂府格勢一百八十七人」之首。明代賈仲明在為馬致遠寫的輓詞中稱頌他「戰文場、曲狀元，姓名香貫滿梨園」。

【豆知識】

元曲四大家是哪幾位？

元代是中國戲曲史上的黃金時代，作家輩出，目前有名姓可考的戲曲作家就有一百多人，作品五百多部。在眾多的元曲作家中，最著名的是「元曲四大家」。而關於元曲四大家，有兩種不同的說法。

影響比較大的是元人周德清《中原音韻》和明朝人何良俊《四友齋從說》所記載，元代四個著名的戲曲作家是關漢卿、馬致遠、鄭光祖和白樸，合稱「關馬鄭白」。關漢卿是元初的偉大戲曲家，他一生創作了六十餘種雜劇，現存十六種（其中三個為殘本）。他的代表作是《竇娥冤》。他的作品雅俗共賞，不但能夠從事散曲、雜劇的創作，而且能夠粉墨登場、參加演出。

白樸也是元初戲劇大家，創作有十六種，現存三種。風格淡雅莊重、淒涼沉著。他的代表作是《梧桐雨》和《牆頭馬上》。白樸的作品一貫享譽甚高，《太和正音譜》稱其：「風骨磊塊，詞源滂沛，若大鵬之起北溟，奮翼凌乎九霄，有一舉萬里之志，宜冠於首。」

鄭光祖是元代後期的雜劇大家，創作有雜劇十八種，現存八種。他的雜劇特徵是情致淒婉綢繆，詞曲清麗。《太和正音譜》評價為詞如「九天珠玉」，「其詞出語不凡，若咳唾落乎九天，臨風而生珠玉，誠傑作也」。代表作是《倩女離魂》、《王粲登樓》。

另一種說法是元曲四大家應該是「關王馬白」，即將王實甫代替鄭光祖。王實甫創作了十四種雜劇，現存三種。其代表作《西廂記》集思想性與藝術性於一體，歷來常演不衰，被金聖歎譽為「第六才子書」。鐘嗣成《錄鬼簿》號稱「西廂記，天下奪魁」。他的作品多以青年女性反抗封建禮教為主題，寫出了時代的心聲。

元曲四大家，皆以雜劇聞名於世。

94 《倩女離魂》與《倩女幽魂》有什麼不同？

《倩女離魂》為鄭光祖創作的元雜劇，屬於優美的愛情協奏曲中獨具特色的一個篇章，是根據唐代陳玄祐的傳奇小說《離魂記》改編而成。故事從兩人的指腹為婚作為開端。張倩女被父母指腹為婚許配給王文舉。王文舉在父母雙亡後進京趕考，路過張家所居住的衡州，在王文舉與倩女相見時，倩女母親李氏卻讓他們以兄妹相稱，並且威脅告知不招白衣秀士，須進京謀取一官半職後才能成就這段姻緣。於是王文舉在折柳亭與倩女母女告別後乘船進京趕考。倩女眷戀著王文舉，又惟恐婚姻發生變化，怨恨憂慮交加，病倒在床，靈魂卻離開軀殼，追趕進京應試的王文舉，並與他共同生活了三年。因倩女的離魂思念家鄉，待到狀元及第後，王文舉便與倩女的離魂一同回到了衡州。至此，倩女的離魂與臥床多年的軀體才合而為一。

到了近代，這個故事也依然不朽。《倩女幽魂》是中國電影史上的名作，改編自《聊齋志異·聶小倩》，是清人蒲松齡的作品，最初是一九五九年由香港著名導演李翰祥拍攝的，香港邵氏電影公司出品。李翰祥導演對中國古代歷史文化、古典文學藝術均有很高的造詣。在此版《倩女幽魂》中，李翰祥導演展現大師風範，電影古風橫溢，情韻空靈，重新塑造古典世界。這部電影曾參加一九六〇年法國的「坎城影展」，是中國第一部參加國際影展的彩色電影。其後，由徐克監製、程小東導演的靈異電影經典之作《倩女幽魂》系列共有三部，分別為《倩女幽魂》（又名《神劍誅妖》）、《倩女幽魂之人間道》（又名《亂世伏魔》）、《倩女幽魂之道道道》（又名《金佛喋血》），採取全新的特技和美術手法來包裝傳統的聊齋故事，營造出一種奇幻又迷離的藝術氛圍，使本片呈現出與往昔鬼怪電影全然不同的視覺。影片中亦鬼亦人的聶小倩、俠肝義膽的燕赤霞、心地善良的寧采臣，均給人留下了深刻的印象。它也同樣獲得第二十四屆金馬獎最佳改編劇本、最佳男配角獎、最佳藝術設計、最佳剪輯四項獎；榮獲第七屆香港電影金像獎最佳美術指導、最佳音樂獎。

【豆知識】

古典戲劇和小說裡常見的「白衣秀士」是一種特殊社會階層嗎？

「白衣秀士」原指尚未及第的士子，本來並無貶義，語出元代馬致遠的《岳陽樓》第二折：「至如呂岩，當初是個白衣秀士、未遇書生，上朝求官。」後來經《水滸傳》借用，就成了帶有否定意味的專屬詞彙，一是專指《水滸傳》中的王倫；二是泛指類似王倫般，不能容人的小人之輩。《水滸傳》裡有許多反面人物，王倫著墨最少，卻是塑造得最成功的一個負面典型。從小旋風柴進的口中，我們知道白衣秀士王倫等幾人較早在梁山泊建立了根據地。「那三個好漢聚集著七八百小嘍囉，打家劫舍，多有做下彌天大罪的人，都投奔那裡躲災避難。」以他的言語考量，一是敢於吸收天下造反之人，二是能夠禮送過路英雄好漢，看來王倫並非拒賢妒能之輩。然而，從王倫面對林沖入夥這樣一個棘手問題時，尋思道：「我卻是個不及第的秀才，因鳥氣，合著杜遷來這裡落草，續後宋萬來，聚集這許多人馬伴當。我又沒十分本事，杜遷、宋萬武藝也只平常。」從此開始，他便固定在白衣秀士這樣一個狹隘、排斥異己、自以為是、無法容人的角色上了。不及第是王倫的致命傷，所以，當林沖發動政變時，雙眉剔起，兩眼圓睜，一針見血戳中他的脊樑骨：「量你是個落第腐儒，胸中又沒文學，怎做得山寨之主！」於是，他在世人心目中便是個鼠肚雞腸的形象，王倫成了不賢而嫉賢、無能而妒能的文學典型人物。

95 《三國志平話》和《三國演義》有何關係？

《三國志平話》是元代話本。宋代汴梁（今河南開封）瓦舍衆藝中有「說三分」的，講的是魏、蜀、吳三國的軍事鬥爭和政治鬥爭。元人王沂《虎牢關》詩：「君不見三分書裡說虎牢，曾使戰骨如山高。」這裡的「三分書」應是指「說三分」的話本，今存《三國志平話》、《三分事略》，其中有虎牢關「三英戰呂布」等情節，就是這一類的書。

標明元至治新刊的《新全相三國志平話》與《三分事略》是同一書的不同版本。《三國志平話》分上、中、下三卷，六十九節，有圖七十幅。書中開頭敘述司馬仲相陰間斷獄的故事，這個故事也見於《五代史平話》中的《梁史平話》卷上，可見《三國志平話》是有所師承的。全書的基本故事，並不完全符合史書記載，但和元雜劇中的三國戲是大致相同的，如張飛見黃巾，史書不載，而與雜劇《張翼德大破杏林莊》情節相同；又如劉玄德黃鶴樓私遁和朱士凱的《劉玄德醉走黃鶴樓》同；至於貂蟬其人其事更是史書中沒有的，也同於元雜劇。《三國志平話》所敘事蹟多本民間傳說，如龐統變狗，劉備在太行山落草，漢帝斬十常侍，把頭顱拿去招安，雖非事實卻為人民所樂道，表現了人民的豐富想像力和某種心理期望。全書以詩作結，說「漢君懦弱曹吳霸，昭烈英雄蜀帝都。司馬仲達平三國，劉淵興漢鞏

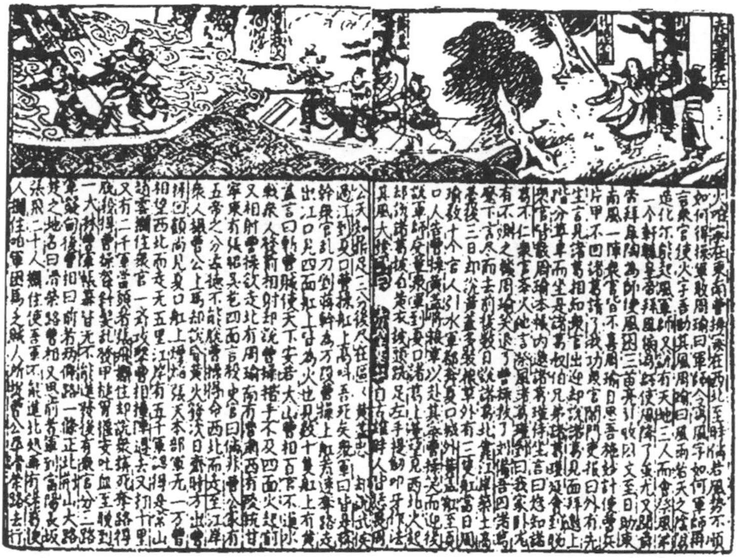

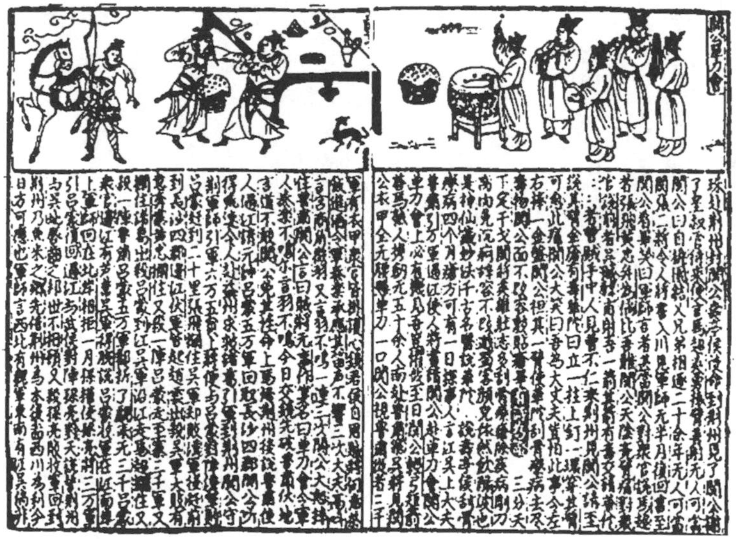

新刊全相《三國志平話》

皇圖」。天下最後還是屬於姓劉的，表現了作者鮮明的封建正統思想。

《三國志平話》的主要情節，都被《三國演義》加工和採用，《三國演義》中英雄人物在《三國志平話》中也有了雛形。所以說《三國志平話》是《三國志》到《三國演義》演變過程中至關重要的一個環節。元末明初的羅貫中正是廣泛吸取了《三國志平話》以及一大批「三國戲」的藝術營養，再經過巨大藝術性的再創造，建造起《三國演義》這樣一座雄偉壯麗的藝術殿堂，其成就又遠遠超過了《三國志平話》和金、元三國戲，又反過來推動「三國戲」的進一步發展。《三國演義》作為一部世代累積型的小說，在長期流傳中，經歷了從民間傳說到文人加工的反復創作過程，代表了三國故事的成熟與定型。

【豆知識】

現存元代的講史類話本有哪幾種？

宋元的講史話本，又稱「平話」。現存宋編元刊或元人新編的講史話本，大多標名「平話」，如《三國志平話》、《武王伐紂平話》等。「平話」的含義，原指以平常口語講述而不加彈唱。作品間或穿插詩詞，也只用於念誦，不施於歌唱。另外，稱之為「平」，應是强調講史話本雖然脱胎於史書，但語言風格卻擺脱艱深的文言，趨於平易。講史，只是一種概稱。

《醉翁談錄・小説開闢》云：「説征戰有劉項爭雄，論機謀有孫龐鬥智。新話説張韓劉岳，史書講晉宋齊梁。」其中，「新話」與「史書」對舉，可見「講論古今」才是講史的全貌。

元人編刊的講史話本，今存元至治建安虞氏刊印的《全相平話五種》，即《武王伐紂平話》、《七國春秋平話後集》、《秦併六國平話》、《前漢書平話續集》及《三國志平話》五種書，版式一樣，均為上圖下文。文字粗率，時有訛誤，好似出於民間藝人之手。文字與圖畫合刊，顯然是用來供人閱讀，其讀者對象自然是文化水準不高的普通民衆。它們與《五代史平話》一樣，不但依傍史實，也參雜民間傳説故事，有虛有實。如《三國志平話》中的張飛，史有其人，但書裡的「張飛摔袁襄」等情節，則是民間藝人的虛構。因此，宋元的講史話本，實是傳統的史傳文學與民間口傳故事結合的產物。亦文亦野，自成一家。

96 《文獻通考》是一部怎麼樣的書？

縱觀中國的歷史典籍，就內容而言，分有通史，記載的是某一朝代甚至更長時期的歷史，涵蓋經濟、政治、文化等各個層面；也有專門史，記載社會生活的某一個方面，比如制度史，記載制度的歷代變化沿革的情況，馬端臨所編纂的《文獻通考》便是這樣的一部書。

馬端臨，江西人，他的父親是南宋末年的右丞相，家資殷富，從小時候開始便飽覽經史書籍。宋亡以後，閉門在家讀書、寫書，相繼擔任過慈湖書院和柯山書院的山長，做過台州的儒學教授，經過了多年的積累，馬端臨用二十年之力編纂成《文獻通考》一書，希望對於國家治理有所助益。

該書記載了從上古時期到南宋寧宗嘉定末年的典章制度，共三百四十八卷，分為田賦、戶口、選舉、職官、學校等二十四類，各個類中的內容又可分為三塊：文、獻、考。「文」是敘事部分，按朝代順序，分別敘述各類制度的歷代情況；「獻」為論事部分，引用了不少前賢和當時的宋人關於典章制度的觀點；「考」則是作者個人對問題的看法，表達了作者的制度觀。

遠在馬端臨之前的唐代，杜佑寫過一部《通典》，對從遠古到唐天寶年間的典章制度，進行了分門別類的排比，是中國第一部制度通史。馬端臨對杜佑及其《通典》頗多肯定，在編纂《文獻通考》的時候，也參考了《通典》，而又加以發展，書中的經籍、帝系、封建、象緯、物異等五類為馬端臨所獨創。《文獻通考》在取材問題上，唐中期以前頗多參考了《通典》，而且有所補充、改正，中唐以後到宋代這部分內容是作者苦心孤詣、辛勤收集資料、認真排比考訂的成果。

《文獻通考》對宋代制度的記載頗為詳細，元朝組織修纂《宋史》在「志」這一部分就參考了《文獻通考》中的內容。由上可知，該書在中國歷史上具有很高的史料價值，是查考元代以前各朝典章的一部工具書。

【豆知識】

中國古代的政書有哪兩種編撰體裁？

上面提到的《文獻通考》一書是政書的一種，那麼什麼是政書呢？簡言之，政書就是記載典章制度的書籍。換句話說，政書就是將某一朝代或者多個朝代的典章制度按類彙編在一起，也是查考典章制度的必備參考書。

政書按記載的時代跨度來分，可分為通史類政書，這類政書記載了歷朝歷代的典章制度及其沿革，代表性書籍有「十通」，《通典》、《通志》、《文獻通考》、《續通典》、《續通志》、《續文獻通考》、《清通典》、《清通志》、《清文獻通考》、《清續文獻通考》。

從體裁而言，斷代的政書又可以分為會典體和會要體。前者以職官為綱來記述典章制度，代表作品有《唐六典》，《明會典》等；後者按類分別記述某一代的典章制度，代表性的書籍有《秦會要》、《西漢會要》、《東漢會要》、《三國會要》等。

97 「相臺岳氏」刻九經三傳於「荊溪家塾」，是宋刻還是元刻？又「岳氏」是岳飛的孫子嗎？

宋代時，刊刻出版的九經以建安余氏、興國于氏二本為善，在這之後廖剛又釐定重刻，當時稱為精審。古今大多數學者都認為岳飛之孫，岳珂復取廖本九經，增以《公》、《穀》二傳及《春秋年表》、《春秋名號歸一圖》二書，校刊於「相臺書塾」。如此說來，「岳氏九經三

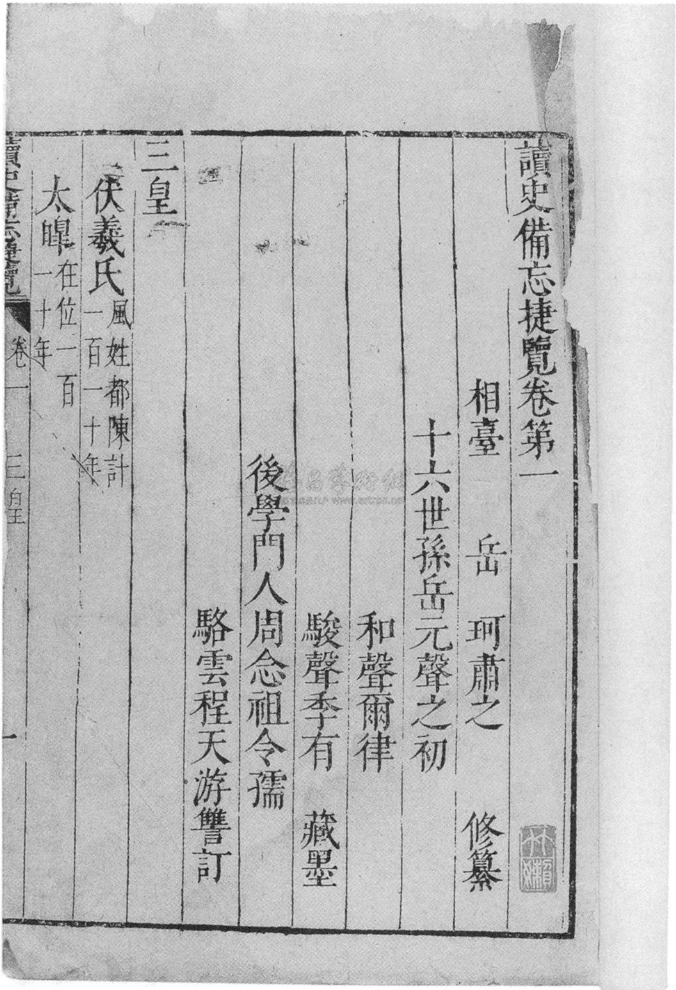
讀史備忘捷覽卷第一
相臺　岳　珂肅之　修纂
十六世孫岳元聲之初
和聲爾律
駿聲季有　藏墨
後學門人周念祖令孺
駱雲程天游讐訂
三皇
伏羲氏風姓都陳計一百一十年
太皞在位一百一十年
讀史備忘捷覽　卷一　三皇　一

相臺岳珂所刻的書籍

傳」就是宋刊本。但是「相臺岳氏刻梓荊溪家塾」的木記中的「岳氏」指的真的就是岳珂嗎？

岳珂《桯史》卷十一「番禺海獠」條稱「紹熙壬子……餘年甫十歲」，又其《寶真齋法書贊》卷十三《薛道祖馬伏波事詩跋》稱「予年方六齡……蓋淳熙戊申」。據此推算，岳珂當生於淳熙十年（一一八三年）。景定年間，岳珂已是八十歲左右高齡，其時，廖氏九經的刊刻尚未完成，等到日後廖氏刊經的「元板散落」（《刊正九經三傳沿革例序》），再博求散帙，命良工刻梓家塾，於岳珂無乃太遲？因此，說岳珂本人組織刻印了「荊溪家塾」本「九經三傳」在年代上很難成立，而不是說元人刻書時借用了宋刻本之名。

岳氏九經三傳還附有一本在文獻學史上有重要價值的《沿革例》，汪紹楹、張政烺、趙萬里、崔文印、翁同文諸先生均否定了《九經三傳沿革例》作者為南宋岳珂說，後三者還提出了元代岳浚說。除了岳珂年齡的疑點外，《沿革例》內容中的另一些細節也對宋板說、岳珂說提出了挑戰。《沿革例》的「書本」和「字畫」部分收錄了魏了翁為毛居正的《六經正誤》所作的序。（魏序作於理宗寶慶元年，當先於廖氏《九經總例》及岳氏《沿革例》。）「書本」一節參錄魏序尤多。自「京師胄監，經史多仍五季之舊」至「誼父以病目為告，事遂中輟」，除了在表述上與魏序相關部分略有不同之外，《沿革例》多了幾處雙行小注，且有一些文字上的刻意改動值得注意。「京師胄監」，魏序原作「本朝胄監」，若《沿革例》同樣作於宋朝，則不必改。類似的例子是，一處小注引晁公武《石經考異序》，將原序中的「國初」改作「宋朝初」。又，《沿革例》在《九經總例》之外增補的對《春秋名號歸一圖》的說明中出現了「宋藝文志」（粵雅堂本）的提法，知不足齋本及「影宋本」作「史藝文志」，含糊其詞，推測應是翻刻者為正「宋本」之名，有意竄改。此外，兩「影宋本」所避免的「宋諱」不盡相同。對此，可能的解釋是，《沿革例》連同相臺九經三傳並非出自宋人之手，但又不會遲至明代（《文淵閣書目》已有著錄）。

相臺諸經各卷「相臺岳氏刻梓荊溪家塾」的木記應當為真，考證自諸《宜興縣誌》、《萬姓統譜》等，元代的岳浚，字仲遠，宜興人，岳飛九世孫（王德毅等編《元人傳記資料索引》稱岳浚乃岳飛六世孫，依《岳飛廟志》所載，應從六世之說），博學好義，積書萬卷，延致名士，恣其檢閱。據元人文集提供的一些資訊，他的仕宦經歷有石門縣尉、象山書院山長、績溪主簿及漢陽尹。保留岳浚生平事蹟相對較多的是元代鄭元祐的《僑吳集》和《遂昌雜錄》。《遂昌雜錄》敘其家世、交遊，自岳浚諸父至浚，皆折節下士，以至賓客盈門，從當世貴宦到江湖處士都樂與其遊。《僑吳集》卷一《送岳山長序》中有「岳氏九經」之說。此外，《元風雅集》、《存悔齋稿》、《桐江續集》、《五峰集》等均收有與岳浚相關的詩作。因此，元板說、岳浚說基本上是合理的。

【豆知識】

九經三傳包括哪些書？與人們常說的十三經有所關聯嗎？

「相臺岳氏刻梓荊溪家塾」的九經三傳包括《易》、《書》、《詩》、《周禮》、《禮記》、《春秋左傳》、《論語》、《孝經》、《孟子》、《公羊傳》、《穀梁傳》以及《春秋年表》、《春秋名號歸一圖》。《沿革例》是相臺岳氏刊刻九經三傳的總例，在《九經總例》的基礎上增補了對《公》、《穀》二傳和《春秋年表》、《春秋名號歸一圖》二書的說明。

從以上的介紹我們可以看出，相臺岳氏所刻印的「九經三傳」實際上已經包含了我們常說的儒家「十三經」中的十一部經典，那麼是否可以說「十三經」是由這個「九經三傳」合計十一部經典，另外加上《儀禮》、《爾雅》形成的呢？這個想法有一定的道理，但又與歷史過程不盡符合。

儒家的「十三經」形成經歷了一個漫長複雜的過程，兩漢時期《詩》、《書》、《易》、《禮》、《春秋》合稱為五經，唐代把《禮》分為三種：《周禮》、《儀禮》、《禮記》，也將春秋分為三種：《春秋左傳》、《春秋公羊傳》、《春秋穀梁傳》，如此一來「五經」就變成了「九經」，到晚唐開成年間，刊刻著名的「開成石經」時，在上述「九經」之外又加上了《論語》、《孝經》、《爾雅》，形成了「十二經」。到南宋時，《孟子》也經官方認可成為「經」，於是今天常說的儒家「十三經」正式形成，並且有了俗稱「南宋十行本」的《十三經注疏》合刻本，這比相臺岳氏的「九經三傳」還要更早。

98 元初守節不仕的南宋「博學大師」王應麟有哪些主要成就？

宋末元初，浙東四明地區的文化圈頑強地延續了漢族文脈，當時活動於這一地區的文士們不論在經學、史學還是文學、文獻學上都保持了高水準，其中的代表人物以四明王應麟最為出名和影響巨大。

王應麟（一二二三至一二九六），字伯厚，號深寧居士，淳祐元年進士，祖籍河南開封，後遷居慶元府鄞縣。王應麟十八歲時，試國子監中選，十九歲即登進士，十五年後試博學宏詞科中選，在這之前，南宋詞科已有幾十年未取人了。他官至禮部尚書，宋亡後東歸，家居不復出。

《宋史》本傳所列王應麟著述共二十三種，六百九十五卷外加兩個單篇。張大昌年譜所列王氏存佚著述共三十一種，六百六十六卷，其中六種未標卷數。根據書的內容和編寫方法，王應麟的現存著述可以分為以下幾類：專書（專題）輯佚（補）、輯考，如《周易鄭康成注》、《詩地理考》、《漢藝文志考證》、《通鑑地理通釋》；類書，如《玉海》、《小學紺珠》；學術筆記，如《困學紀聞》；小學類，如《小學紺珠》；詞科參考書，《詞學指南》。

入元後，王應麟退居寧波，鮮少出門，他最見功力的學術著作都於這個時期成書。《通鑑地理通釋》作於元世祖至元十七年（一二八〇年），王應麟五十八歲時，時距宋亡一年。《漢制考》作於次年，自序曰：「自西晉板蕩之後，見聞放失，習俗流敗，漢世之名物稱謂知者鮮焉，況帝王製作之法象意義乎。此漢制之僅存於傳注者，不可忽不之考也。」亡國之悲，救世之意，寄寓其中。

王應麟的代表作《困學紀聞》書前題識曰：「幼承義方，晚遇艱屯；秉燭之明，用志不分。困而學之，庶自別於下民；開卷有得，述為《紀聞》。」翁元圻注此書序稱：「《紀聞》一書，蓋晚年所著也。先生博極群書，入元後寓居甬上，足跡不下樓者凡三十年，益沈潛先儒之説而貫通之。」袁桷序曰：「先生年未五十，諸經皆有説，晚歲悉焚棄，而獨成是書。其語淵奧精實，非紬繹玩味不能解。」從這些序言裡，可以得到的共同資訊是《困學紀聞》是王應麟晚年的集成之作，並作於宋亡後他杜門不出，專心治學的時期。他的國恨家仇、學術理想，都交融在這部學術成熟期的著作之中。

【豆知識】

《三字經》的作者真的是王應麟嗎？

王應麟的學術名聲之所以為後人所知，除了他本身宏富的著作為後世學者所稱引之外，在大眾文化層面還有一個直接因素。這個因素，就是傳說他是中國近世影響最大的兒童啓蒙讀物《三字經》的實際作者，這個說法經歷了後代學者多次的反復辯駁，隨著另一說廣東區適子的淡出，愈來愈多的人還是承認王應麟確實是這部具有强大生命力的通俗讀物的原創者。

《三字經》誕生於元初，直到明代才廣為流傳，明清人多認定作者是王應麟。清代夏之翰《〈小學紺珠〉序》：「迨年十七，始知其《三字經》作者自先生（王應麟），因取文熟復焉，而歎其要而該也。」清代賀興思《〈三字經〉注解備要敘》：「宋儒王伯厚先生《三字經》一出，海內外子弟之發蒙者，咸恭若球刀。」都明確認為《三字經》是王應麟所撰。一般來說，《三字經》作者應為王應麟。寧波學者提供的意見如編纂《三字經》其實需要相當博大深厚的學術積累，另外作者必須有相當的小學專項功力，並曾經致力於兒童教育，以上這些條件王應麟都是同時具備的，並從上文所列舉的作品即可見一二。其他一些外部佐證，比如寧波地區至今流傳著一種類似《三字經》的民間口訣教學法，據說在宋代即已流行等等，都增强了王應麟為三字經的始創者的說服力。另一方面，也許由於支持廣東區適子的幾位學者，如屈大均和李文田幾位本身就是廣東人，也難免會有牽强附會之可能。

99 有東方《哈姆雷特》之稱的戲劇是哪部？

一代國學大師王國維在《宋元戲曲史》中，將《趙氏孤兒》與《竇娥冤》並列，稱它為「即列之於世界大悲劇中，亦無愧色也」。還有人把它同莎士比亞的傑作《哈姆雷特》作比較，可見其影響之大。

雜劇《趙氏孤兒》的全名是《趙氏孤兒大報仇》，又名《趙氏孤兒冤報冤》。全劇一本五折加一個楔子，劇情一波三折。春秋時晉國上卿趙盾為官剛正不阿，而晉靈公的寵臣大將軍屠岸賈陰險狡詐，獨擅專權，想排除異己，便在晉靈公面前一再陷害趙盾欲奪取君位。在殺戮趙氏三百多人後，屠岸賈假傳君命，賜死駙馬趙朔。懷孕的公主被幽禁，生下一遺腹子。屠岸賈千方百計要殺死嬰兒以絶後患，發布榜文告示凡盜出趙氏孤兒者，全家處斬，九族不留。並命令將軍韓厥把守宮門，等嬰兒滿月抱出宮門時將其殺死。趙家的門客程嬰把嬰兒放在醫藥箱中帶走，韓厥出於正義，放走程嬰後自刎。屠岸賈氣急敗壞，下令在全國範圍內搜捕，若找不到，則要將全國一月以上半歲之下的嬰兒全部殺死。程嬰與趙家的另一門客公孫杵臼商定，以程嬰自己未滿月的嬰兒代替趙氏孤兒，交給公孫杵臼，再由程嬰告發。屠岸賈搜查公孫的家，果然找到了假孤兒。公孫杵臼與假嬰兒被害後，程嬰讓趙氏孤兒拜屠岸賈為義父，自己也背負背信棄義的罵名與喪子之痛忍辱偷生。二十年後，趙氏孤兒得知真相，在晉靈公去世後，終於報仇雪恨。

全劇雖是一部悲劇，但始終張揚著一種正氣，歌頌英雄人物自我犧牲的精神構成了全劇的基調。劇本中描寫的勇士鉏麑、殿前太尉提彌明、下將軍韓厥、草澤醫生程嬰、致仕的中大夫公孫杵臼等，他們雖然身分不同，所處的社會地位各異，作出各種犧牲的出發點也不盡相同，但這一批批為挽救無辜而前赴後繼、捨身取義的人物形象，使《趙氏孤兒》成為一個壯烈的、正氣浩然的悲劇。尤其是程嬰，從報答主子趙朔知遇之恩，一直到拯救無辜，他要去「出首」告密，鞭打自己好友公孫杵臼，忍受親眼看見公孫和自己兒子慘死的痛苦，背負著「不義」的名聲，還要時常向仇人獻媚，這是一種比犧牲生命更痛苦的考驗。

【豆知識】

莎士比亞的名劇作有哪些？

《哈姆雷特》為著名的悲劇之一，也是莎士比亞最負盛名的劇本，與《馬克白》、《李爾王》和《奧賽羅》一起組成莎士比亞的「四大悲劇」。在《哈姆雷特》中，復仇的故事中交織著愛恨情仇。同時，哈姆雷特也是該劇主人公丹麥王子的名字。

莎士比亞是英國文藝復興時期偉大的劇作家、詩人，歐洲文藝復興時期人文主義文學的集大成者，除四大悲劇外，還有四大喜劇：《第十二夜》、《仲夏夜之夢》、《威尼斯商人》、《無事生非》，他是「英國戲劇之父」，文藝復興劇作家稱他為「時代的靈魂」，馬克思稱他為「人類最偉大的天才之一」。他的戲劇多取材於歷史記載、小說、民間傳說和老戲等已有的材料，反映了封建社會向資本主義社會過渡的歷史現實，宣揚了新興資產階級的人道主義思想和人性論觀點。由於一方面廣泛借鑑古代戲劇、英國中世紀戲劇以及歐洲新興的文化藝術，一方面深刻觀察人生，瞭解社會，掌握時代的脈搏，故使莎士比亞得以塑造出眾多栩栩如生的人物形象，描繪廣闊、五光十色的社會生活圖景，並使之以悲喜交融、富於詩意和想像、寓統一於矛盾變化之中，以及富有人生哲理和批判精神等特點著稱。

100 「第六才子書」指的是什麼？

清初的著名文學批評家金聖歎曾批點元雜劇《西廂記》，認為此書可與《離騷》、《莊子》、《史記》、杜甫詩、《水滸傳》等書相媲美，因而合稱為「六才子書」。金聖歎斷言《西廂記》為王實甫所作，並認為王作到《草橋驚夢》為止，之後是關漢卿所續。正文前有「痛哭古人」、「留贈後人」兩序以及「《西廂記》讀注」，每折前有總批，文中有注釋。金聖歎對原文頗多改動，但批評非常有價值。

《西廂記》全名《崔鶯鶯待月西廂記》，元人王實甫撰。全劇五本二十折、五楔。描寫了書生張珙與相國小姐崔鶯鶯的愛情故事。二人在普救寺一見鍾情，而叛軍孫飛虎兵圍普救寺要搶奪崔鶯鶯。崔母應許婚事求人搭救，於是張請來白馬將軍解圍。事後崔母悔婚，二人相思成疾。丫鬟紅娘幫助她們傳遞書簡，促成二人私自結合。崔母事後發現，恐怕家醜外揚，於是同意婚事，但要張進京趕考。後來張中了狀元，二人美滿團聚。

劇中的崔母作為封建禮教的代言人而出現，她看似慈祥，無微不至地呵護女兒，但卻不顧女兒的感受和願望，千方百計地阻撓她與張生的戀情，暴露了偽善、奸詐的一面。而崔鶯鶯則是作為封建秩序的叛逆者而出現，在愛情面前，她一反溫柔可人之態，進行了大膽而激烈的反抗。張生赤誠與酸腐兼有，是戀愛中書生柔弱卻堅定的形象寫照。故事情節曲折，人物形象生動，文詞優美活潑，才華洋溢。全書歌頌之「有情人終成眷屬」的主題也深深契合了中華民族普遍的心理，歷來收到了廣大人民發自內心的喜愛。明王世貞説：「北曲故當以《西廂》壓卷。」

王實甫生平不詳，是由金入元的作家，大概與關漢卿同時，約在元成宗元貞、大德年間（一二九五—一三〇七）。元末明初賈仲明《凌波仙詞》稱他：「作詞章，風韻羨，士林中等輩伏低。新雜劇，舊傳奇，《西廂記》天下奪魁。」

【豆知識】

金聖歎所評的六才子書分別是什麼？

明末清初的著名文學批評家金聖歎評點群書，以《莊子》、《離騷》、《史記》、《杜詩》、《水滸傳》、《西廂記》為「六才子書」。

第一才子書——《莊子》。《莊子》被道教奉為《南華經》，是道家經典之一。共三十三篇，分「內篇」、「外篇」、「雜篇」三個部分，一般認為「內篇」七篇是莊子所寫，「外篇」十五篇一般認為是莊子的弟子們所寫，或者是莊子與他的弟子一起合作寫成的。《莊子》在哲學、文學上都有較高研究價值。

第二才子書——《離騷》。《離騷》是《楚辭》的篇名，屈原的代表作，是一部具有現實意義的浪漫主義抒情詩。全詩三百七十多句，兩千四百餘字，為中國古代最長的抒情詩。王逸《楚辭章句》題作《離騷經》，也有人稱為《離騷賦》，或簡稱《騷》。文學史上還常以「風」「騷」來指代《詩經》和《楚辭》。《離騷》中詩人用了許多比喻，揭露了統治集團的醜惡，抨擊了他們的奸邪、貪婪和殘暴。同時，也塑造了堅持正義、追求真理、不避艱難、熱愛鄉土和人民的人物形象。

第三才子書——《史記》。是西漢司馬遷撰寫，是中國歷史上第一部紀傳體通史。記載了從傳説中的黃帝開始一直到漢武帝元狩元年（西元前一二二年），長三千年左右的歷史，被魯迅譽為「史家之絶唱，無韻之《離騷》」。

第四才子書——《杜詩》。《杜詩》主要是杜甫的律詩。杜甫一生寫詩一千四百多首，有《杜工部集》傳世；杜甫的律詩對後世影響深遠。杜甫是近體詩創作的集大成者。尤其是他的律詩，代表了近體詩創作的最高成就。

第五才子書——《水滸傳》。《水滸傳》是中國第一部古典長篇白話小説，取材於北宋末年宋江起義的故事。歌頌了農民起義，塑造了水泊梁山一百零八將的生動形象。作者是元末明初的施耐庵，也有人説是羅貫中。

第六才子書——《西廂記》。《西廂記》全名《崔鶯鶯待月西廂記》。約寫於元貞、大德年間（一二九五—一三〇七）。故事最早起源於唐代元稹的傳奇小說《鶯鶯傳》，敘述書生張珙與同時寓居在普救寺的已故相國之女崔鶯鶯相愛而終成眷屬的故事。《西廂記》一上舞臺就驚倒四座，被譽為「天下奪魁」。

101 元初四明文士的代表人物有誰？

宋元之際的浙東四明地區，是南宋文化的一個凝聚中心，因為明州在南宋初年金兵南下侵擾時曾經多次作為臨時首都，後來很多達官貴人為安全起見，也在這個地方建立宅邸作為退休後的養老場所，明州即寧波地區所扮演的政治中心之外的文化中心，其地位與北宋的洛陽有幾分相似，而四明文士經過南宋的百年積聚，到元初成為文壇上的一支新秀力量引人注目，這裡簡單介紹其中的幾位代表人物。

舒岳祥（一二一九至一二九八），字舜俟，一字景薛，浙江寧海人，三十八歲登文天祥

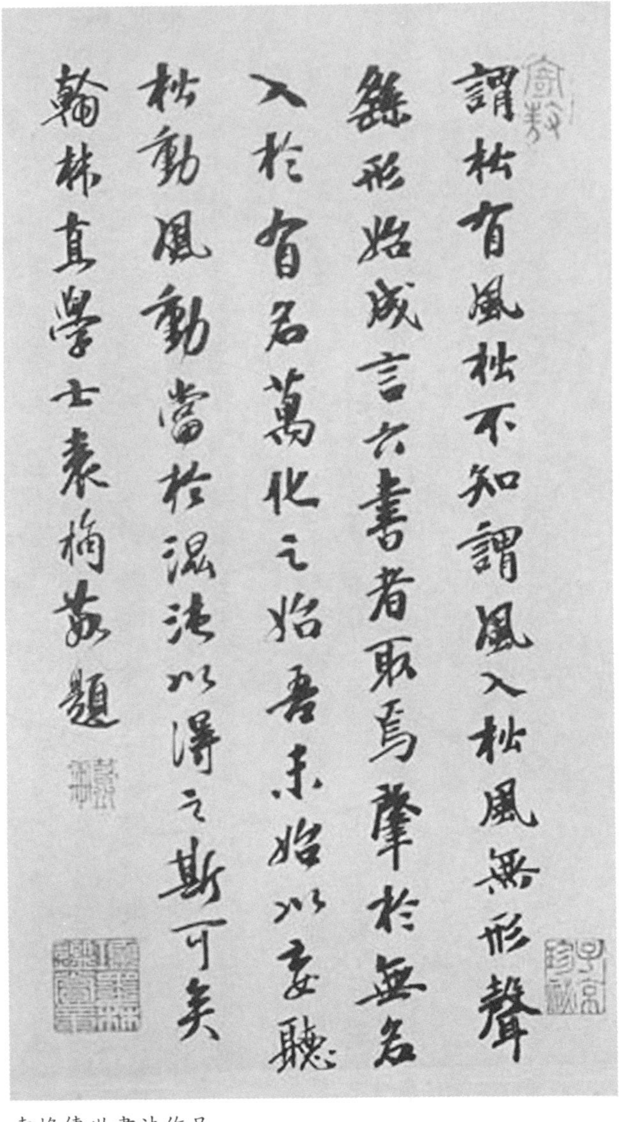
謂松有風松不知謂風入松風無形聲
無形始成言六書者取焉聲於無名
入於有名萬化之始書未始以妄聽
松動風動當於混沌以溯之斯可矣
翰林直學士袁桷敬題

袁桷傳世書法作品

榜進士第，授奉化尉，宋度宗咸淳末年，以尚氣簡直，不為賈似道所用，棄官歸故里。宋恭帝德佑二年丙子春夏之間，元兵至慶元、台州一帶，舒岳祥避地於石林、雁蒼等處。十月，元兵擾寧海，入尚義里，屯舒氏宅。元世祖至元二十六年己丑，江南農民暴動有四百多處，舒家不免毀於兵火，舒岳祥身無餘物，流徙各地，過著非常艱難困苦的生活。

家國喪亂使舒岳祥對杜甫詩有了深刻的認識，他說「少陵詩史在眼前」。從形式上來說，舒岳祥的詩最主要的創新和特點是充分利用詩序，強化它的敘述紀實功能，為詩史服務。他的詩序就像一篇篇微型散文。汪元量主要用聯章組詩手法創作宋亡「詩史」長卷，舒岳祥則以序代題，創作反映宋末元初東南沿海地區動亂現實的「詩史」巨卷。

戴表元（一二四四至一三一〇），字帥初（一字曾伯），號剡源先生，慶元奉化人。作品有《剡源集》三十卷、《剡源逸稿》七卷等。《元史》本傳說：「表元閔宋季文章氣萎薾而辭骫䯱，䯱弊已甚，慨然以振起斯文為己任。」他是元初著名詩論家。他提出了「詩者文之事」的詩文相通觀以及詩「緣於人情時務」的詩歌實用觀。戴表元與方回、舒岳祥等人有密切的師友關係，他的「宗唐得古」論，受到他們的深刻影響。「事之嘗其心者多矣，故其詩工」，這是對人生經歷、心靈體驗對詩歌創作的促進作用的肯定。後人評價其詩多「悲憂感憤」，與舒岳祥的詩史有同工之妙。

袁桷（一二六六至一三二七）字伯長，號清容居士，晚號見一居士，慶元鄞縣人。他師事王應麟、舒岳祥、戴表元，是元代大德、延祐年間的文壇領袖，也是浙東史學的代表人物。袁氏乃四明巨族，袁燮是淳熙四先生之一，袁甫是南宋狀元，而袁桷的妻子是宋丞相鄭清之的後代。

《光緒鄞縣誌》曰「年二十餘，部使者舉茂才異等，元貞元年為麗澤書院山長」。元貞元年，袁桷三十歲。《宋元學案》將袁桷附於王應麟的「深寧學案」後，其朱子學傳承脈絡依序是朱熹、詹體仁、真德秀、王野、王應麟、戴表元、袁桷、王昌世。當然，袁桷家族與陸學的密切關係是不可忽視的。

袁家的世代藏書和他在翰林國史院的工作，為袁桷繼承浙東史學傳統做好了準備。所謂「國亡，史不可亡」，他為修撰宋遼金史醞釀了二十年，但是南坡之變使此事中斷。《延祐四明志》是他現存最重要的史學著作，以其精深博大為當時和後世所推崇。

【豆知識】

明州淳熙四先生是指哪四位？

宋孝宗乾道、淳熙年間，四明有四位大儒出現：舒璘、沈煥、楊簡、袁燮。四先生之學均以陸九淵為歸宿。黃宗羲《廣平定川學案》說：「楊簡、舒璘、袁燮、沈煥，所謂明州四先生也。慈湖（楊簡）每提『心之精神謂之聖』一語，而契齋（袁燮）之告君，亦曰『古者大有為之君，所以根源治道者，一言以蔽之，此心之精神而已。可以觀四先生學術之同矣。」《光緒鄞縣誌．袁燮傳》：「乾道初，入太學，見陸九齡德容粹盎，親炙之。同里沈煥、楊簡、舒璘皆聚於學，朝夕以道義切磨。後師事九齡弟九淵，得其指授……」

以上列舉的這幾位學者同為四明知名學術人士，且均以陸九淵之學術（後世稱為「陸學」）為歸宿，也足見其在當時的影響，朱熹與浙東學者呂祖謙私交甚好，卻也批評呂祖謙學問中有陸的學氣——其實意見不合的狀況，作為學術碰撞與交流的常態，也剛好反映了該地區的學術生命活力。楊簡後來被尊為朱熹門人，世稱「慈湖先生」，他在朱熹系統的學術地位，也並未他的陸學根底而受到懷疑和影響。

歷史任意門03

老師來不及教的101個元朝趣史

作　　者　李飛躍等
責任編輯　林子揚
副總編輯　劉憶韶
總 編 輯　席　芬
社　　長　郭重興
發行人兼出版總監　曾大福
出　　版　自由之丘文創事業／遠足文化事業股份有限公司
發　　行　遠足文化事業股份有限公司
23141 新北市新店區民權路 108-2 號 9 樓
電話：(02) 2218 1417　傳真：(02) 8667 1065
劃撥帳號：19504465　戶名：遠足文化事業股份有限公司

封面設計　黃暐鵬
內頁排版　黃雅藍
封面繪圖　小瓶仔
印　　製　卡樂彩色製版印刷有限公司
法律顧問　華陽法律事務所　蘇文生律師
定　　價　320 元
初版一刷　2016 年 12 月

ISBN 978-986-92773-6-5
Printed in Taiwan

著作權所有，侵犯必究
如有缺頁破損，煩請寄回更換

本著作中文繁體版經成都天鳶文化傳播有限公司，由中華書局（北京）授權遠足文化事業股份有限公司／自由之丘文創事業部獨家發行，非經書面同意，不得以任何形式，任意重製轉載。

國家圖書館出版品預行編目資料

老師來不及教的 101 個元朝趣史 / 李飛躍等著 . -- 初版 . -- 新北市 : 自由之丘文創 , 遠足文化 , 2016.12
面；　公分 . --（歷史任意門 ; 3）
ISBN 978-986-92773-6-5（平裝）
1. 文化史 2. 元史 3. 問題集
635.022　　105020424